ASAHI SENSHO

朝日選書 785

# 花街

## 異空間の都市史

加藤政洋



朝日新聞社

# 花街　異空間の都市史／目次

# 花　街
## 異空間の都市史

加藤政洋

【引用文・図版についての注記】

・引用文の表記は、読者の便宜を考え、意味を変えない範囲で、必要に応じて句読点、仮名遣いなどの修正を加えてあります。原典にないルビは、編集部が補いました。また、傍点は著者によるものです。

・著者による注記は〔　〕で入れました。□は判読不明箇所です。

・史料については、現在では不適切とみられる用語や表現であっても、歴史的資料としての価値を考え、原典のまま引用しました。

・花街の名称は町名が花街の通称として使用される場合も含め、《　》で示しました。

# 序章　花街のイメージ

## 都市の空間的共通項――全国六百カ所――

　近年、さまざまな書物や雑誌で取り上げられ、景観を保存する運動の対象となり、観光資源として活用されることもある花街（かがい・はなまち）――多くの人が一度は耳にしたことのある言葉にちがいない。それは、かつて都市に存在した遊興空間の一種であるものの、現在そこに遊ぶ人は少ないであろうし、街の姿を具体的にイメージすることも難しいのではないだろうか。街の機能が失われ、遊興を経験する機会もなくなるなかで、わたしたちはメディアに流通する観光地化した街景、時代劇に挿入された遊廓の映像、あるいは花街文学とでも呼ぶべき作品群などからその姿を想像するほかはなく、それゆえ言葉としては知っていても、その実像は必ずしも明確でない。逆に言えば、一般的に縁遠いがゆえに異世界や異文化として関心を集めるとともに、その多くがまさに消えつつあることから、後世に残すべき「伝統」ないし「景観」として認識されるようになったのだろう。

　けれども、おそらく今わたしたちが考えている以上に花街は遍在していた。わたしがその存在、そして分布の状況を知ったのは、図書館で偶然手にした『全国花街連盟名簿』（加藤藤吉編、昭和三十一年）という一覧からである。その小さな冊子に掲載された団体（料理業組合、芸妓組合、置屋組合など）は、北海道から鹿児島にいたるまで、都市部を中心に総計で六百を超えている。同一の地区内、あるいは近接していると認められる街区に複数の組合が立地している場合もあるので、それらを差し引いて整理すれば、およそ五百カ所に集約できるだろうか。少なくとも「花街」という名を冠した全国連盟所属の機関が立地する街という意味で、これだけの花街が列島の各地に存在したことになる。

この名簿は、当時存在した花街すべてを収録しているわけではないようだ。実際、昭和戦前期までさかのぼって整理すると、これまで確認した範囲だけでも六百カ所以上の花街をリストアップすることができる。街の実態に即して個別に検討する必要はあるが、都市部を中心に広範に分布していたことは間違いないだろう。一般に縁遠い異世界・異空間どころか、「花街」は都市の空間的な共通項だったといっても過言ではない。

## 花街とは何か

しかし、そもそも花街とはどのような「街」なのか。

ここ数年来、わたしは花街をめぐるさまざまな企画——歴史・風俗研究会、街歩き、景観保存・まちづくりのあり方を考える勉強会・講演会、出版、カフェのサロンなど——に関わっているのだが、参加者とのやり取りを通じてひとつ気づいたことがある。それは、花街のイメージが、ほぼ次の二つ、すなわちひとつはメディアに登場する機会の多い、京都の代表的な花街として知られる祇園《ぎおん》(写真1)、そしてもうひとつは、同種の遊興空間に属すると思われる遊廓のどちらかに絞られるということである。

わたし自身の活動範囲が関西に限定されるせいもあろうが、花街といった際に彼ら・彼女らが思い浮かべるのは、異口同音にとは言わないまでも、建ち並ぶお茶屋、石畳を行き来する芸妓《げいぎ》や舞妓、そして洗練されたお座敷の芸と料理……、という祇園の風景であった。

写真1　京都・祇園の風景

それに対し、たとえば担当編集者から、一般の人には「花街＝遊廓」というイメージが強いのではないか、との指摘を受けた。遊廓は売買春が公に認められていた場所である。世代間、男女間、あるいは地域間によって異なる可能性はあるものの、たしかにそれも花街イメージのひとつなのだろう。

前者(祇園)が積極的に保持されている文化・景観であるのに対して、後者(遊廓)が撲滅されるべき存在であったことを考えると、一見、対極に位置するかにみえる両者が、花街というひとつの言葉から想起されていることは興味ぶかい。なかには双方をイメージする人もいるのだが、聞いてみれば、花街の典型と考える祇園を遊廓と呼ぶには違和感を感じるといい、かといって遊廓と花街は違うのだと断言しきれずにいた。

その点、一般向けの入門書にある説明は、さすがにわかりやすい。たとえば、『夫婦で行く花街　花柳界入門』で著者の浅原須美は、花街を芸妓置屋－待合茶屋－料理屋という三業が営業する地区、すなわち「三業地」として定義する。

> 江戸時代中期以降、花街は明確なシステムのもとに整えられていく。お客が待合（場所を提供する貸席）に出向き、待合の女将が、置屋から芸妓を呼び、料理屋（割烹）から料理を取るのである。このように、本来の花街は、待合、置屋、料理屋の三者それぞれの役割を担当して成立していた。「三業で成り立つ街」という意味で、花街は別名「三業地」とも呼ばれ、格式を重んじる花柳界《かりゅうかい》が形作られた。

さらに、浅原は「……体を売る娼妓《しょうぎ》と、芸を売る芸妓とは明確に区別され、娼妓の生きる色街と芸妓の生きる花街は、まったく別の世界だった」と言葉を足し、「花街」と「色街」を明確に区別したのだった。花街とはあくまで三業地のことであり遊廓とは異なる、というのである。

この定義は単純明快でとてもわかりやすいのだが、実のところ「三業地としての花街」、そして色街（＝遊廓）と花街が「まったく別の世界」という区分は、あくまで（浅原が範を取ったであろう）東京の花街に顕著な特徴であり、京都・大阪・名古屋をはじめ、その他の都市に必ずしも当てはまるわけではない。

では、いったい花街とはどのような街なのか。ヴァリエーションや地域差をひとまず措《お》いて言うならば、それは「芸妓」の所在（営業）する場所である。芸妓のいないところに花街は成立しない。しかし、ただ芸妓がいるだけなのか、といえばそうではない。芸妓の存在は、あくまで必要条件である。芸妓が営業するためには、芸妓を抱える置屋、そして芸妓が芸を披露して宴に花を添える料理屋、待合茶屋、貸席、旅館、その他の類する施設、そして場合によっては置屋と派遣先とを仲介する事務所――一般的には検番《けんばん》（券番・見番）と呼ばれる――が必要である。つまり、芸妓しかいないなどということは実際上ありえず、芸妓を抱える置屋と芸妓の派遣先となる特定のサーヴィス業がある程度集積して、初めて花街となるのだ。逆に、料理屋や旅館が集積する特定の地区があっても、そこで芸妓の営業が認められていないのならば、花街と呼ぶことはできない。

このように定義すると、娼妓を主としつつ芸妓を少ないながらも抱えている遊廓、また逆に大阪や京都のように少数の娼妓がいる花街は、どちらも広義の花街に含まれることになる。それゆえ、花街すべてが遊廓というわけではないにしろ、芸妓と娼妓の混在する花街が各地に存在したことをふまえれば、遊廓を花街の一種と考えるのも場合によっては間違いではなく、また完全に排除してしまうわけにはいかないのである（第一章参照）（図0）。

## 近代の所産

組み合わせはさまざまであるとはいえ、芸妓と置屋を中心に、料理屋、待合茶屋・貸席（席貸）・貸座敷――これらは一般に「お茶屋」と呼ばれる――、そして旅館などのサーヴィス業が集積して成立する花街は、すでにみたように、昭和前期には最低でも五百カ所以上存在していた。もう少し具体的にみると、昭和五（一九三〇）年末の段階で市制をしいていた百十三の都市のうち、花街の存在を確認できないのはわずか八市に過ぎない。このことは、都市に必須とはいわないまでも、都市がその内部に何かしらの契機で、花街という特別な機能をもつ空間を組み込んできた事実を物語っている。

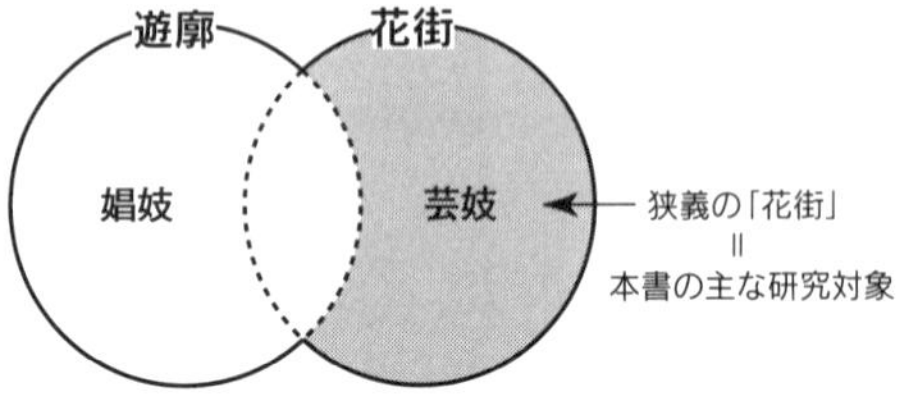

図0　花街と遊廓の概念図

しかし花街は、たんに多くの都市に共通する空間的な要素というだけではなかった。詳細は後述するが、それが莫大な利益を生み出す産業であることから、土地開発の手段として利用されることもしばしばあり、その利権をめぐっては、時の首相をも巻き込む疑獄事件にまで発展したことさえある（第六章参照）。また花街は、都市の建設にまつわる政治力学のみならず、規制・取り締まりの対象となる風俗営業であることから、都市の統治に関わる思想をも色濃く反映して、人為的・社会的につくりだされたことも多い。このような点をふまえると、その形成史にはもっと関心がはらわれてよいと思われるのだが、花街をめぐる研究に目を移すと、江戸時代を中心に、文化史ないし女性史的な範疇に属すると思われる記述には多くの蓄積があるものの、花街そのものの成り立ち、あるいは立地・制度の多様性を調べた文献は思いのほか少ない。しかもその多くが、遊廓（色街・遊里）に関するもので、（図0の分類にしたがうならば）芸妓を主体とする狭義の「花街」が取り上げられることはほとんどなかった。おそらくその背景には、遊廓の場合は、立地と空間形態が明確であることに加え（第一章参照）、史資料のみならず建築それ自体が残存していることがあるのだろう。

本書は、こうした点にかんがみて、「花街」という特異な（けれども各都市に共通する）場所を通じて、都市空間の形成にまつわる政治過程の一端を明らかにするものである。それは、街ないし都市を構成しつくりあげるという意味での土地利用や再開発（従前の用途とその転換）という地理的な側面に、土地の所有者、街の有力者、関連する業者、そして政治家・警察などの社会的な思惑を加味して、花街の成り立ちから都市のあり方を考えることにほかならない。それゆえ本書は、花街史や文化史といった範疇のものではなく、歴史地理学的な都市誌ということになるだろう。なお、同時代の文献には、花街（遊廓）をたんなる「悪場所」として捉える観点が散見されるが、本書ではそのような見方を無批判に受け入れることはせず、都市空間の政治学というより広い文脈のなかで捉え返していきたい。

また本書では、明治期以降に創出された花街に焦点をしぼった。それは、通人と言っても差し支えないであろう永井荷風の言葉を想起してのことである。荷風は「桑中喜語《そうちゆうきご》」のなかで次のように述べていた――すなわち、「宴席に園遊会に凡《およ》そ人の集るところに芸者といふもの来らざれば興を催す事能《あた》はざりしは、明治年間四十余年を通じての人情なりけり」(『荷風随筆集』(下))、と。

江戸文化に関する研究のなかで、廓《くるわ》なり花柳街なりがそれなりに重要な位置を占め、しかも「遊女」をめぐる興味ぶかい(結果として影響力のある)書物もいくつかあることから、花街といえばとかく江戸的なるもの(その時代、あるいは江戸の都市空間そのもの)に結び付けて考えられがちである。また、「江戸の文化が生きつづける」、あるいは「江戸に遡《さかのぼ》る花街の歴史」と端的に表現されるごとく、江戸‐東京の連続性を無条件に前提することもしばしばだ。さきに引用した『夫婦で行く花街　花柳界入門』の説明は、その典型と言えるだろう。しかし、荷風の指摘は、江戸から連続するという前提に疑問を付す糸口をわたしに与えてくれた。というのも、「明治年間四十余年を通じて」と記された一文は、芸妓が(たとえば花見その他の宴席のような)集合的な慰楽《いらく》の場に「興」を添えるようになったのが近代になってからのことである、ということを端的に示しているからである。この荷風の一文に導かれて、本書の結論をいくぶん先取りして言えば、都市の空間的な共通項と位置づけた花街は、まさしく明治期以降の都市形成と再編の過程で生み出された場所にほかならない。花街は近代の所産なのである。

だが、芸妓を呼びたくなるのが「人情」といったところで、花街が形成されるとはかぎらないのではないか、という反論もあるにちがいない。そうした反論に答えるために、明治・大正・昭和戦前期を通じて創出された数多《あまた》ある花街のなかでも、特にその形成過程と（政治的な）意図とが読み取りやすい事例を選り抜いて用意したのが本書の各章である。明治期以降の都市空間の再編過程で創出される花街について、その成立の契機を地方色の多様性に還元するのではなく、近代都市の空間形成というより普遍的な枠組みのなかで位置づけていくことにしたい。

本文中で研究の手順を提示することはないので、ここで主要な資料と合わせてあらかじめ説明しておくことにしよう。本書を執筆するにさきだち、わたしはこれまで集めた資料から全国各地に分布する花街を都道府県別にまとめた。いまだ未確定・未確認の箇所も少なくないものの、すでにその数は千を上回っている。この作業の基本資料として使用したのは、加藤藤吉編『全国花街連盟名簿』（昭和三十一年）、全国芸妓屋同盟会『全国芸妓屋名簿』（昭和三十七年）、そして戦前に各都市で出版されていた案内書である。『全国花街連盟名簿』は大阪・宗右衛門町の大和屋の主人・阪口祐三郎が組織した「全国花街連盟」の名簿であり、これを編集した加藤藤吉は阪口の秘書を務めた花街研究家としても知られる人物である（加藤が同じく昭和三十一年に出版した自著『日本花街志　第一巻』は、第四章で主要な資料のひとつとして使用する）。

次いで、主として戦前の都市地図、地形図、鳥瞰図、電話帳、新聞記事（広告）を通じて場所を同定するとともに、どのような経緯でそこに立地し、その後どのような変容を遂げてきたのかを知ることのできる諸資料――（組合が出版した）花街史、文学作品、新聞記事、町案内、市町村史、研究文献――を収集し、形成過程が明確な花街に焦点を合わせて叙述した。この作業で参考にしたのは、旅行研究家である松川二郎の『全国花街めぐり』（昭和四年）をはじめとする諸著作の歴史地理学的説明である。同書は、各章で幾度となく参照することになるだろう。また、読者のイメージを喚起するために、可能な限り景観の描写を取り入れるように努めた。景観の再現にあたっては、文学作品、戦前の絵葉書、わたし自身が探訪した印象、そして戦前・戦後の様子を知る方々にうかがったお話を部分的に利用してもいる。

## 本書の構成

本書は序章、終章を除くと、七つの章から構成されている。

花街は芸妓を中心として成立するが、関連するサーヴィス業の組み合わせによって、地域ごとに制度が異なる。また営業の許可ならびに取り締まりも、各道府県の規則に準じて実施されるので、立地や営業形態、そしておのずと花街の景観にも違いが生じてくる。もっとも、制度、立地、街区の形態では各地の花街に類似する点も少なくないので、まず第一章「花街――立地・制度・

構成――」では花街の類型化を試みることにしたい。

第二章「都市再開発から生まれる花街」は、江戸から明治へと時代が変わり、政治・経済・社会の体制が転換するのに合わせて都市が再編される過程で成立した花街を取り上げる。旧藩主の下屋敷――殿様御殿――や丸の内の武家屋敷が花街として再開発されるという、この時期にしか見られない特殊な事例を、三つの城下町都市――和歌山、鳥取、富山――に求める。殿様御殿の末路やいかに？　また、墓地の跡地利用を事例として、土地の用途転換の結果として成立した花街についても検討する。

第二章が近世的な土地利用を転換する際に、新たな用途として花街が選択される事例であるのに対して、第三章「街のインキュベーター」は、新しく開発された街、あるいは市街地化した土地に花街が形成（場合によっては許可）される過程を、樋口一葉の叙情的な作品として知られる『にごりえ』から五十年後の風景に範を取りながら、図式的に論じる。そして、神戸を事例にして、新市街に花街が成立する過程をより具体的に検討する。

つづく第四章から第六章では、大都市の近代花街史をたどる。まず、第四章「慣例地から開発地へ――東京の近代花街史――」は、東京の近代花街史を明治・大正・昭和初期に時期区分し、それぞれの時期に固有の花街形成のあり方を考察する。詳細は本論で述べるが、明治前期には江戸の岡場所を引き継ぎつつも、それだけにとどまらない多くの花街の成立をみた。それらが立地したのは、まさに江戸から明治という時代の転換にともなって生じた都市空間の空隙である。風俗の引き締めが厳しくなった明治後期は新たに花街が形成されることはなかったが、時代が明治から大正へと移る瞬間に合わせたかのごとく、大正期には堰を切ったように新しい花街がつぎつぎに成立する。その過程で浮かび上がるのが、政治家の関与と、特定の業者が確立した花街の開発・営業のノウハウであった。後に「大東京五十六花街」（松川二郎）と称されるほどこの時期に花街が増殖するのは、そうしたノウハウが各地に移植された帰結でもある。花街の成立を通じて、政治家・業者・警察の癒着ぶりがあらわになるだろう。

第五章「遊蕩のミナト――神戸の近代花街史――」は、神戸を事例として風俗営業としての花街の取り締まりの歴史をたどる。江戸＝東京とは異なり、神戸では旧市街地は兵庫津と称された港町に限定されていたが、知られるように開港都市として急速な発展を遂げる。あちこちの花街に足跡を残したことで知られる伊藤博文が最初の県令（知事）として政治を執《と》った都市でもあるだけに、都市化の最初期の段階から、統治権力と密接に関わるかたちで複数の花街が形成されていく。

第六章「遊所から新地へ――大阪の近代花街史――」では、大阪の花街の近代史をたどる。東京とは異なり、元来、大阪の花街は芸妓と娼妓を併置する独特の制度を有していたことから、その近代史は芸妓と娼妓の分離の歴史、すなわち従来の花街の純粋な花街化とでもいうべき事態と、新しい遊廓の創出とを経験したのだった。また、大正期以降は、花街の新設によって近郊の土地開発を推し進めようとする業者・地主・政治家の思惑が露呈する。それゆえ、大正から昭和初期の花街形成は、近郊の開発史としてたどれることになる。

これらの章はいずれも、花街は「新しい町づくりの核となる『産業』だった」という博物学者の荒俣宏の視点（『黄金伝説』）を出発点に、そして和歌浦の開発を素材として、その背後の利権争いを含む政治過程をあざやかに示した歴史学者の重松正史の視点（「郊外開発論争と市政」）を部分的に接ぎながら叙述したことを付記しておきたい。

第七章「謎の赤線を追って——鹿児島近郊の近代史——」は、戦後の「赤線地区」を調査するなかで思いがけず行き当たった、鹿児島市近郊の名所「櫨木馬場《はぜのきばば》温泉」の盛衰と市街地の花街との関わりを、わたし自身の調査・研究の進行と合わせて記録したものである。前述の研究の手順、あるいは利用する史資料の特徴を他のどの章よりも具体的に示しているので、調査法に関心のある方は、この章から読んでいただいてもよい。

また、巻末には用語集を付した。この分野になじみのない読者には、まずそちらをざっと眺めてから本文にとりかかっていただきたい。

# 第一章　花街——立地・制度・構成——

## 一　遊廓と花街

先述のように、本書の担当編集者から、一般の人には「花街＝遊廓」というイメージが強いのではないか、との指摘を受けたことがある。世代や性別、あるいは地域によって異なる可能性はあるものの、それが花街イメージのひとつであることは間違いないだろう。実際、昭和三十一（一九五六）年発行の『全国花街連盟名簿』に掲載された団体・事務所の所在地は、その多くが戦前から（芸妓のいる）花街として知られた場所であるが、なかにはかつて遊廓であった場所も含まれている。しかしながら、結論をやや先取りして言えば、遊廓と花街は一部重なりあうものの、遊廓すべてが花街というわけではなく、遊廓と、遊廓を除く狭義の「花街」とは区別して考える必要がある。

社会学者の永井良和が『風俗営業取締り』で明快に説明したように、明治期に「風俗警察」による取り締まりの対象となった遊廓とは、江戸時代以来の「集娼方式」を継承し、「貸座敷」（娼《しょう》妓《ぎ》が寄寓し座敷を借りることを建前とする妓楼）を一定の区画に囲い込んだ土地であった。明治維新以降、旧来の遊廓に加えて新たに設置された遊廓の取り締まりや規制は各地で行なわれていたが、全国的には明治三十三（一九〇〇）年に発布された「娼妓取締規則」（内務省令第四十四号）をもって「売買春が一定の空間の内部において認められ」ると同時に、「それを各地方の警察が取り締まるという枠組みが成立」する。

ここで注目しておきたいのは、「娼妓」に「売春」を業とさせる貸座敷の空間的な囲い込みが実施されたことによって、その他の業態――飲食店で男性客をもてなす酌婦《しやくふ》、歌・舞踊・三味線などの芸をもって宴席に興を添える芸妓《げいぎ》――との分離が推し進められたことである。貸座敷の営業する土地区画を指定することで達成された芸妓と娼妓の分離の帰結、それが「娼妓」を本位とする遊廓、そして「芸妓」を本位とする狭義の「花街」の成立であった。

序章でわたしが「花街は近代の所産」（一一ページ）であると述べたのは、このように芸妓と娼妓を取締規則の上で――そして多くは空間的にも――切り離すことで、おそらくそれまでになかった純粋な（つまり、少なくとも制度上は売買春を一切ともなわない）「花街」という新たな遊興空間が誕生し、近代を通じて数の上では遊廓を凌ぐほどに各地でつくりだされていくことをも指している。

大正期から昭和戦前期に各都市で発行されたガイドブック（いわゆる町案内書）を見ると、両者を区別するのが普通となっており、一般的に見れば狭義の「花街」と遊廓とは切り離して考えられていたものと思われる。花街に関する案内として傑出した叙述である『全国花街めぐり』（昭和四年）においても、著者の松川二郎は、

秋田の花街は即ち「川端」（川反）で其の名声は遠く三都迄も響いてゐる。

常盤町遊廓　秋田市から土崎港に通ずる場末の裏町なる南鉄砲町に一廓を成し、略称して「南廓」。

というように、花街案内から遊廓を除外することはなかったものの、芸妓を主体とする狭義の「花街」を遊廓とははっきり区別して紹介していた。明治期以降の取締規則、あるいはガイドブックにおける案内記事にかんがみても、本書の対象となる狭義の「花街」と遊廓とは区別しておいてよいだろう（以下、狭義の「花街」はこのように括弧を付けて表記する）。しかしながら、遊廓には少ないながらも芸妓を置いている場合があること、また逆に（大阪などのように）「花街」に少数の娼妓がいることもあるため、遊廓と広い意味での花街とが重なりあう場合もある（八ページの図0を参照）。

明治期以降の芸妓と娼妓の制度的・空間的な分離は、たとえば行政機関や警察が統計的に両者を把握する際に明確な違いとなってあらわれる。表1には、昭和八（一九三三）年に発行された『日本都市年鑑2』（東京市政調査会）に収録された「料理屋・飲食店其他」（つまり「花街」）と「遊廓」（貸座敷）の項目を抜粋して各数を一覧化した（いずれも昭和五年末現在）。ここに掲載されている百十三の都市は、当時、市制をしいていた比較的規模の大きい、あるいは地域の中核都市と考えてよい。

表1　市制都市の遊廓と花街（1933年）

| 都市 | 人口 | 貸座数（遊廓） | | 花街関係 | | | | | |
|---|---|---|---|---|---|---|---|---|---|
| | | 免許地 | 営業者 | | 芸妓 | 芸妓屋 | 料理屋 | 貸席 | 待合茶屋 |
| 1　東京 | 2,070,913 | 6 | 752 | ◎ | 9,941 | 3,703 | 732 | 175 | 2,625 |
| 2　大阪 | 2,453,573 | 5 | 1,305 | ◎ | 4,723 | 190 | 846 | 222 | 18 |
| 3　京都 | 787,616 | 8 | 1,823 | ◎ | 1,731 | 318 | 685 | 28 | 29 |
| 4　名古屋 | 907,404 | 2 | 196 | ◎ | 2,773 | 643 | 1,041 | 1 | 95 |
| 5　神戸 | 765,142 | 3 | 115 | ◎ | 989 | 420 | 1,054 | 517 | |
| 6　横浜 | 620,306 | 3 | 93 | ◎ | 1,092 | 432 | 581 | 34 | 280 |
| 7　広島 | 270,417 | * | | ◎ | | | | | |
| 8　福岡 | 228,289 | 1 | 40 | ◎ | 855 | 287 | 292 | 114 | − |
| 9　長崎 | 204,626 | * | | ◎ | | | | | |
| 10　函館 | 197,252 | 1 | 77 | ◎ | 334 | 125 | 280 | − | − |
| 11　仙台 | 190,180 | 1 | 33 | ◎ | 228 | 57 | 249 | 1 | 54 |
| 12　呉 | 190,282 | * | | ◎ | | | | | |
| 13　札幌 | 168,576 | 1 | 33 | ◎ | 424 | 134 | 179 | 46 | − |
| 14　八幡 | 168,217 | 1 | 26 | ◎ | 250 | 51 | 234 | 4 | − |
| 15　熊本 | 164,460 | 1 | 64 | ◎ | 435 | 58 | 228 | 76 | 19 |
| 16　金沢 | 157,311 | 4 | 275 | ◎ | 839 | | 125 | 10 | 23 |
| 17　岡山 | 139,222 | * | | − | | | | | |
| 18　小樽 | 144,887 | 2 | 29 | ◎ | 319 | 28 | 301 | 4 | − |
| 19　鹿児島 | 137,236 | 1 | 23 | ◎ | 395 | 108 | 153 | 12 | − |
| 20　静岡 | 136,481 | 1 | 13 | ◎ | 183 | 67 | 58 | 8 | − |
| 21　佐世保 | 133,174 | * | | ◎ | 360 | 144 | 292 | − | 39 |
| 22　新潟 | 125,108 | 1 | 64 | ◎ | | | | | |
| 23　堺 | 120,348 | 3 | 204 | ◎ | 454 | 59 | 69 | 1 | − |
| 24　和歌山 | 117,444 | | | ◎ | | | | | |
| 25　横須賀 | 110,301 | 1 | 29 | ◎ | 277 | 70 | 45 | 3 | 34 |
| 26　浜松 | 109,478 | 1 | 22 | ◎ | 536 | 124 | 361 | − | 1 |
| 27　門司 | 108,130 | 1 | 13 | ◎ | 213 | 68 | 224 | 4 | − |
| 28　川崎 | 104,351 | 1 | 19 | ◎ | 92 | 32 | 172 | 1 | 9 |

| 都市 | 人口 | 貸座敷 | | 花街関係 | | | | | |
|---|---|---|---|---|---|---|---|---|---|
| | | 免許地 | 営業者 | | 芸妓 | 芸妓屋 | 料理屋 | 貸席 | 待合茶屋 |
| 29 豊橋 | 98,555 | 1 | 56 | ◎ | 544 | 101 | 133 | − | − |
| 30 下関 | 98,543 | 11 | 91 | ◎ | 670 | 129 | 403 | − | 1 |
| 31 岐阜 | 90,112 | 1 | 58 | ◎ | 465 | 133 | 61 | − | 80 |
| 32 大牟田 | 97,298 | 1 | 22 | ◎ | 215 | 82 | 182 | 46 | − |
| 33 高知 | 96,988 | 2 | 42 | ◎ | 121 | 4 | 67 | − | − |
| 34 徳島 | 90,634 | 1 | 83 | ◎ | 370 | 126 | 437 | 83 | 64 |
| 35 小倉 | 88,049 | 1 | 27 | ◎ | 161 | 41 | 180 | 8 | − |
| 36 前橋 | 84,925 | | | ◎ | 253 | 82 | 111 | − | − |
| 37 久留米 | 83,009 | 1 | 23 | ◎ | 384 | 82 | 93 | 132 | − |
| 38 旭川 | 82,514 | 2 | 30 | ◎ | 206 | 28 | 163 | − | − |
| 39 松山 | 82,477 | * | | ◎ | 183 | 23 | 76 | 3 | − |
| 40 宇都宮 | 81,388 | 1 | 15 | ◎ | 205 | 109 | 294 | − | 32 |
| 41 高松 | 79,906 | 1 | 36 | ◎ | 314 | 23 | 247 | | |
| 42 甲府 | 79,447 | 1 | 21 | ◎ | 139 | 77 | 182 | − | − |
| 43 青森 | 77,103 | 1 | 20 | ◎ | 207 | | 207 | − | − |
| 44 富山 | 75,099 | 1 | 49 | ◎ | 148 | 38 | 151 | − | − |
| 45 長野 | 73,912 | 1 | 25 | ◎ | | | | | |
| 46 松本 | 72,141 | * | | − | | | | | |
| 47 福井 | 64,199 | 1 | 29 | ◎ | 316 | 89 | 153 | 5 | − |
| 48 山形 | 63,423 | 1 | 18 | ◎ | 182 | 34 | 46 | − | 19 |
| 49 岡崎 | 65,507 | 1 | 37 | ◎ | 369 | 95 | 165 | − | − |
| 50 盛岡 | 62,249 | 1 | 17 | ◎ | 128 | | 193 | − | − |
| 51 姫路 | 62,171 | 1 | 10 | ◎ | 205 | 30 | 133 | − | |
| 52 宇部 | 61,172 | 1 | 18 | ◎ | 76 | 27 | 226 | − | 1 |
| 53 那覇 | 60,535 | * | | − | | | | | |
| 54 高崎 | 59,928 | | | ◎ | 173 | 62 | 119 | − | − |
| 55 長岡 | 57,866 | 1 | 32 | ◎ | 251 | 78 | 208 | − | − |
| 56 若松※ | 57,320 | 1 | 10 | ◎ | 121 | 36 | 178 | 8 | − |
| 57 大分 | 57,294 | 1 | 24 | ◎ | 73 | 23 | 83 | | |

| 都市 | | 人口 | 貸座敷 | | 花街関係 | | | | | |
|---|---|---|---|---|---|---|---|---|---|---|
| | | | 免許地 | 営業者 | | 芸妓 | 芸妓屋 | 料理屋 | 貸席 | 待合茶屋 |
| 58 | 津 | 56,089 | 1 | 13 | ◎ | 214 | 44 | 66 | − | − |
| 59 | 室蘭 | 55,855 | 1 | 15 | ◎ | 96 | 21 | 97 | − | − |
| 60 | 清水 | 55,665 | 1 | 9 | ◎ | 106 | 38 | 53 | − | − |
| 61 | 宮崎 | 54,600 | 1 | 12 | ◎ | 382 | 163 | 174 | − | − |
| 62 | 八戸 | 52,907 | 1 | 26 | ◎ | 82 | | 55 | | |
| 63 | 桐生 | 52,906 | | | ◎ | 159 | 76 | 97 | − | − |
| 64 | 奈良 | 52,784 | 2 | 40 | ◎ | 155 | 38 | 165 | − | − |
| 65 | 八王子 | 51,888 | 1 | 14 | ◎ | 101 | 41 | 14 | − | 24 |
| 66 | 四日市 | 51,810 | 3 | 39 | ◎ | 127 | 38 | 36 | − | − |
| 67 | 高岡 | 51,760 | 1 | 17 | ◎ | 155 | 55 | 59 | − | − |
| 68 | 戸畑 | 51,674 | * | | ◎ | 72 | 20 | 130 | − | − |
| 69 | 釧路 | 51,586 | 1 | 18 | ◎ | 128 | 5 | 105 | − | − |
| 70 | 郡山 | 51,367 | 1 | 3 | ◎ | 111 | 29 | 103 | − | − |
| 71 | 宇治山田 | 51,080 | 4 | 39 | ◎ | 237 | 42 | 66 | 1 | − |
| 72 | 秋田 | 51,070 | 1 | 10 | ◎ | 124 | 39 | 30 | − | − |
| 73 | 水戸 | 50,648 | | | ◎ | 119 | 43 | 73 | − | 29 |
| 74 | 尼崎 | 50,064 | | | ◎ | 42 | 8 | 57 | − | |
| 75 | 千葉 | 49,088 | 1 | 11 | ◎ | 137 | 74 | 70 | − | − |
| 76 | 佐賀 | 46,183 | | | − | | | | | |
| 77 | 福島 | 45,692 | 1 | 9 | ◎ | 128 | 35 | 95 | − | 14 |
| 78 | 米沢 | 44,731 | 1 | 8 | ◎ | 48 | 23 | 24 | − | − |
| 79 | 松江 | 44,502 | 1 | 38 | ◎ | 149 | 31 | 119 | 38 | 20 |
| 80 | 宇和島 | 44,276 | | | ◎ | 186 | 41 | 71 | − | − |
| 81 | 沼津 | 44,027 | 1 | 6 | ◎ | 121 | 32 | 60 | − | 1 |
| 82 | 足利 | 43,898 | | | ◎ | 130 | 61 | 159 | − | 75 |
| 83 | 今治 | 43,735 | | | ◎ | 107 | 14 | 32 | − | − |
| 84 | 若松※ | 43,731 | * | | ◎ | 152 | 61 | 132 | − | − |
| 85 | 弘前 | 43,337 | 3 | 22 | ◎ | 72 | | 142 | | |
| 86 | 別府 | 43,074 | 2 | 55 | ◎ | 165 | 52 | 211 | − | − |

| 都市 | 人口 | 貸座敷 | | 花街関係 | | | | | |
|---|---|---|---|---|---|---|---|---|---|
| | | 免許地 | 営業者 | | 芸妓 | 芸妓屋 | 料理屋 | 貸席 | 待合茶屋 |
| 87 一宮 | 42,229 | | | ◎ | 325 | 66 | 96 | – | 3 |
| 88 直方 | 40,072 | 1 | 14 | – | | | | | |
| 89 西宮 | 39,360 | 3 | 38 | ◎ | 15 | 1 | 81 | – | |
| 90 明石 | 38,958 | 1 | 14 | ◎ | 163 | 40 | 89 | – | |
| 91 大垣 | 38,508 | 1 | 17 | ◎ | 210 | 41 | 97 | – | 26 |
| 92 福山 | 38,214 | * | | – | | | | | |
| 93 瀬戸 | 37,309 | | | ◎ | 134 | 32 | 60 | – | – |
| 94 鳥取 | 37,189 | 1 | 46 | ◎ | 115 | 32 | 148 | – | – |
| 95 都城 | 35,512 | 1 | 4 | ◎ | 88 | 24 | 47 | | |
| 96 上田 | 35,138 | 1 | 16 | – | | | | | |
| 97 岸和田 | 35,102 | | | ◎ | 152 | 41 | 30 | – | – |
| 98 大津 | 34,379 | 4 | 119 | ◎ | 165 | | 62 | 3 | – |
| 99 鶴岡 | 34,316 | 1 | 11 | ◎ | 68 | 25 | 26 | – | 10 |
| 100 川越 | 34,205 | | | ◎ | 50 | 20 | 51 | – | – |
| 101 津山 | 34,159 | * | | – | | | | | |
| 102 米子 | 33,632 | 1 | 33 | ◎ | 82 | 27 | 64 | – | – |
| 103 山口 | 32,385 | 3 | 18 | ◎ | 87 | 18 | 131 | – | – |
| 104 高田 | 30,934 | 1 | 19 | ◎ | 132 | 26 | 145 | – | – |
| 105 倉敷 | 30,112 | * | | – | | | | | |
| 106 尾道 | 29,084 | * | | – | | | | | |
| 107 丸亀 | 28,837 | 2 | 34 | ◎ | 98 | 28 | 96 | | |
| 108 中津 | 28,563 | | | ◎ | 165 | 52 | 94 | – | – |
| 109 首里 | 20,119 | | | – | | | | | |
| 110 唐津 | 17,344 | | | ◎ | | | | | |
| 111 飯塚 | 40,009 | | | – | | | | | |
| 112 平塚 | 33,498 | 1 | 12 | ◎ | 125 | 49 | 121 | – | 6 |
| 113 萩 | 32,106 | 2 | 9 | ◎ | 56 | 19 | 127 | – | – |

※若松（56：福岡県、84：福島県）
＊は記載がないものの遊廓を確認した市。－は制度的に存在せず。
◎は記載がないものの花街を確認した市。空欄は未調査。

この表から、「花街」と遊廓とでは実態の把握のされ方に違いのあることがわかる。一方の「花街」は、「花街」それ自体として把握されているわけではない。料理屋、待合茶屋、貸席、芸妓置屋、そして芸妓の分布から、その存在が推察できるに過ぎないのだ。すでに定義しておいたように、「花街」とは「芸妓」の所在（営業）する場所である。したがって、芸妓（と芸妓置屋）が計上されている都市には、何らかのかたちで花街が存在していたものと考えられる（各項目の実数は確認できないものの、表中に◎のある都市については芸妓（花街）の存在を確認した）。

他方、遊廓は、貸座敷の営業者数のみならず、その免許地数もカウントされている。つまり遊廓は貸座敷の免許地として、言い方を換えるとひとつの「場所」として明確に把握されているのに対し、「花街」は「場所」として把握されることはない、あるいは把握することができない。言うまでもなく、これは両者の空間形態の差異を反映しており、その対照性が景観の違いとなって、都市地図のなかにも明瞭にあらわれることになる。

## 二　地図から読み取れること／読み取れないこと

遊廓と「花街」はどちらもさまざまな変異を含んでいるが、売買春の制度的な公（否）認を背景に、両者の空間形態には決定的な違いが生じることになる。それは、立地ならびに「その存在の明白さ」における違いである。はたして、遊廓と「花街」の差異は、都市空間においてどのようにあらわれていたのか。

江戸時代から存続した、あるいは明治前期に創出された遊廓の多くは、旧市街地の周縁部に位置し、明治三十年代前半の各府県における「娼妓（貸座敷）取締規則」において公認（地区指定）される。その一方で、既成市街地に貸座敷（妓楼）が散在したままの都市も少なからず残存した。それらの市町村では、近代的な都市空間を建設するにあたって市街地に貸座敷があるのでは風紀上、あるいは取り締まりの上で好ましくないとし、たとえば次のように旧来の貸座敷や遊廓を整理統合して、近郊の一定の区画に囲い込む事業を進めなければならなかったのである。

「貝塚遊廓の移転」　府下泉南郡貝塚の遊廓は、町中を縦断せる国道に沿うて普通の商家と交り南北の二箇所に建ち並び居りて、風俗取締上好ましからず、其の筋に於て疾《はやく》より移転の必要を認め内内訓諭する所あり。爾来町是として移転先を物色中の所、幸ひ同町の南方国道と南海鉄道線路の中間に蜜柑畑あり。いよいよ此の地一町七段歩ばかりを遊廓地として移転のことに決定。府知事は二十五日附を以て大正三年一月三十一日限り現在の地を廃止の府令を発布したり。因みに同遊廓内貸座敷免許者は三十二名、登録娼妓は六十名なり。

（『大阪朝日新聞』大正二年一月二十六日）

「遊廓」遊廓は灘町の北端に在り、以前は市内楼を建て港頭亭を構へ、娼妓の白昼街巷を闊歩するあり、風紀上弊害少からざりしが、大正元年米子町に於て遊廓移転地を定め新たに一遊廓を成せり、地は一方に僻し風景亦《また》佳なり、紅紫《こうし》粉黛《ふんたい》、歌吹酔舞の場たるに適す。

（米子町役場『米子の栞』）

この二つの地方小都市――貝塚（大阪）と米子（鳥取）――の事例に示されるように、「風紀上」の「弊害」、あるいは「風俗取締上」の必要性から、市街地に立地していた貸座敷を近郊の土地に移転させて「一廓」に囲い込む事業が推進された結果、各地の都市で新しい遊廓がつぎつぎに誕生したのだった。明治後期以降、遊廓が市街地に建設されることはなく、それらは貝塚のように総じて近郊の田んぼや畑のなかに立地した――その多くが現在では市街地に取り込まれている。

近からず遠からず、を旨として既成市街地の近郊に設置された近代遊廓の空間的な周縁性は、都市地図のなかに明瞭にあらわれる。「花街」や遊廓の所在が記載されている地図など、もちろん現在つくられているわけがない。しかし、戦前にさかのぼると、多くの都市で発行されていた市域・町域の「全図」「市街全図」「市街図」「市街地図」の類には、必ずといっていいほど「遊廓」の所在が記載されており、その位置を明確に読み取ることができる。ここでは便宜上、わたしの手元にある地図から「花街」と遊廓の立地・形態の差異を反映した、表記の上で著しい対照性を示す四つの都市の市街図を取り上げて観察することにしたい。

## 長野市の花街

まずはじめに、長野県の県庁所在都市である長野市を取り上げてみよう。善光寺の門前、そして街道の宿場町であること以外に都市的な基盤の弱かったこの地は、同県最大の城下町都市である松本市との間で争われた県都の座をめぐる綱引きに勝利した結果、行政機関を中心とする都市的な施設がつぎつぎに設置されてゆき、急速な都市化を経験する。

近代期の都市建設がほぼ完了したと思われる段階の図1を参照すると、善光寺の門前を南北に延びる街路を都市の軸線として、そしてこの街路にちょうど十字架を描くように門前で直交する北国街道とに沿って市街地が形成されたことがわかる。

この都市に設置された、近代化に必要不可欠な諸施設の空間的な配置はとても興味ぶかい。県庁（明治七年、図中の付属小学校の位置から移転）、師範学校（明治八年）、中学校（明治二十六年）、そして市役所（明治三十年）と警察署（明治八年設置、同三十五年新築移転）を中心に、監獄署（明治十五年）や県会議事院（明治二十一年）、そして赤十字病院長野支部（旧市立病院、明治十三年）、赤十字社長野支部（明治三十二年）といった主要な施設は、南北の街路の西側に設置されている。

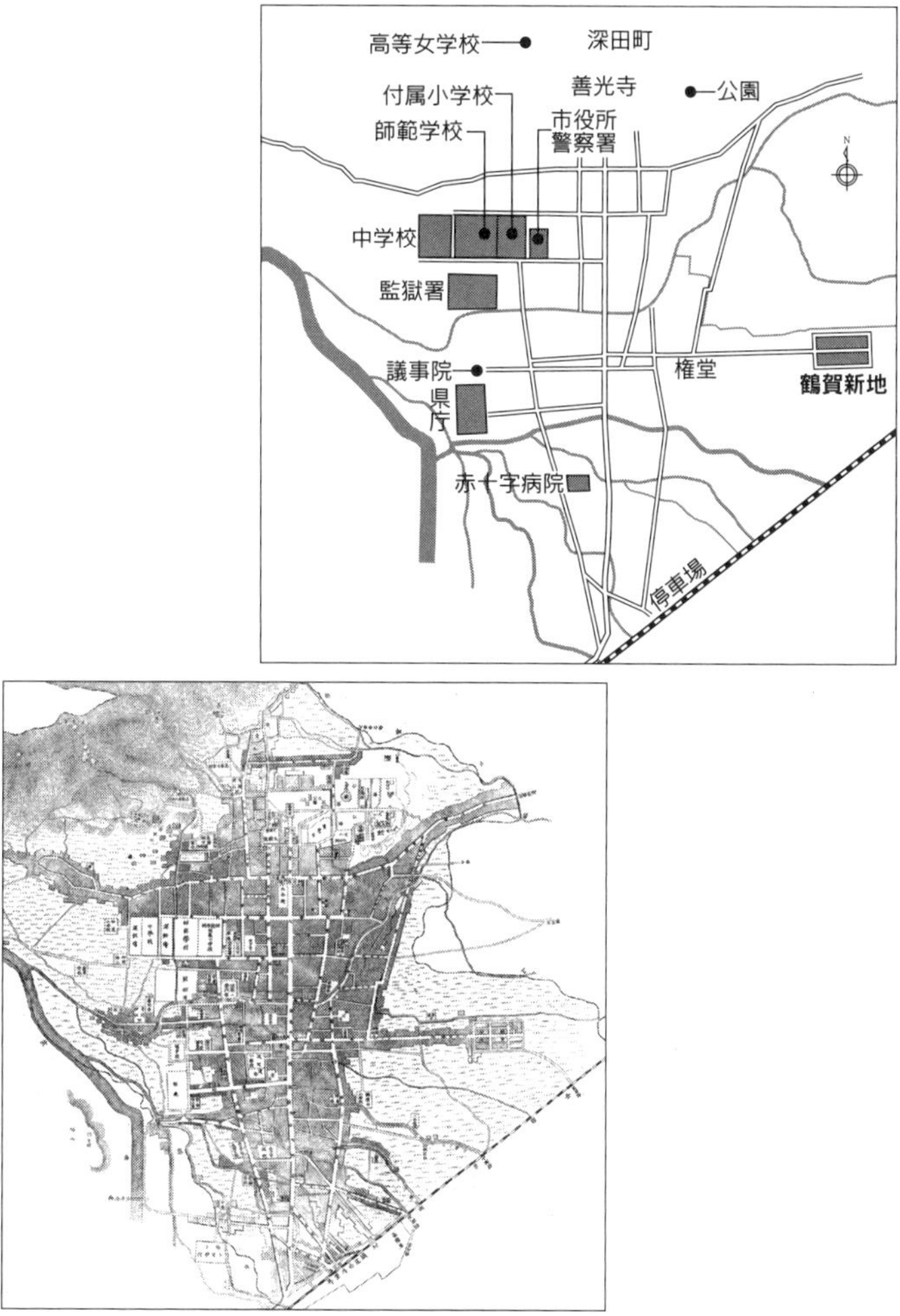


図1　長野の市街地と鶴賀新地（1918年）

市街地の北部には、善光寺の東西に公園（明治十三年払い下げ）、地方裁判所（明治十九年）、高等女学校（明治二十九年新設、同三十五年新築移転）が置かれ、明治三十九年には宅地を取り払って共進会（各地の農産物や工業製品を集めて陳列し、品評するイベント）の用地が開発された（跡地は善光寺東側の公園）。市街地の南端には停車場（明治二十一年）がある。このように、各種施設はいずれもそれなりの敷地面積を必要とすることから、市街地を取り囲むように外縁部に配置されたのだった。城下町の空間的再編とは異なるものの、これもまた近代都市のひとつの形である。

その一方で、行政・教育を中心とする各種機関とは対置されるかのように、見事に区画整理された《鶴賀《つるが》新地》が市街地の東方に立地している――明治天皇の巡幸に先立って明治十一（一八七八）年に新設された遊廓。おそらく当初は田畑のど真ん中に建設されたであろう遊廓と市街地の権堂《ごんどう》を結ぶ街路には、すでに家屋が建ち並んでいる。郷土誌家の村松清陰が編んだ『長野案内』（明治後期出版）の「遊廓」の項目から、《鶴賀新地》の描写を引用しておこう。

鶴賀新地といふ。権堂町の東五町を距る所にありて、東西百二十間、南北八十間、面積一万坪あり、大厦《たいか》高楼雲表に聳《そび》え、西に大門《だいもん》ありて、繞《めぐ》らすに木柵を以てす。門より一直線の通りを仲之町といひ、仲之町の南裏通りを住吉町といひ、北裏通りを松ヶ枝町といふ。妓楼の数四十三戸あり。

当初は木の柵で囲われていたという《鶴賀新地》は、市街地から近からず遠からずという立地条件を満たしているが、この場所が開発されたのは偶然ではなく、その背景には歴史的な経緯があったようだ。寛保年間（一七四一～四三年）にまでさかのぼる歴史を有するという「仏都の遊女屋街」は、善光寺と門前の宿場町の繁栄に合わせて水茶屋や揚屋《あげや》が発展・集積した権堂の界隈に形成されていた（池田彩雲「盛衰興亡と特有情緒」）。『長野県百科事典』（信濃毎日新聞社）をひくと、「権堂」は「近世善光寺門前町の町続きとして発展した花街」として説明され、「幕末には三十四軒の〈遊女を置く〉水茶屋と十一軒の煮売り茶屋（揚げ茶屋）を数えた」とあることから、江戸中期からの花街とみて間違いないだろう。「揚げ茶屋」とは一般に言う「揚屋」、つまり「水茶屋」から遊女を呼んで遊ぶ家屋のことである。この権堂の色街が、前述のように、明治天皇の巡幸に備えて時の県令（県知事）楢崎寛直《ならさきひろなお》のもとで移転を命じられたのである。

権堂の歴史をふまえて、図中における「遊廓」との位置関係から推察されるのは、県庁所在地の目抜き通りに面した江戸時代以来の「遊女屋街」を解体するために、当時の営業地である権堂の東側に手っ取り早く区画を指定し、「遊女を置く」水茶屋（妓楼）のみを移転させるという行政側の方針である。新たに土地を開発するために、理想的な区画プラン――大門を中心とする矩形の街区――が難なく実現されたことから、後に作成された地図のなかにその存在をはっきりと読み取ることができるのである。

そして、ここではもう一点、もとの「遊女屋街」であった権堂の跡地利用にも注目しておきたい。遊廓の機能を失った権堂はどうなったのか。妓楼(の機能)が転出したあとに残された建物は商人宿などに転業されるとともに、娼妓の去ったこの町は「芸妓の置屋町」――すなわち、狭義の「花街」――として再興した。とはいえ、東側の鶴賀新地とは対照的に、権堂の「花街」の存在を地図から知ることはできない。また、明治四十一(一九〇八)年に開催された共進会の期間中、にわか景気に沸く市街地の東之内町に置屋が発生、それまでの民家・商家がまるで花街のような様相を呈するにいたった。それらの置屋は、その後、善光寺の裏側に押し隠されるかのように移転が命じられ、移転先となった深田町は権堂とともに「花街」として公認されたのである。しかし、この深田町の「花街」も地図から読み取ることはできない。

このように、都市空間における表われ方において、狭義の「花街」と遊廓とでは顕著な違いを示す。次いで、城下町起源の都市である高田市(新潟県、現・上越市)を見てみよう。

## 高田市の花街

「高田市街図」を一見すればそれとわかるように(図2)、図幅の上方――市街地の北端――には矩形に囲繞《いじよう》された遊廓の敷地(五分一《ごぶいち》町、後に《栄町》と改称)がある。近傍の古くから港町として栄えた直江津《なおえつ》には、江戸時代から遊廓が許されていた一方、高田では城下で妓楼を営むことは固く禁じられていた。しかしながら、旧市街地のほぼ中央に位置する横町では、商家三十一戸

図2　高田の市街地と栄町遊廓（1931年）

のうち二十八戸までもが「旅籠屋の名称の下に雇人を留女《とめおんな》或は飯盛《めしもり》と唱へて醜業を営」（『高田市史』）んでいたという。「飯盛」とは江戸時代、宿場町を根城に商売をした非公認の遊女（私娼）である。「醜業」と言うからには「留女」もまた「飯盛女」と同様に私娼だったのだろう。

この横町では、天明四（一七八四）年以降は、一軒につき五人まで「留女」を抱えることが許されており（『高田市史』）、実際には遊廓をなしていた。維新後、横町の旅籠屋は貸座敷としての営業が正式に認められたことから、高田市の娼妓は増加の一途をたどる。そうなると案の定、「枢要の位置」にあって「風教」に害のあることが問題となり、明治四十三（一九一〇）年二月、横町の遊廓は五分一町への移転を命じられた。

このように遊廓の存在――立地と空間形態――は明確であるものの、やはり長野と同様に「花街」のあり方を地図に見て取ることはできない。藩政時代の城下では妓楼（遊女）とともに芸妓の営業も禁じられており、宴席の余興には「座頭《ざとう》」や「瞽女《ごぜ》」が招かれていたが、「今日に於ては芸妓百四十七人を数ふるに至れり」（香岳散史編『高田案内』）とされるように、陸軍関連の施設（総面積約五十三万坪）を擁して「軍都」とでも呼ぶべき様相を呈していた高田には、明治期を通じて田端町、かつて遊廓であった横町に接する府古《ふご》町、そして江戸時代より横町と同じく旅籠屋の営業が認められていた下小《しもこ》町《まち》にそれぞれ「花街」が形成されている。なかでも田端町は「高田で芸妓といへば田端芸妓を意味する」と言われるほどの、代表的な「花街」であった――今もその面影を残している。

地図からは読み取ることのできない花街の風景を、松川二郎の筆を借りて再現しておこう。

> 駅前の広場を出てまつすぐに、本町通りに出る一寸手前の十字路を右へ曲つて、魚市場や青物市場の前を通つて六七町ゆくと道の両側にズラリと軒灯が並んで、内から冴えた糸の音などがもれてくる、即ち其処が田端町で、花街と云つても格別けば〱しい趣きもないが、それ等の芸妓屋形の軒につゞいて大小の貸席・料理店がおなじく軒端をならべ、間口は狭いがいづれも奥行は深く、ちよつと暗い感じを免れぬが、それが北国特有の花街風景とおもへば却つて一種の風情が見出されやう《ママ》。
>
> （『全国花街めぐり』）

地方都市の「花街」の場合、営業地が遊廓のようにひとつの区画――一廓――として設定されることはあまりなく、松川が描くように置屋・料理屋・貸席が街並みに交じって「花街」の風景を現出していた。とはいえ、長野市の場合は権堂・深田町、そして高田市は田端町・府古町・下小町が、それぞれ特定の町域ないし街区に合致しているので、田端町の描写に示されるように、町を訪れればすぐにそれとわかる風景が見られたのである。

## 呉《くれ》市の花街

地図から読み取ることのできない「花街」の立地と形態を二つの軍港都市を事例として、もう少し詳しく見ておきたい。最初に呉《くれ》市（広島）を、次いで佐世保《させぼ》市（長崎）を取り上げる。呉市に関する説明の要点をいくぶん先取りして指摘するならば、長野市や高田市の「花街」とは異なり、（地図の上だけではなく）街路景観からもその存在を読み取りにくい、ということにある。この理由も含めて、呉市の花街の配置を確認しておこう。

そもそも、ほとんどが半農半漁の村で、地域内の宮原村の一部がわずかに物資流通の拠点となり「呉町」を形成していたに過ぎなかった呉の都市形成は、明治二十二（一八八九）年の鎮守府の開庁とともにはじまる。明治後期を通じて、呉市は軍港を有する都市としての性格を著しく強めつつ、海軍関係者と工場労働者の街として急速に都市化が進んだ。昭和十七（一九四二）年の時点で、全人口に海軍関係者が占める割合は約七割、そして総生産額に工業生産が占める割合は九割を超えている（東京商工会議所『呉市の特異性と国土計画への方向』）。

急峻な山と海に囲まれた地理的条件によって、住宅地は高地部へと延びて洒落《しゃれ》た文化住宅を築く一方、谷あいにひしめく工員長屋の間には銭湯が林立し市街地を取り囲んでいた。そして都心部では、市場、商店街、盛り場、花街がおおいに賑わい、特有の消費空間をなしていたのである。

鎮守府の設置後、都市化の進展と人口の増大にともない、明治二十九（一八九六）年には近傍の吉浦、そしてその翌年には市街地の北部（当時は荘山田村）に後の《朝日遊廓》に発展する貸

図3　呉の市街地と朝日遊廓（1918年）

座敷の免許地が指定される（図3）。《朝日遊廓》の初期の営業者数は十二軒であったが、日清戦争後の凱旋軍人を迎えるにあたり「朝日株式会社」が興《おこ》され（名目上は「家屋賃貸」業に分類される）、日露戦争後にはいっそうの発展をみ、明治四十三（一九一〇）年には五十八軒と、十数年にして五倍近く増加した。

当初は市街地の近郊に位置した遊廓も、市街地の発展にともない都市空間に取り込まれる。この包摂を決定づけたのが市内電車の敷設であった。市電の開通によって都心部との近接性が増大した朝日遊廓は、市電に乗ると市街地北端の本通十三丁目の停留場で下車することから、「十三天国」、あるいは「ノースエンド」などと呼ばれていたという。

この市街地北端の遊廓に対して、「花街」はどこに立地していたのか。朝日遊廓内にも独自の検番が設けられ芸妓をおいていたが、市街地には「町芸妓」と称される芸妓が約二百名おり、「町検番」が統括していた（弘中柳三『呉花街案内』）。この「町芸妓」という言い方は、遊廓の「廓芸妓」に対して市街地にある「花街」の検番に所属するという意味で用いられている。また、「町検番」は組織や事務所のみならず「花街」のある場所――「花街」をなしている街区――を言い表わすこともあった。多くの場合、町検番＝「花街」を地図から読み取ることはできないものの、一般的に「町芸妓」の「花街」は繁華街と渾然一体に形成されるパターンが多い――たとえば、東京の銀座、名古屋の広小路、仙台、松山、熊本、鹿児島などに見られる。呉の町検番＝「花街」もその典型で、中心商店街である繁華な中通を拠点としていたのである。

一本東側を並行する市電の敷設された本通が、銀行などの集積する業務地区であったのに対して、小売店や飲食店の集積する中通は大正十一（一九二二）年のアスファルト舗装、そして大正十五（一九二六）年の鈴蘭《すずらん》灯の設置によって、夜ともなれば「中ブラ」と称して市民が遊歩する盛り場と化した商店街である。

中通は本通と堺川の中間にはさまれてゐる繁華な中心街、最も賑はつてゐるのは、六丁目より九丁目まで、七丁目と八丁目は、もと千日前と呼んでゐた盛り場である。中通は呉市を代表した歓楽街と云つた感じだ、カフェー、喫茶店、料亭その他映画館。劇場などはみな中通または中通を中心としてその附近にある。代表的な建物としては日の丸百貨店（四階）カフエーブラジル（三階）その他。
道路舗装も感じがよい、中通の鈴蘭灯は、市内でトップを切つたもの、一番金もかけてゐる。夜景は殊に美しい。夜の人出は他の都市では到底見られないほどの素晴らしい盛観だ。夜の歓楽境と云へば先づ中通だ。
（中郁末吉『呉軍港案内』）

「夜の歓楽境」と呼ばれる中通のなかでも六丁目から八丁目にかけての賑わいはひとしおであった。そこには大正後期から昭和初年にかけて（つまり一九二〇年代に）、カフェー、バー、喫茶店が「雨後の筍の如く、すさまじい簇生《そうせい》ぶり」を示し、なかでも本通六・七丁目から中通六・七丁目に抜ける路地（横丁）には、「軒なみカフェー、バー、喫茶店、料亭」などが櫛比《しっぴ》し「カフェー喫茶店街」を形づくっていた。作家の菊池寛が遊んだことでも知られるこのカフェー街は、軍港内の麗女島《うるめ》にちなんで「麗女通」と名づけられている。

このように、たんなる小売商店街にとどまらない歓楽街としての中通は、繁華の巷《ちまた》となる過程で「花街」の発生を見ることになる。そもそもは明治二十八（一八九五）年頃に本町で開業した「松島券番」が呉における制度化された花街の端緒とされているが、それは「券番」を名乗る単体の置屋であり、複数の置屋から組織されていたわけではない。これは、あくまで萌芽と位置づけるべきであろう。その後、明治三十三（一九〇〇）年に成立し中通三丁目に事務所を構えた「呉券番」こそ、複数の置屋を取りまとめる統合された最初の機関である。明治四十一（一九〇八）年には「呉券番」（芸妓約九十名）と「新券番」（同約三十名）とに分裂するものの、二年後には元の「呉券番」が母体となって再統合し、取締役をはじめとする役員がおかれた。昭和初年には、所属する芸妓が約二百七十名、置屋は四十軒あったといい、繁華街である中通は華のある夜の歓楽街ともなったのである。

呉には待合や貸席に類する茶屋はなく、料理屋や旅館がそれを兼ねており、組合に加盟する旅館は市内で百二十軒におよんでいる。「一流料亭」や「高等旅館」はもちろんのこと、「小料亭」でも「芸妓をあげて一寸あっさり小粋」に遊ぶことができ、それらは高級軍人のステイタスシンボルとして利用された一方、場末の小料理屋・旅館などは「酌婦なる曖昧の女」がいて、おもに

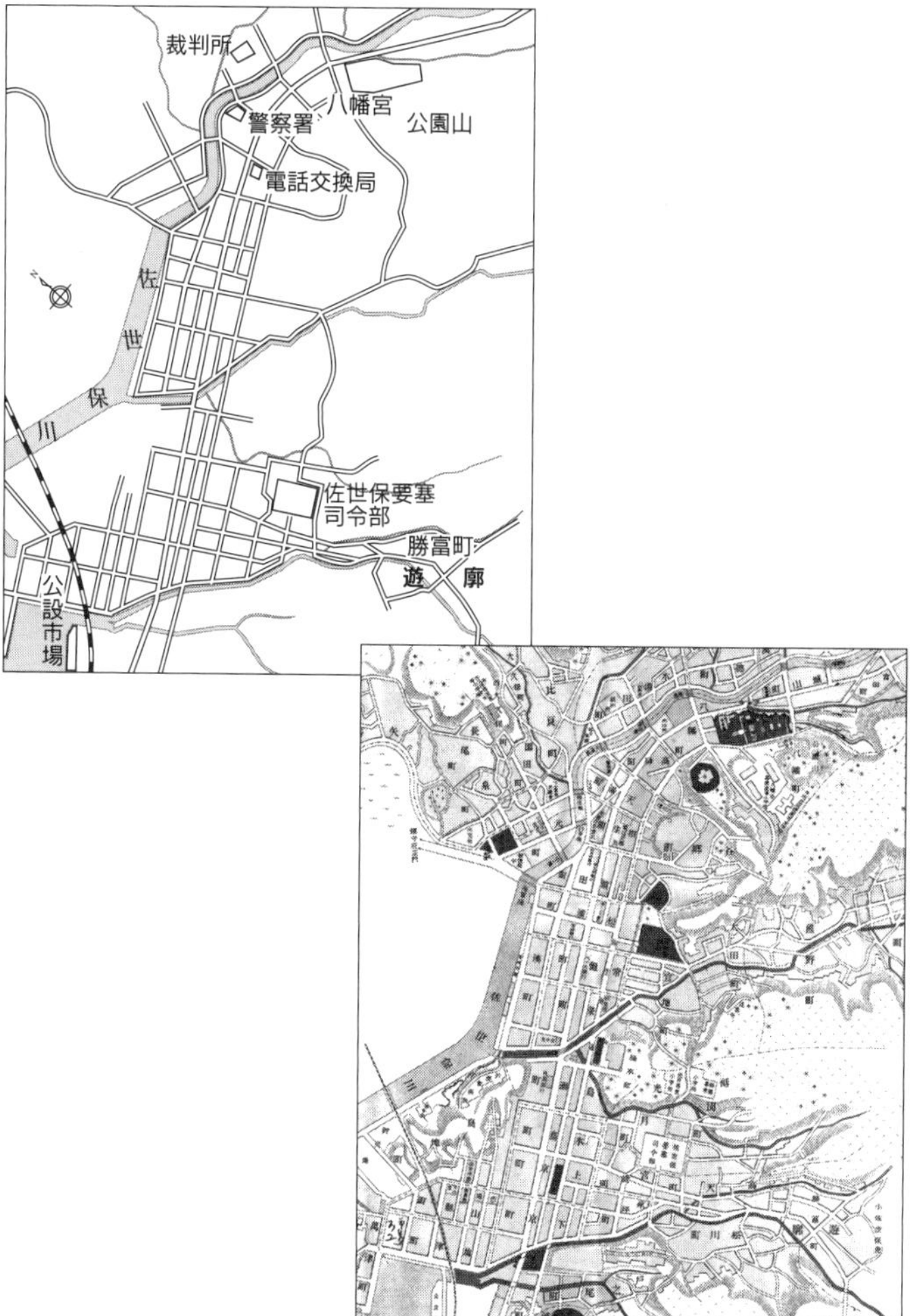


図 4　「佐世保市街地図」(1931年)

「職工が利用」したという(『呉花街案内』)。このように、置屋の立地する繁華街(中通)を拠点としながらも、周辺の小料理屋や旅館に芸妓を派遣するのが呉の「花街」の制度である。特定の街区や区画をもって花街と位置づけることができないところに、「町芸妓」の花街の特徴があると言えるだろう。

## 佐世保市の花街

次いで、昭和五(一九三〇)年に発行された「佐世保市街地図」(図4)を参照してみたい。長野市、高田市、そして呉市とは異なり、一見してそれとわかる土地区画は地図上にないようである。しかしよく見ると、図幅の中央部右下(市街地東部)の部分に位置する「勝富町」の街区には、「遊廓」という文字が重ねられている。

この市街地図と合わせて、同じく昭和五年に作成された都市計画の資料である「佐世保市待合貸座敷芸妓置屋分布図」(図5)を参照してみよう。この図がどのような意図で作成されたのかはさだかでない。しかしながら、「待合」「貸座敷」そして「芸妓置屋」の分布が市街地全域をカバーする一枚の図幅に示されているという点で、ここでは有用な資料となる。

この地図によると、「佐世保市街地図」に描かれた「勝富町」のほかに「花園町」と「熊野町」の一部にも貸座敷の指定地——つまり、遊廓——のあることがわかる。勝富は、明治二十

図5　「佐世保市待合貸座敷芸妓置屋分布図」(1930年)

表2　佐世保の置屋数（1930年代）

| 町名 | 置屋（芸妓） |  | 料理屋 |
|---|---|---|---|
|  | 新 | 旧 |  |
| 高砂町 | 13　(42) | 10　(35) | 10 |
| 天満町 | 7　(14) | 23　(54) | 7 |
| 相生町 | 1　( 1) | 2　( 2) | 0 |
| 谷郷町 | 0　( 0) | 3　( 7) | 2 |
| その他 | 5（ 9） |  | 8 |

（一八八七）年五月に貸座敷の免許地に指定された「木風《きかぜ》遊廓」の業者が「あまりに佐世保市街と遠距離であり、且つ不便不利少なからずとの理由に於て……移転を出願し」た結果、明治二十四年に認められて成立した遊廓であった（佐世保市編『佐世保の今昔』）。花園町の遊廓は明治四十三（一九一〇）年に指定されている。昭和五（一九三〇）年の貸座敷数は、勝富町が十六軒、花園町が四十六軒、そして熊野町が二軒である。花園町と熊野町は、実質ひとつの遊廓と見てよいだろう。

図5の市街地北部に目を移すと、「芸妓置屋」の密集する地区が存在する。「芸妓置屋」の集積した隣り合う天満町・高砂町の界隈が、佐世保における狭義の「花街」である。芸妓を抱える置屋が図中にプロットされたことで、通常の市街地図からは読み取ることのできない「花街」の存在が浮かび上がる。

しかしながら、この図からもまだ見えないことがある。実のところ佐世保の置屋は、表2に示されるように、二派に分裂して新旧の検番を組織していた（朱牟田弘吉『佐世保よいとこ』）。後述するように、料理屋によってはどちらか一方から芸妓を招くことができない場合もあるので、地理的には集中する同一の地区でありながらも、（松川二郎にしたがうならば）この界隈は別個の二つの「花街」を形成していたとも言えなくはない。このような場合、検番の組織形態や制度を検討しない限り、「花街」のあり方もまた把握することはできないのである。

以上のように、遊廓は市街地の周縁に立地し、しかもきちんと区画された「一廓」の形態をとることから、比較的容易にその所在地を地図、そして現実の都市に見て取ることができる。また、地図に「遊廓」という記載がない場合でも、旧市街地の周辺という立地に区画上の特徴を加味すれば、そこが遊廓であるとわかることもしばしばだ。

遊廓とは対照的に、「花街」の情報が地図に記載されることは少ない。置屋と料理屋、都市によっては待合、そして置屋と料理屋に介在して芸妓の斡旋をする検番（券番・見番）からなる「花街」は、一般的には都心部の繁華街（あるいはその付近）に立地するものの、繁華街の周辺に集積するのはあくまで置屋であり、芸妓の出先となる料理屋は繁華街を中心として市街地全体（時には近郊の名所など）に分散して立地することもある。したがって、派遣される芸妓の行き交いからすれば街全体が「花街」といっても過言ではない状況を呈することもあるのだ。そのような場合、営業は認められていても地図に表記しようがない。

したがって、「花街」の位置を確かめるには、地図を確認しながら現実の都市を歩いて把握する作業、つまり「地」と「図」の往還が必要となる。

## 三　立地と形態からみた「花街」の類型

地図のなかで花街を観察すると、遊廓の存在が際立つことはたしかである。それに反して、「花街」の有無、あるいは仮に「花街」があるとしても、それがどのような形態で存在していたかを確かめることは難しい。昭和三十一（一九五六）年に編纂された『全国花街連盟名簿』の採録基準は、芸妓を中心として、料理屋・貸席（席貸）・旅館・待合茶屋・「お茶屋」・検番などの組織が整備されていることであった。「お茶屋」が遊廓の貸座敷を指しているとするならば、「お茶屋」を除くその他のサーヴィス業はいずれも狭義の「花街」を構成する要素とみなしてよいだろう。そのなかでも、芸妓置屋・料理屋・待合茶屋の三業が中心となることは言うまでもない。だが、貸座敷（妓楼）が大半を占める遊廓と、芸妓を本位としながらもその他の諸機能・諸施設から構成される狭義の「花街」とでは、明らかに「花街」の方が多様になるだけに、わかりにくさがつきまとう。

そこで、都市における「花街」の様態を整理するために、まずその立地と形態に着目して三つの類型を取り出してみたい。

## 播但《ばんたん》地方の事例から

まず、わたしにとって身近な播但地方（兵庫県西部・北部）を事例として花街の分布を確認しておくことにしよう。

遊廓は「取締規則」などによって場所が明確に指定されているので、簡単に分布の状況を把握することができる。播但地方の場合、明石、高砂、姫路《梅ヶ枝》、そして姫路の外港である飾磨《しかま》《湛保《たんぽ》》という山陽の諸都市・港町に限定されていた。日本海側では温泉地として著名な城崎《きのさき》に「新地」と称される曖昧な花街も存在していたが、それは例外である。この「新地」は戦後に赤線に移行するので遊廓として位置づけるのが適当なのだろうが、実際は城崎の「玉の井」とでもいうべきもの――つまり私娼窟――で、非公認の遊廓である（神戸新聞但馬総局編『城崎物語改訂版』）。

次に芸妓を主体とする狭義の「花街」についてみていこう。東京や大阪などの大都市を除けば、一般的に「花街」の一覧が統計書などに掲載されることはまずない。それゆえ、分布を調べるためには各都市を個別に観察するほかはないのだが、「花街」には盛衰や移転があるので、当然のことながら「花街」の所在（存続期間）をあまねく確認できるわけではない。たとえば明石では、戦前に神戸で発行されていた新聞に「明石の芸妓町」と題して「西本町字八幡」に「栄検番」があると報道されていることから「花街」は間違いなく存在したはずである（『神戸又新《ゆうしん》日報』大正九年七月九日）。しかし、戦後になると鍛冶屋町に「弥生倶楽部」と称する検番が存在したものの

（『全国花街連盟名簿』）、さまざまな資料を繰ってみても両者の連続性を示す証拠は得られなかった。

同じく高砂と網干《あぼし》もはっきりとはしないのだが、「高砂芸妓組合事務所」と「網干芸妓共同事務所」――検番――が存在したので（『神戸又新日報』大正九年九月十六日、網干商工会編『網干案内』）、小規模で変動があるにせよ「花街」は形成されていたものと思われる。

**「花街」の三類型**

これらの都市に比べて、旧城下町の姫路、播州の小京都と称される龍野、そして但馬《たじま》地方の中心都市である豊岡の「花街」は規模も大きく有名であった。

まず姫路についてみると、さすがにその名の知られた城下町であるだけに、「花街」の存在も際立っていた。

「花柳界」 柳暗花明の衢《ちまた》を魚《うお》町と称す。蓋《けだ》し狭斜《きょうしゃ》の巷《ちまた》は西魚町を中心とせるを以つてこの名あり。料理店の重なるものは全市に五十余軒あり。芸妓は演舞場を設けて技を磨き、共同事務所を通じて招聘に応ず。その数合せて二百三十人、互に妍《けん》を競ひ、妖を争ひ、紅灯のもと絃歌《げんか》風に流るゝの辺、或は門に凭《よりかか》りて立つもの、或は蓮歩《れんぽ》を移すもの、釵影、裾香楚々として人を惹く。

（姫路商工会議所編『姫路』）

これは戦前の都市ガイドの「花柳界」欄で紹介された文章である。姫路では、市街地の外れに立地する遊廓とは対照的に、「花柳界」は中心部の魚町に形成されていた。市街地外縁の遊廓、そして中心部の「町芸妓」という空間的な配置は、前節でも確認したように地方都市に多く見られる形態である。

次いで播州の小京都、龍野に目を転じると、戦後にいたっても「山陽道では一番芸者の揃っているところ。人口わずか三万五千の小都市ながら、芸者の数が百七十名。淡口醤油のつくられる古い土地柄か、芸者遊びがわりに流行り岡山、姫路の旦那衆もこっそり用事を見つけてやってくる」と紹介されるように（渡辺寛『全国女性街・ガイド』）、都市の規模のわりには比較的「花街」の繁栄した土地であった。

龍野の「花街」は奇しくも姫路と同じ魚町であり、営業地として指定されている。『龍野警察署沿革誌』（『龍野市史　第六巻』所収）の記録によれば、「魚町ハ幅員約二間ノ町道ニテ、其両側ニハ従前ヨリ芸妓置屋・芸妓寓所・飲食店・料理屋ヲ当署ニ於テ許可」していた。ところが、当の魚町は、小学校に隣接し「教育風俗上支障」があった。そこで、龍野署は昭和六（一九三一）年、魚町における新規の営業を禁じる一方、「裏町筋」に当たる桶屋町・水神町・浦川筋における営業の規制を緩和する。ある地区で営業を禁じ、別の地区で規制を緩和すれば、業者は規制の

表3　寺町（豊岡）の「接客業」の構成（1936年）

| | | |
|---|---|---|
| 料理屋 | 相坂、田中楼、平野屋、平音、紫雲楼、すし寅、黒坂、金毘羅 | 8軒 |
| カフェー | かのこ、二見食堂支店、松竹、青柳食堂、森本食堂、丹吉、キング、ブラジル、更科食堂 | 9軒 |
| 芸妓置屋 | 田中楼、立川楼、紫雲楼、永楽亭、永井、中川 | 6軒 |
| その他 | 小川湯（湯屋） | 1軒 |

緩和された地区へ移転せざるを得ない。つまり龍野署は、空間的な規制をたくみに使い分けることで、「花街」の移転を促そうとしたのである。このような特定の営業の移転促進や取り締まりは、近代期の都市においてよく見られる手法であった。

この規制緩和が引き金になったのかはさだかでない。だが、龍野町で営業する二十五軒の置屋は、十二カ町にまたがっていた。さらに、「料理店は町内各所に散在するもの四十余戸、芸妓数は九十五人、芸妓共同事務所を通じて招聘に応ずる」と当時のガイドブックの「花柳界」の項目で案内されるように（龍野商工会編『龍野案内』）、ある特定の街区に集積しているという意味での「街」とはとても言いがたい「花街」が形成されていたのである。

最後に、但馬の中心都市である豊岡の「花街」を瞥見しておこう。豊岡もまた、当時のガイドブックの「花柳界」の項に、次のような記述が見られる。

寺町の一区画を柳暗花明の別天地とし、茲《ここ》に料亭、置屋、飲食店等二十余外芸妓共同事務所、女紅場《にょこうば》を置く、本年六月三十日現在の芸妓数五十三名である。料亭の重なるものは紫雲楼（寺）、水野楼（豊岡）、たいや（中）、糸勝西店（新屋敷）等である。
（加藤無絃『新訂　豊岡案内』）

「豊岡芸妓共同事務所」すなわち検番は、大正五（一九一六）年の創立であるという。この「一区画」と称される寺町では、右の表3に示されるように六軒の置屋のほか、料理屋やカフェーなども営業する、かなりまとまりのある「花街」を形成していた。

**表4　龍野におけるサーヴィス業の分布（1936年）**

| 町名 | 芸妓置屋 | 料理・飲食店 | カフェー・喫茶 | 旅館（料理） | 計 |
|---|---|---|---|---|---|
| 水神町 | 7 | 5 | | | 12 |
| 朝日町 | 1 | 7 | | 1 | 9 |
| 魚町 | 5 | 3 | 1 | | 9 |
| 上川原町 | | 3 | 4 | 1 | 8 |
| 栄町 | 2 | 4 | | | 6 |
| 立町 | 1 | 4 | | 1 | 6 |
| 今宿 | 2 | 1 | 2 | | 5 |
| 桶屋町 | 1 | 4 | | | 5 |
| 舟本 | | 5 | | | 5 |
| 横町 | 1 | 1 | 1 | 1 | 4 |
| 浦川 | 2 | 1 | | | 3 |
| 十文字川 | 1 | | | 2 | 3 |
| 福ノ神 | 1 | 2 | | | 3 |
| 日山上ノ町 | | 1 | 1 | 1 | 3 |
| 他11カ町 | 1 | 4 | 9 | 2 | 16 |
| 計 | 25 | 45 | 18 | 9 | 97 |

播但地方の花街を概観してみると、その形態にある程度明確な違いのあることがわかる。すなわち、「料理店は町内各所に散在する」という龍野型、「狭斜の巷は西魚町を中心とせる」という姫路型、そして「寺町の一区画を柳暗

花明の別天地」とする豊岡型である。

龍野のサーヴィス業について詳細を見ると、小規模な都市のことゆえ、いずれも近距離にあるのだが、料理店のみならずカフェーや置屋までもが複数の町にまたがって「散在」していることがわかる（表4）。姫路の場合、同じように料理店は市街地に分散しているものの、置屋に加えて一部の料理店が集積している西魚町が「狭斜の巷」を形づくっていた。つまり、緩やかなまとまりのある「花街」と言えるだろう。それらに対して豊岡では、「別天地」とも称される完全な一区画を成している。特に豊岡の場合は、大正十四年（一九二五）五月の北但大震災後にも、花街の整理を行なっていた。すなわち、

芸妓置屋料理屋等は散り散りにあることは衛生上又児童教育上面白くないと滋茂町の一画を設定して二十数軒の料理屋、置屋等を紅区に集め所謂《いわゆる》色街なるものをつくり目下どし〳〵工事中でこれまでの田舎くさい空気を捨てゝ新しい都会式のものである（『神戸新聞』大正十五年十月一日）

このように震災復興の区画整理事業に合わせて、あらためて「一画」に置屋・料理屋を集めた「色街」を建設していたのである。

では、播但地方の「花街」から導かれるこの三類型が特別かといえば、そうではない。戦前の

全国の花街について、おそらくもっとも包括的に立地・歴史・制度を論じている松川二郎の『全国花街めぐり』を参照すると、この三つの類型、すなわち

［一］地区を指定、あるいは特定の区画に置屋などが集合した「一廓」をなす「花街」――豊岡型――

［二］地区の指定はないものの自然に集積した「花街」、あるいは複数の街区にまたがってはいるがある程度のまとまりを有する「花街」――姫路型――

［三］市街地に散在した「花街」――龍野型――

とに分類できるからである。

この類型化にしたがって、『全国花街めぐり』から地方都市を中心に具体例を挙げてみよう。

［一］一廓型の「花街」

・秩父（埼玉）：「その花街『秩父新開地』といふは……本通り西北側の本町に在つて……兎に角華やかな一廓をなして花柳気分を漂はせてゐる」

・岡崎（愛知）‥「〈板屋町、龍城連〉市街の西隅板屋町、伊賀川堤と五万石でも船の着いた菅生川と市外矢作《やはぎ》川とにかこまれた一廓」

・高岡（富山）‥「〈高岡の花街〉といふのは駅から約二十町桐木町及び下川原に跨《また》がる一廓……」

・今市（島根）‥「『新開地』――町の西端、花街新開地は紅灯、緑酒絃歌の音も嬉かしく深更まで此処は別天地である」（この項は今市商工会編『出雲今市案内』）

［二］ 複数の街区にまたがるが、ある程度のまとまりを有する「花街」

・青梅（東京）‥「花街といふほど一廓に集中はしてゐないが、氏神の住吉神社を中心として、その周囲に芸妓屋及び料理屋の多くが散在……」

・八王子（東京）‥「中心地は横山町の南裏『中町』であつて芸妓屋の七分通りと待合の約四分通りが此処に集中し、次で西隣りの『南町』から横山町、本通を向ふへ越えて元横山町にかけて散点してゐる」

・甲府（山梨）‥「〈甲府の花街〉は市街南部の中心『太田町公園』に近い若松町から東青沼町に亘る一円の地域」

［三］ 散在型の「花街」

・松山（埼玉）‥「花街といふ程纏まつたところはなく、町内の彼方此方に点々と散在して居る」

・足尾（栃木）：「別に一廓を成さずして各所に散点してゐる」
・山中（石川）：「別に一廓を成さず温泉街の間に散在し、日夜絃歌の音が絶えぬ温泉街は軈《やが》て全部が花街であると云てもよい」
・片山津（石川）：「〔片山津の花街〕と言ても定まつた区域はなく、片山津全体が花街と言つてもよい」

以上、比較的分類の容易な「花街」ばかりを選んで列挙してみた。わたし自身が確認していないところもあるので、当時の状況を実地調査した上での類型化とは異同もあるだろうが、狭義の「花街」の形態はおよそこのような三種類に大別できる。言うまでもなく、遊廓のほとんどは［一］に類する形態である。後述する東京の三業地、大阪の「新地」もまた［一］である。おそらく「花街」全体のなかでもっとも多いのは［二］の形態ではないか。特に中心商店街や盛り場に隣接する「花街」の多くがこの類型に含まれるだろう。この場合、料理屋が繁華街を中心に市街地に散在しているとしても、置屋は特定の街区に集まっていることが多い。また［三］は、比較的小規模の都市に限定されるはずである。

加えてこれらの類型には、立地上の特性も認められる。すなわち、［一］は市街地の周縁や近郊に、そして［二］は中心商店街、駅前、盛り場などの商業地、あるいは遊廓に隣接して立地する傾向がある。

さて、花街の立地と形態に関する以上の検討から明らかになるのは、都市空間にあって確たる存在感を示す遊廓とは対照的な「花街」のありようだろう。廓《くるわ》という名のごとく、遊廓が都市外縁の区画に囲繞《いじょう》された一方、「花街」は「一廓」型の形態もあるが「町芸妓」と称されるように繁華街の周辺に緩やかなまとまりをもって形成されていた。しかしまた、ひとくちに「花街」とはいっても、たとえば京都・大阪と東京とでは制度ならびに構成要素が大きく異なるし、地域ごとに違っているといっても過言ではない。各地に形成された「花街」のこのように多様な形態・制度・構成要素が、その存在自体をわかりにくくしているのだとも考えられる。この「わかりにくさ」を少しでも解きほぐすために、次に花街を構成する要素、そして芸（娼）妓の移動からみた制度的な特色を整理しておこう。

## 四 花街の構成と制度

「花街」を存立させていたのは、芸妓である。芸妓のいないところに「花街」は成り立たない。芸妓がどの置屋（および検番）に所属するのか、そして「芸」を披露する場はどこであるのか――そうした制度の違いが「花街」の風景にさまざまな変奏をもたらす。具体的な説明に入る前に、ここであらためて芸妓を除いた花街の主たる構成要素（施設や機関）を列挙してみよう。

料理屋――客室を設け、客の注文に応じて料理を出すことを本業とする店。地域によっては、芸妓を呼んで遊興することを禁じているところもある。

待合茶屋――客室を設け、客が芸妓を呼んで遊興する店。料理屋に比べれば密室性が高い。料理は料理屋から取る。

貸席――客室を設け、客が芸妓や娼妓を呼んで遊興する店。京阪地方に多く、お茶屋と呼ばれる。料理は料理屋から取る。

芸妓置屋（芸妓屋）――芸妓を抱えて、求めに応じて料理屋、待合茶屋、貸席、旅館などに差し向ける店。

検番（券番・見番）――置屋（組合）と待合茶屋（組合）や料理屋（組合）とのあいだに介在して、前者から後者への芸妓の派遣、花（玉）代――時間制の遊興料金――の精算などを取り仕切る事務所。置屋組合側が組織することが多い。

花街を構成する主たる要素はこのように整理できるが、たとえば大阪では、料理屋に芸妓が入らない、あるいは鹿児島では料理屋組合側が券番を組織するなどの例外もあるので、これらはあくまでひとつの目安である。

構成要素、そして制度の運用のされ方の違いから地域ごとに異なる「風俗」としての花街が成立するのであるが、一般的に指摘されるのは京都・大阪の花街の特殊性である。その特殊性を説明するために、作家の宇野浩二が「東京の花柳界を標準にして説明すると分りいい」(『大阪』)と指摘したことにならって、ここでは東京と大阪を比較することからはじめよう。

## 東京の二業地・三業地

東京の花柳界の所在地を下町と山の手に分けると、下町の主なものは、新橋、烏森、日本橋(芳町、浜町、檜物町など)、下谷、吉原、赤坂、その他、山の手の主なものは、神明町、白山、神楽坂、富士見町、四谷、麻布、渋谷、その他である。さうして、それ等の土地には、一軒の検番の外に、数十軒の芸者屋、数十軒の待合、数軒の料理屋がある。一口に云ふと、分業制度になつてゐる。或る土地では二業組合、或る土地では三業組合などといふ名称がある所以である。

(宇野浩二『大阪』)

宇野が説明するように、「花街」の営業を取りまとめる検番(一軒)、芸妓屋(数十軒)と料理屋(数軒)の二業、この二業に待合茶屋(数十軒)を加えた三業という「分業制度」を採用しているのが東京の「花街」である。表5には、大正期の各「花街」における三業の構成をまとめた。

料理屋よりも待合の方が総じて多いようだ。また、東京の場合は新吉原・洲崎、そして四宿――品川・新宿・板橋・千住――の「遊廓」を除くすべての花街が芸妓専門の狭義の「花街」であり（遊廓には芸妓屋があるところもある）、その多くが地区指定されているところにも大きな特徴がある（次ページの図6）。

一般的な三業地をモデル化すれば、図7のようになる。芸妓は料理屋にも待合茶屋にも入る。客は待合茶屋を利用した場合、料理は料理屋から取り寄せ、検番を通して芸妓を招く。地区指定されている三業地の場合、通常、芸妓が地区外の料理屋・待合に入ることはない。ところが、三

表5　東京の三業の構成（1922年）

| 花街 | 料理屋 | 待合 | 芸妓屋 |
|---|---|---|---|
| 富士見町 | 9 | 97 | 101 |
| 飯田河岸 | 1 | 3 | 2 |
| 神田 | 14 | 12 | 47 |
| 日本橋 | 8 | 51 | 149 |
| 葭町 | 25 | 253 | 296 |
| 霊岸島 | 8 | 12 | 31 |
| 新富町 | 10 | 39 | 81 |
| 新橋南地 | 30 | 271 | 109 |
| 新橋煉瓦地 | | | 341 |
| 神明 | 10 | 23 | 36 |
| 芝浦 | 16 | 38 | 73 |
| 麻布 | 9 | 47 | 60 |
| 赤坂 | 6 | 17 | 111 |
| 四谷 | 15 | 57 | 84 |
| 牛込 | 8 | 80 | 142 |
| 白山 | 17 | 60 | 90 |
| 駒込 | 32 | 25 | 31 |
| 下谷本郷 | 26 | 106 | 231 |
| 根岸 | 23 | 17 | 35 |
| 浅草 | 41 | 174 | 163 |
| 柳橋 | 16 | 101 | 206 |
| 深川 | 11 | 12 | 44 |
| 向島 | 5 | 37 | 66 |
| 秋葉 | 4 | 67 | 65 |
| 亀戸 | 14 | 79 | 87 |
| 尾久 | 0 | 0 | 12 |
| 王子 | 0 | 0 | 13 |
| 大塚 | 0 | 0 | 21 |
| 新井 | 0 | 0 | 11 |
| 渋谷 | 39 | 99 | 122 |
| 五反田 | 36 | | 38 |
| 大森 | 0 | 0 | 31 |
| 羽田 | 0 | 0 | 22 |

・霊岸島は新川、新橋煉瓦地は新橋、神明は芝神明、大森は大森海岸を指す。尾久では料理旅館27軒が営業していた。

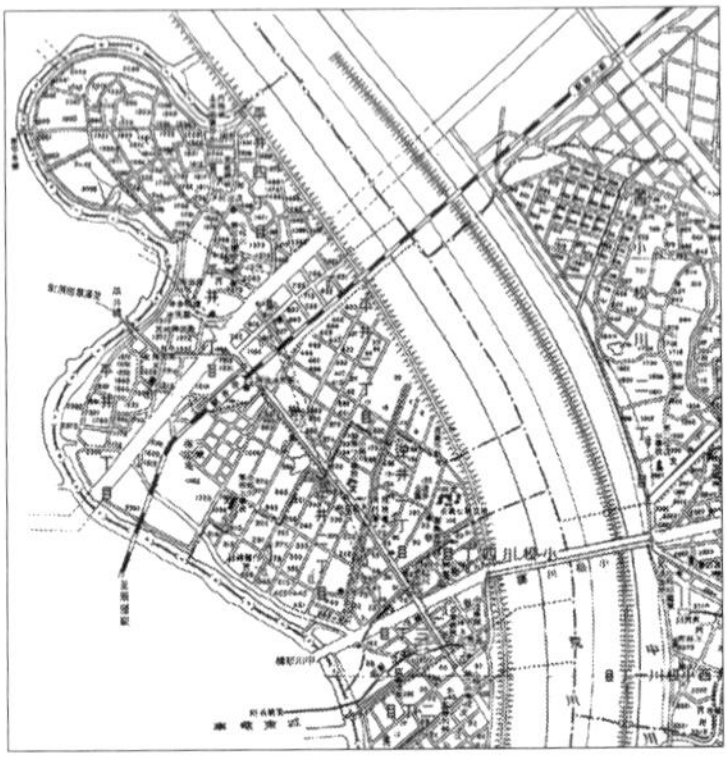

※原図を29%に縮小

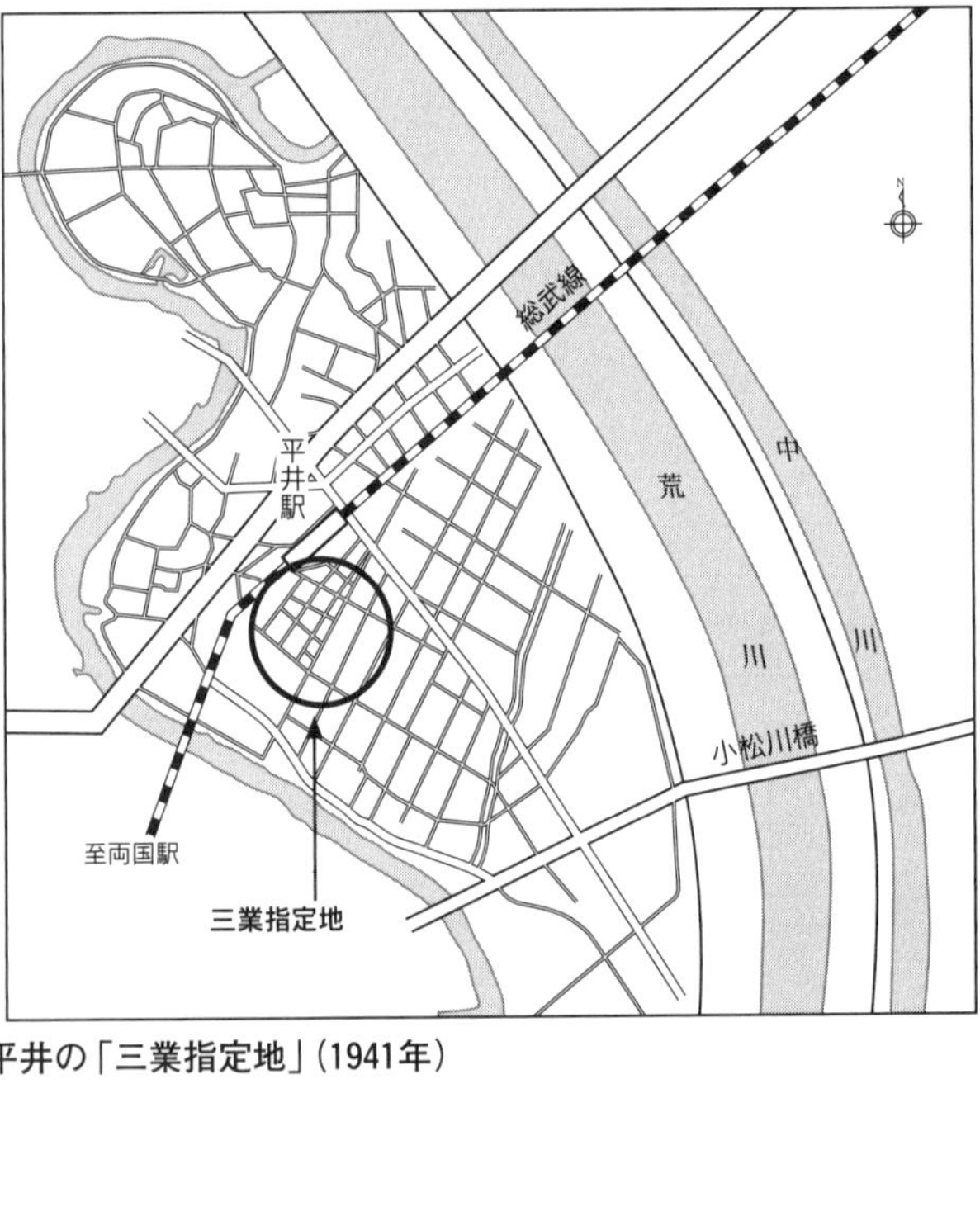


図6　平井の「三業指定地」(1941年)

業地のなかにはこの範型とは異なるものもある。たとえば、ひとつの三業地内で（何らかの利害関係を背景に）芸妓屋が二派に分裂している場合（図8）。宇野も指摘しているとおり、東京ではひとつの花街にひとつの検番が組織されているのが普通であるが、この場合は地区内に二つの検番が成立することになる。さらに、芸妓屋の分裂に付随して料理屋と待合までもが二派に分裂すると、それが同一の地区内であるだけに客としてはややこしい（図9）。その道の「通《つう》」ならともかく、慣れない客が適当に入った待合茶屋でお目当ての芸妓を呼ぼうとしても、仮にその芸妓の属する置屋が対立する側にあるならば、呼ぶことができないのである。

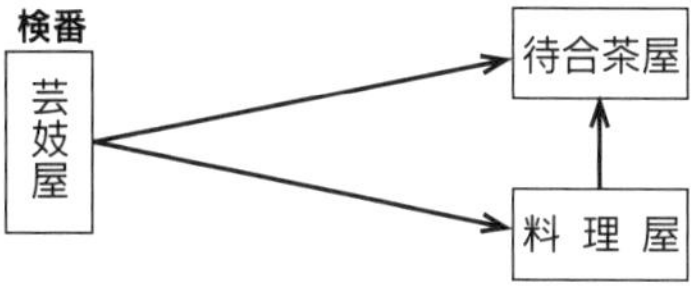


図7　三業地の構成と芸妓の移動

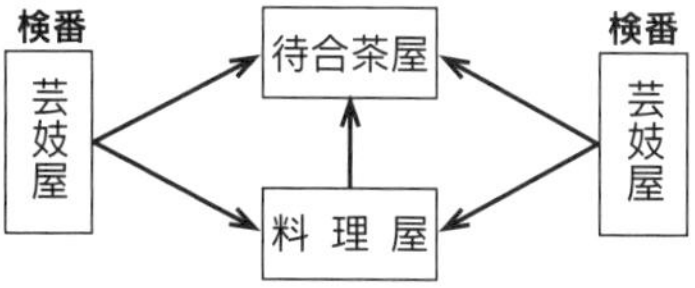


図8　芸妓屋（検番）が二派に分裂した場合

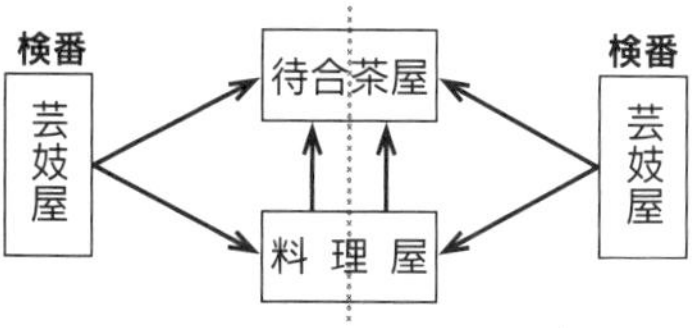


図9　三業が二派に分裂した場合

二業地は通常、芸妓屋と料理屋（場合によっては待合茶屋）から構成されていたが、なかには芸妓屋の立地しない二業地、つまり待合茶屋と料理屋から構成される二業地も存在した。芸妓屋のない、したがって芸妓のいないきわめて例外的な「花街」ということになる。芸妓のいない二業地など、とても「花街」と呼べそうにないのだが、そこにはそれなりの制度があった。その独特な二業地は、近傍の複数の三業地から芸妓を派遣してもらうのである。二つ以上の三業地の検番が関与することを捉えて、松川二郎は「入会地《いりあいち》」と呼んだのだった。

分業体制とはいっても、三業の組み合わせと制度的な差異を背景として、東京の二業地・三業地にもいくつかの異型があったことはあらためて強調しておきたい。

## 大阪の花街

「東京の花街は凡《すべ》て芸妓屋、料理屋及び待合茶屋から成る三業制度である」のに対して、「京都・大阪は芸妓置屋と貸席《おちやや》との二業組織」であると対比したのは、松川二郎であった。この二業制度にあっては、東京のように料理屋に芸妓を呼ぶことはできない。それができるのは、貸席に限られる。では、東京の芸妓屋と大阪の置屋、同じく待合茶屋と貸席がまったく同じであるかといえば、実はそうではない。

再び宇野浩二によると、「……芸者屋〔芸妓（置）屋〕といふ言葉も東京と大阪とでは意味は

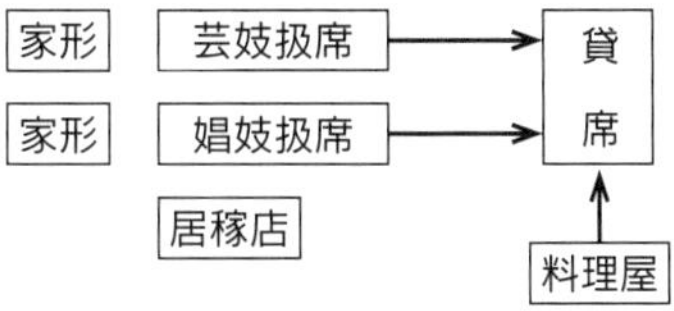


図10　大阪の花街の構成

大分ちがふ」のである。そのわけは、大阪の置屋には検番を兼ねるもの——「芸妓扱席」——があり、さらにそのなかには「貸席」をも兼ねる大店《おおだな》もあったからだ。戦後、全国花街連盟を組織した阪口祐三郎の経営する南地・宗右衛門町の大和屋はその代表格であった。では、どちらも「お茶屋」である貸席と待合とではどうか。貸席が料理を料理屋から取り、芸妓を置屋から呼ぶという点では、待合茶屋と似ていなくもない。待合では決してあり得ないことなのだけれども、貸席には娼妓があがることもあった。第六章でも述べるが、大阪の伝統を有する花街の特色は、芸妓・娼妓を併置していること、そしていずれも貸席へ招くことができたことにある。実際、かつて「芸妓扱席」を経営していた人のお話によれば、貸席の座に芸妓と娼妓が同席することもあったという。娼妓は、芸妓に比べれば身なりが粗末なものの、芸妓よりも上の座に着いていたとのことである。当時、代表的な花街である《堀江》には、芸妓扱席が八軒（芸妓約八百名）、そして娼妓扱席も二軒（娼妓約六十名）あることから、その女将さんが語るようなケースも少なからずあったにちがいない。

大阪の花街をモデル化すれば、図10のようになるだろう。東京のように、各花街に検番がひとつということはなく、複数の「芸妓扱席」が営業している。「芸妓扱席」には娼妓を抱える店があること、また娼妓が入る貸席があることはすでに述べた。さらに、代表的な花街には「居稼《てら》店《し》」と称される貸座敷も含まれており、やはり東京とは、あるいはその他の地域の「花街」とはその性格を大きく異にしていたのである（詳細は第六章を参照）。

　このような独自の制度を背景に、警察による営業の取り締まりにおいて大阪の花街は京都ともども「遊廓」として取り扱われることもあった――この場合、「家形《やかた》」（小方《こかた》）、「御茶屋」（揚店）、「扱店」は一括して「貸座敷」として扱われる。しかしながら、花街の内部において「居稼店」の地区は分離していること、また明治期から昭和戦前期を通じて緩やかながらも芸娼の分離が進みつつあったことをふまえれば、大阪の花街もまた芸妓を本位とする狭義の「花街」に属するものとみなしてよい。ちなみに、大阪の花街は「かがい」ないし「いろまち（色街）」と呼ばれていた。

## 名古屋の「連」

　中京の花柳街、それは日本の花柳界に於ても余りにも有名である。新柳二橋の東京、宗右衛門町の大阪に比べて、美人と西川流の舞踊を以て立つ名古屋の紅裾の嬌名は、敢て松川二郎の筆を借らずとも日本的に宣伝されてゐる。

（島洋之助『百萬・名古屋』）

あえてその筆を借りずとも……、と名指しされた松川二郎は「名古屋の花街は十七箇所に分れてゐて、花街の数から言へば遥かに大阪を凌駕してゐるが、見方によつては全市唯一つの花街と見られぬこともない」、と述べていた。市全体がひとつの花街であるというのは、いささか誇張に過ぎる。とはいえ、市内に十七カ所という数は「十五区・二十八花街」(松川二郎)と称される同時期の東京に次ぐ多さであることに加え、東京には見られない独特の制度も存在した。その制度こそ、松川が市全体をひとつの花街と見なす、もうひとつの根拠である。

名古屋の「花街」の特徴は、「連」と称される独自の検番制度にある。芸妓を抱える置屋は必ずいずれかの「連」に所属しているものの、「全市どこの料亭・待合でも自由に出入ができる」と指摘されるように、客は制度の上では市内のどこからでも芸妓を招くことができ、また逆に芸妓はどこから呼ばれてもその招きに応じて出かけることができた。しかも料理屋と分類される店ならば、そこがおでん屋だろうが、洋食屋だろうが、さらに鰻屋だろうが、うどん屋だろうが、とにかく料理を出す店ならば一切の区別なく芸妓の出入りがあったという。つまり、置屋－待合－料理屋の提携がある程度規定され、なおかつそれぞれの営業が特定の区画に限定されていた東京の三業地とでは、芸妓の行き交いという点において、まったく異なる街の風景があらわれることになる。十七カ所の「連」という多さだけでなく、制限の少ない芸妓の移動こそ、松川が全市を花街とみなした根拠にほかならない。

とはいえ、各「連」には一応の本拠地が存在しており、市内各所には「連」の所在地を中心に

表6　名古屋の「連」

<table>
<tr><th>所在地</th><th>連</th><th>1925</th><th>1929</th><th>1932</th><th>1933</th><th>1936</th><th>1937</th><th colspan="3">通称</th></tr>
<tr><td>西区 八重垣町</td><td>盛栄連</td><td>○</td><td>○</td><td>○</td><td>○</td><td>○</td><td>33</td><td rowspan="5">五連妓</td><td rowspan="12">十二連妓</td><td rowspan="16">十六連妓</td></tr>
<tr><td>中区 古郷町</td><td>睦　連</td><td>○</td><td>○</td><td>○</td><td>○</td><td>○</td><td>28</td></tr>
<tr><td>中区 城代町</td><td>廓　連</td><td>○</td><td>○</td><td>○</td><td>○</td><td>○</td><td>70</td></tr>
<tr><td>東区 針屋町</td><td>浪越連</td><td>○</td><td>○</td><td>○</td><td>○</td><td>○</td><td>112</td></tr>
<tr><td>中区 住吉町</td><td>中検番</td><td>○</td><td>○</td><td>○</td><td>○</td><td>○</td><td>84</td></tr>
<tr><td>東区 竪代官町</td><td>吾妻連</td><td>○</td><td>○</td><td>○</td><td>○</td><td>○</td><td>49</td><td rowspan="11"></td></tr>
<tr><td>南区 伝馬町</td><td>熱田連</td><td>○</td><td>○</td><td>○</td><td>○</td><td>○</td><td>47</td></tr>
<tr><td>西区 浅間町</td><td>浅遊連</td><td>○</td><td>○</td><td>○</td><td>○</td><td>○</td><td>28</td></tr>
<tr><td>西区 志摩町</td><td>美遊喜連</td><td>○</td><td></td><td>○</td><td>○</td><td>○</td><td>30</td></tr>
<tr><td>東区 東大曾根町</td><td>大和連</td><td>○</td><td>→和合連</td><td>○</td><td>○</td><td>○</td><td>15</td></tr>
<tr><td>南区 宿亀町</td><td>南　連</td><td>○</td><td>○</td><td></td><td></td><td>○</td><td>33</td></tr>
<tr><td>西区 則武町</td><td>旭　連</td><td>○</td><td>○</td><td></td><td>○</td><td>○</td><td>11</td></tr>
<tr><td>南区 西古渡町</td><td>八幡連</td><td></td><td>○</td><td>○</td><td>○</td><td>○</td><td>17</td><td rowspan="4"></td></tr>
<tr><td>中区 東古渡町</td><td>富士見連</td><td></td><td></td><td></td><td>○</td><td>○</td><td>7</td></tr>
<tr><td>南区 西古渡町</td><td>八幡共立連</td><td></td><td></td><td></td><td></td><td>○</td><td>24</td></tr>
<tr><td>南区 港楽園</td><td>港　連</td><td></td><td>(築地連)</td><td></td><td></td><td>○</td><td>13</td></tr>
</table>

※1　所在地は、1937年に事務所があった町名。
※2　1937年は置屋数。

ある程度まとまりのある「花街」が形成されていた（なかには「一廓」型も含まれた）。なかでも、中心商店街である広小路の裏通りには五つの「連」があり――通称「五連妓」――、それらは自他ともに認める名古屋の代表的な「花街」であった。当時の観光案内には、「広小路の複雑性を更に味ふものは、これから派生する劇場、カフェー街、花柳街などに目をつけねばならない」とし、「花柳街は蒲焼町が名古屋花柳界を代表してゐる」と紹介されている（名古屋観光協会編『名古屋観光案内』）。起源は徳川時代（の「藻花《そうか》」――

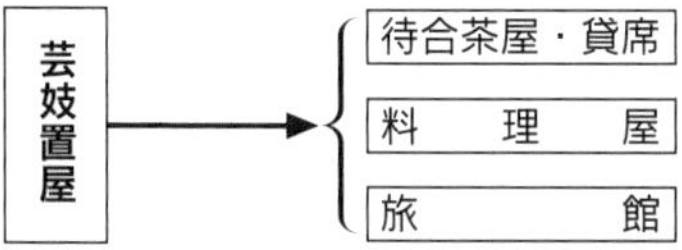


**図11　地方都市に見られる芸妓の移動**

街娼――）とも明治初年とも言われる「盛栄連」、明治十四、五年頃に蒲焼町の「東雲《しののめ》連」から起こった「市内随一の大連妓」である「浪越連」、その「東雲連」から分裂し「浪越連」と対立する「中検番」、旭遊廓が中村へ移転した際に元の位置に踏みとどまり「新地連」とも称された「廓連」、その「廓連」から分裂した「睦《むつみ》連」（明治三十七年成立）。これら一流の花街・芸妓が「五連妓」と総称された。

この「五連妓」に、徳川時代に熱田の中心地区だった伝馬町の「熱田連」（明治三十七年成立）、「巾下芸妓の名で古い歴史」を有する「浅遊連」（明治二十年成立）、西区の盛り場「圓頓寺筋」界隈の「美《み》遊喜《ゆうき》連」（大正二年成立）、鍋屋町、竪代官町、飯田町などに散在していた置屋を東新町の「一廓」に集めた「吾妻連」（明治三十二年成立）、そして市街地東北の「新開地」である大曾根の「和合連」（明治三十年前後に成立）を加えて「十連妓」、さらに南遊廓（錦町遊廓、あるいは稲永遊廓）の「南連」と中村遊廓の「旭連」とを加えて「十二連妓」と呼ばれた。

都市の成長とともに、「盛り場は料亭、小料理屋、銘酒屋を付随してあちこちに出現し」、そこに「湧出」する「絃歌嬌笑《げんかきょうしょう》の歓楽境」。昭和初期には、地盤を同じくする「八幡連」と「八幡共立連」、「一種の待合式歓楽境」であった「港楽園」の「港連」などを新たに加え、名古屋の花街は「十六連」へと拡大した（表6）――松川二郎のいう「十七花街」には、この他に「枇杷島連」が含まれる。

名古屋は六大都市の一角を占める中部地方の大都市圏の中心地であり、近代を通じて市街地に多数の「花街」が立地展開するのは考えられないことではない。しかし、盛り場の発展とともに自然に形成された「花街」が「連」として公認され、このように野放図に営業をするというのは、当時、他の大都市においてはあまり見られない現象である。繁華な地に「花街」が発生するというのは、むしろ地方都市に近い成り立ちと言えよう。さらに「連」のあり方それ自体についてみても、たしかに東京や大阪とは制度的な違いが際立つが、やはり地方の都市に目を移せば、置屋から市街地に散在する料理屋（場合によっては旅館など）に自由に芸妓が派遣されるこの制度は、むしろ一般的であるとさえ言える（図11）。

明治期以降の市街地の拡大、盛り場の形成に合わせて「連」が組織されているという点で、名古屋もまた、「花街」は近代の所産であるというわたしの位置づけを具現する都市のひとつである。

## 五　本書に登場する花街

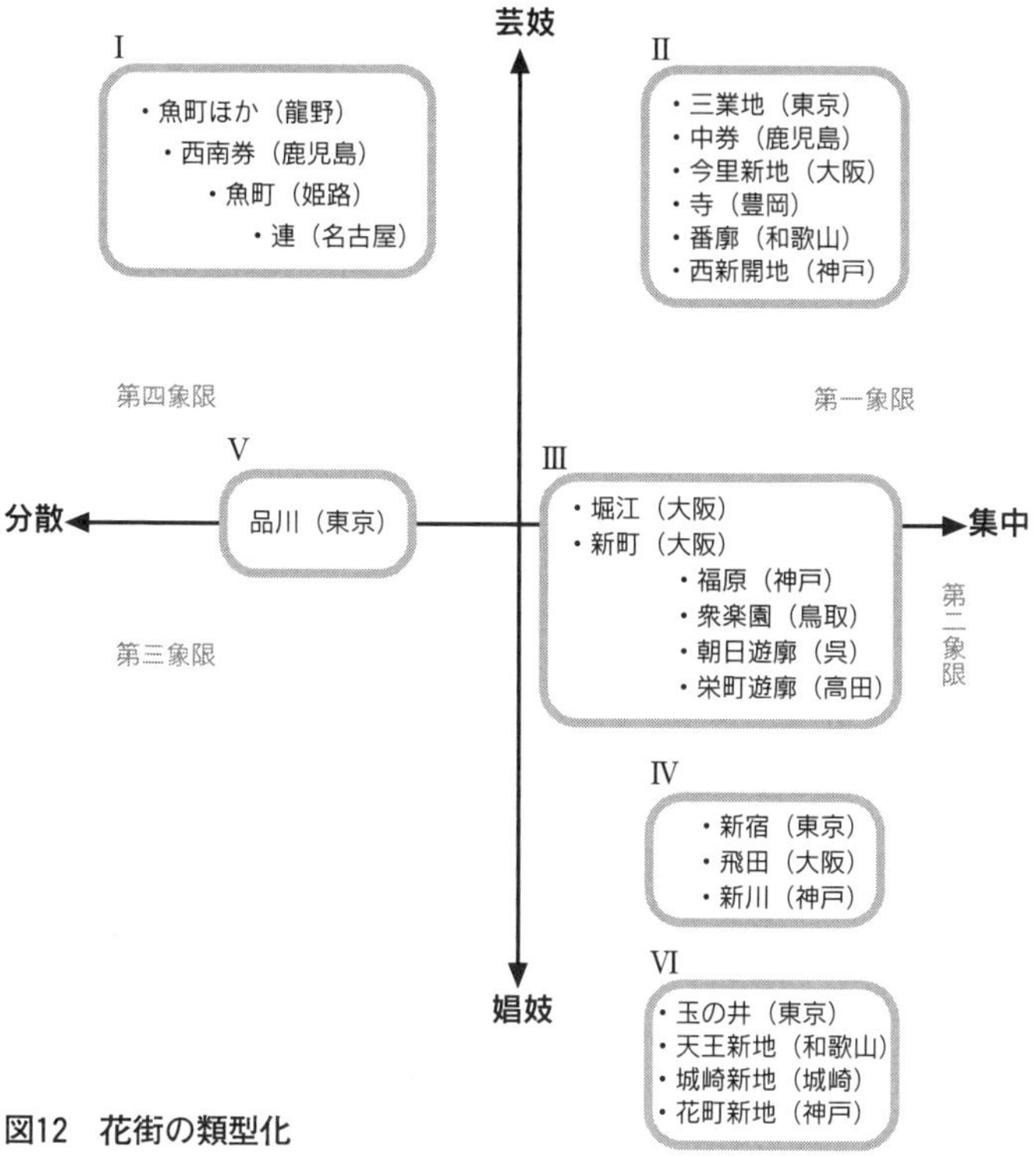


図12　花街の類型化

最後に、本章から得られた知見にもとづいて、広義の花街の五（六）つの範疇を抽出し、本書に登場する主な花街を位置づけておくことにしたい（図12）。この図は、横軸には空間的な集中の度合いを、そして縦軸には芸妓・娼妓の分離の度合いを取って近代期の花街を分類したものである。各象限の花街を理念的に位置づければ、第一象限は芸妓‐指定地（一廓）型の「花街」、第二象限は芸妓‐散在型の「花街」、第三象限は娼妓－散在型の遊廓、そして第四象限は娼妓－指定地（一廓型）の遊廓ということになる。

しかしながら、本章で概観したように、各地の花街は四つの象限の理念型のいずれかに完全に合致するというわけではない。以下の章で検討する議論をいくぶん先取りしつつ、実態に即して整理するならば、図に示した六つのタイプの花街を取り出すことができる。

Ⅰ　分散型、あるいは営業地の指定を受けていないもののある程度のまとまりを有する花街――いわゆる「町芸妓」の狭義の「花街」――である。本章の権堂（長野）、田端（高田）、呉、佐世保、龍野、魚町（姫路）、連（名古屋）の「花街」、そして第二章の本町（鳥取）、西南券（鹿児島）が含まれる。総じて、市街地の中心に位置しているところにも大きな特徴がある。

Ⅱ　三業を中心とする営業の地区指定がなされた狭義の「花街」である。本章の豊岡、第二章の番廓（和歌山）、桜木町（富山）、第三章の西新開地（神戸）、第四章の東京の三業地、第六章の今里新地（大阪）が含まれる。第二章の事例を除けば、多くは市街地の近郊、あるいは荷風が「桑中喜語」で「新開の町村に芸者屋町を許可するは土地繁昌を促すためといへり」と指摘したように、東京近郊の開発地区に見られる「花街」である。「～新地」という地区名の花街――たとえば、東京の蒲田新地、大森（都）新地――は、この典型であろう。

Ⅲ　芸妓・娼妓を併置する花街（遊廓）である。大阪の新町・堀江・南地五花街（第六章）が典型であるが、廓内に検番を組織し廓外の料理屋へ芸妓を派遣する鳥取の衆楽園（第二章）、関連する産業が集積した神戸の福原（第五章）などもここに含めて考えている。廓外への派遣がないものの芸妓を置き検番を設置している栄町（高田）や朝日遊廓（呉）は、次のⅣとの中間に位置するだろうか。

Ⅳ　明治以降に整理統合・新設された「一廓」型の遊廓である。廓内にほとんど芸妓を置かない飛田遊廓（第六章）、大正後期に移転した新宿遊廓（東京）などが典型である。

Ⅴ　近代都市にはほとんど見られない散在型の遊廓であるが、ここで想定しているのは明治期以降に整理統合されることのなかった宿場町の遊廓である。江戸時代の地方小都市には、第三象限の範疇に含まれる遊廓が数多く形成されていたものと考えられるが、本章で貝塚（大阪）と米子（鳥取）を例に取って説明したように、その多くが整理されることになる。第六章でふれるが、宿場町型の遊廓である品川（東京）が数少ない事例である。

狭義の「花街」を主題とする本書で論じることはないものの、Ⅵに属する花街もある。この範疇に属する地区を、はたして花街と呼ぶことができるかははなはだ疑問ではあるものの、松川二郎は『全国花街めぐり』において東京の「玉の井」を取り上げている。その項目は、東京の章に置かれることなく新潟と名古屋の間に突然挿入されているばかりか、風景描写のほとんどが（おそらく検閲によって）伏せ字となっている特異な記述である。松川があえて取り上げたのは、当時、「玉の井」が——たとえば「名古屋の玉の井」というように——「私娼窟の代名詞」となっていたからにほかならない。本章で言及した米子について、「世間では一般には遊廓と呼んでいる。しかし形式は私娼窟たるを失わない。何故なら灘町三十有余の遊廓に働らく女性は娼妓としての鑑札でなくて単なる酌婦として許されているだけだ」という指摘に示されるごとく、空間的な形態はⅣの遊廓と何ら変わらず、黙許されている地区が該当する。

以上、空間形態と制度を目的としてⅠ〜Ⅵの範疇を措定した。本書の主題となるのは、Ⅰ〜Ⅲであるが、必要に応じてⅣ〜Ⅵにも言及することにしたい。

# 第二章　都市再開発から生まれる花街

花街はどこに立地するのか？　第一章では、計画的に設置される「一廓」型の花街（遊廓を含む）は市街地の周縁あるいは近郊に、そして人口の増大や都市化の過程で形成される「花街」は繁華な商業地にそれぞれ立地することを指摘した。しかし、これはあくまで、花街の遍在とでもいうべき状況を呈するにいたった昭和初期の観察から得られた結果に過ぎない。花街はどこどこに立地させる、という近代都市の空間的な文法がいまだ確立されない花街史の草創期にまでさかのぼってみると、そこには思いもよらぬ立地形態を見て取ることができる。幕末・維新期の構造転換は、政治体制に限られたことではなかった。都市空間もまた、新しい社会・政治にふさわしい装いをまとうべく、城郭とその周辺を中心にドラスティックな変容を遂げるのである。

明治初年の城下町では、版籍奉還・廃藩置県によって、城郭を中心とした武家地はその主を失い、明治政府の管理下で新たな用途に転換されるのを待つだけの空間に変じていた。そして、都心部にはからずも生じた武家地＝空閑地をめぐって、この時期にしか見ることのできない、きわめて特殊な再開発の方針が複数の地方城下町で打ち出されていたのである。本章では、三つの城下町都市――和歌山・鳥取・富山――を例にとり、維新後に数奇な変貌を遂げた殿様御殿と武家屋敷の再開発に焦点を当てる。さらに、城郭周辺のみならず、特殊な機能の跡地――墓地――を利用して誕生した、地方都市（鹿児島）の近代花街も考察する。

## 一　丸の内の再開発――番廓（和歌山）――

ここに「観光の和歌山案内図」と題された一幅の鳥瞰図がある（次ページの図13）。和歌山の市街地を中心に、南部の和歌浦・新和歌浦、東部の高野山までをも含めたなんの変哲もない観光案内図のようにみえるが、四角形や角丸四角形で囲われた地名・施設名をよくみると、興味ぶかいことに花街に関連すると思われる固有名が点在していることに気づく。順不同にひろっていけば、《天王新地》《阪和新地》《東廓》《北の新地》《番廓》《新和歌浦廓》《不老園廓》という「新地」や「廓」と名のついた観光スポットを挙げることができるだろう。「新地」は、花街に特徴的な地名である。そして、「～遊廓」ではなく「～廓《かく》」という名称が散見されるが、はたしてこの「～廓」とは「遊廓」を指しているのだろうか。大正六（一九一七）年に出版された野田華公編『和歌山・和歌の浦　遊覧案内』には《番廓《ばんかく》》と《東廓》の両廓は「遊廓」の項目で紹介されているものの、よくよく調べてみると、和歌山の「廓」は一般にいう「遊廓」とはどうやら意味合いが違うようだ。

戦前に発行されたガイドブックから得られた断片的な情報を整理すると、以下の三点にまとめることができる。すなわち、

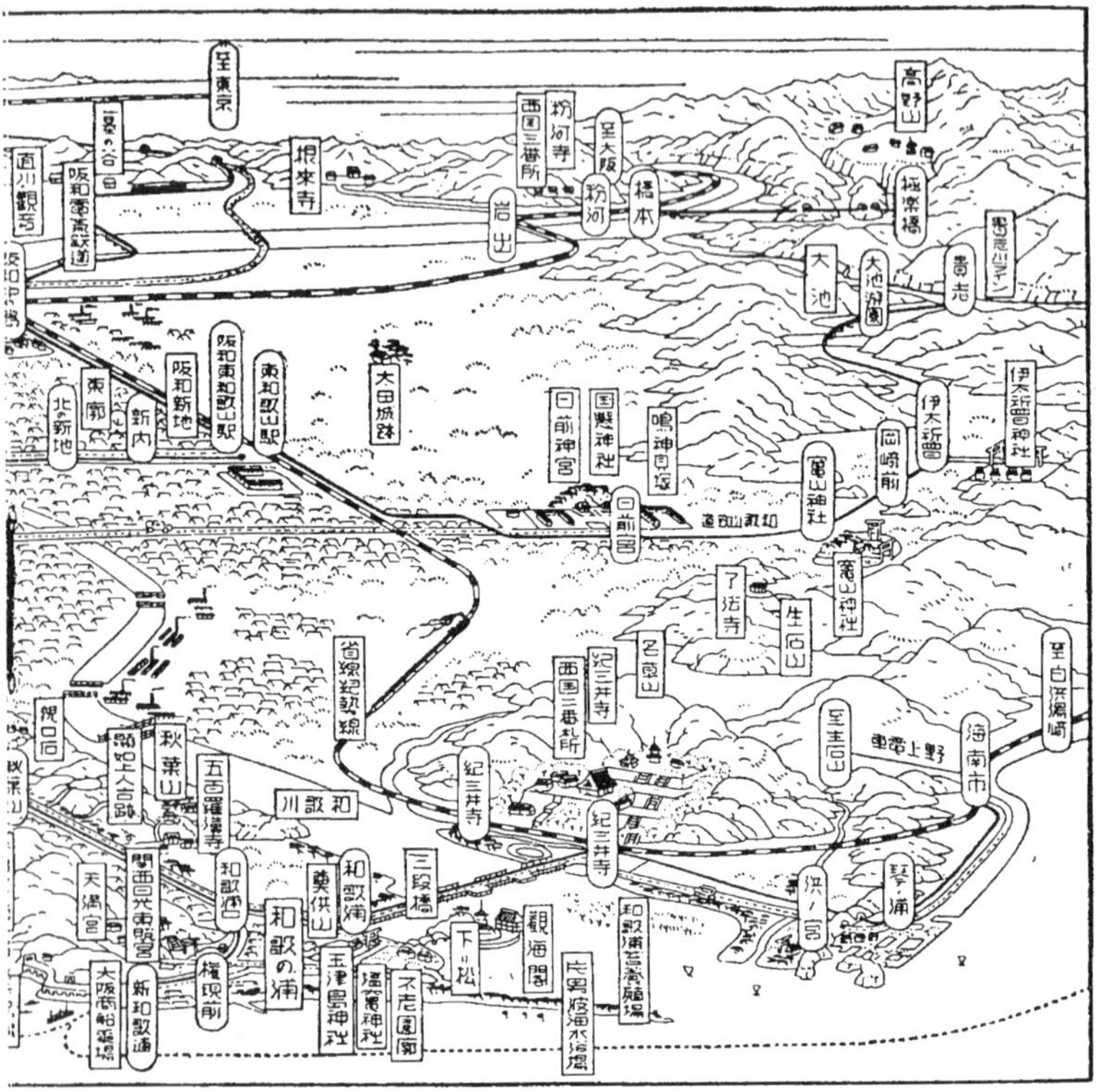


図13　「観光の和歌山案内図」（1939年）

①市街地北端の「天王新地」ならびに東和歌山駅（現・JR和歌山駅）西側の「阪和新地」は、言わば「酌婦」ばかりの花街であること。和歌山の「玉の井」といったら言い過ぎだろうか――繰り返せば、松川二郎は「玉の井」を「私娼窟の代名詞」であるとしている。

②「東廓」とは、「東」「（上・下）新内《あろち》」「北の新地」などと通称される、江戸期以来の花

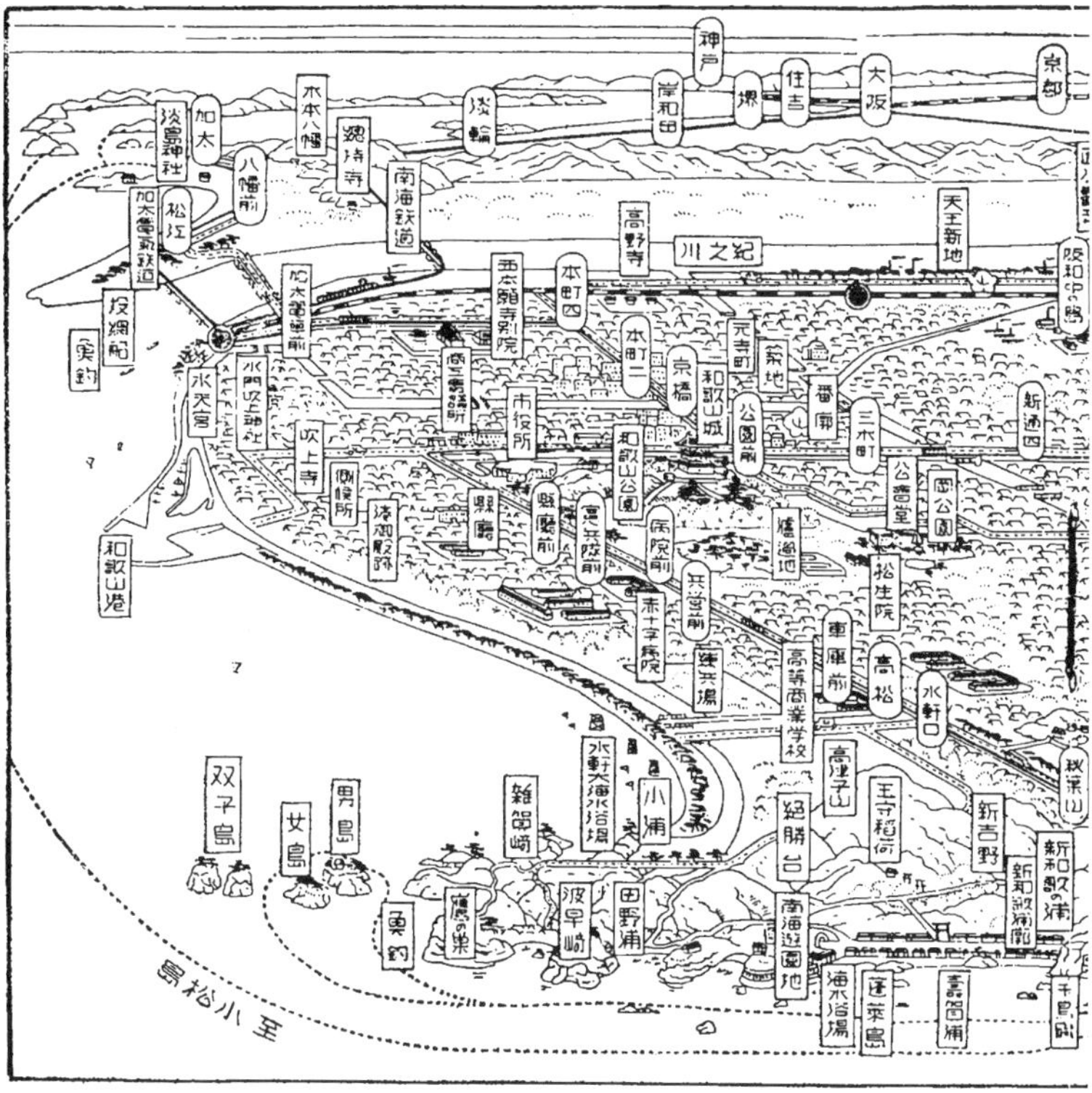


街の総称であること。

③「東廓」「番廓」「不老園廓」「新和歌浦廓」は、いずれも遊廓ではなく、検番の置かれた狭義の「花街」であること。

③に指摘したように、「廓」とつく地区は、実のところ「遊廓」ではなく、検番・置屋・料亭・席貸（貸席）などからなる狭義の「花街」であった。「廓」そのものは、検番の所在を示していると考えてよい。和歌山県では明治三

十九（一九〇六）年二月に貸座敷の営業を日高郡白崎村糸谷（由良港）、新宮の浮島、東牟婁《むろ》郡大島村の三カ所に限定しており、制度の上では和歌山市とその近郊には「遊廓」が存在しなかったのである。さらに言えば、遊廓が存在しないがゆえに、①にあるような《天王》《阪和》の両新地――「大衆歓楽境としての新興の紅灯地」――が形成されていたのかもしれない（貴志二彦編『産業と観光の和歌山』）。

ところで、立地という点からみると、観光名所にある《新和歌浦廓》と《不老園廓》、そして近世都市の外縁にあたる（鉄道の開通とともに駅前となるのだが）《東廓》はともかく、和歌山城にも近く市街地のど真ん中に位置する《番廓》は異色であると言わざるを得ない。なにゆえ、このような場所に「花街」があったのか。その背景には、版籍奉還後の城郭の取り扱いにからむ問題があった。

そもそも《番廓》の「番」とは「番町（丁）」の「番」を指している。「番町」は元来、和歌山城の三の丸、つまり藩政下の「丸の内」にあって、家老や重臣の屋敷地だった場所である。この三の丸を新政府の巡察官が調査の必要のない城郭外の土地と認定したことを受けて、明治五（一八七二）年三月、和歌山県は屋敷地に町界を立て、東西南北に直交する新道を敷設、そして各区画に大手筋、一番町（丁）、二番町……十三番町という町名を付けた（三尾功『近世都市和歌山の研究』）。

さらに、同年十月には、門や土手を取り崩した上で新しく町を開き家屋を建設したいとの出願が城郭を管理下においていた陸軍省に認められて、翌年の二月十八日、三の丸周辺の門が取り払われ、土手地は希望者に払い下げられる。番町の払い下げから二十年後の明治二十六（一八九三）年、この年に編まれた『紀伊繁昌誌　全』は、「番町組」として「番町又丸の内と称し一番町より十三番町あり明治初年迄は士邸相聯《あいつらな》りしが今や多くは頽廃せり」と、家老・重臣たちが住んだという武家地の変貌ぶりを伝えている。

しかし、ここで注目しておきたいのは、同じく『紀伊繁昌誌全』の「番町組」のなかに設けられた「花街」という節である。そこには、「十一番町旧水野家屋敷跡にあり芸妓三十余名青楼廿余戸軒を連ね就中《なかんずく》風月庵は構造幽雅にして紳士の宴遊するもの多し」と記されているのだ。どうやら「番廓」は、家臣の水野家の屋敷跡である十一番町が再開発され、「花街」として発展したらしい。三尾功の前掲書によれば、明治六（一八七三）年三月二十三日、「士族水野刑部《ぎょうぶ》、商湯川直道・青石太兵衛らが、京橋以東三町四方の地を遊園地とし、興行場・割烹店を設置することを願い出て許可された」という。おそらく、この時に認められた「割烹店」が「花街」の端緒となったのだろう。大川墨城『紀伊名所案内』では「此の地は、明治六年五月内川堤を開きて妓楼を置きたり」と説明されているので、割烹店のみならず「妓楼」までもが立地したものと思われる。この妓楼は、近世来の《東廓》の一部業者が移転してきたものだという。

維新後の動乱期、このように和歌山の旧城下では丸の内の武家屋敷（水野邸）を再開発した跡地に「花街」がつくられたのだった。全盛期には席貸四十九軒を数えた徳川期以来の《東廓》と比較した「番廓情調」（席貸二十二軒）なる紹介が『産業と観光の和歌山』にあるので、以下に引用しておきたい。

番廓は市内電車、市内バスによつて京橋停留場で下車すれば直ぐである。旧藩の頃は此の京橋から其内濠（今は内川）以南は所謂《いわゆる》丸ノ内として武家屋敷地であつた、京橋に黒色の厳しい大手門があつて、其内へは普通は這入《はい》れなかつた、槍さすまた、長棒で番人が多数居つた場内の一の関所であつたのである。其河筋は当時は竹藪であつたが、維新後、廃藩になつてから此辺一帯は次第に紅灯の巷《ちまた》となるべきいろんな情緒が生れてから、明治八九年頃から此区域に小さな料理店其他がぽつぽつと出来たのである。それは今日の番廓の生ひ立ちでその点に於て大阪南地の宗右衛門町の発展とよく似てゐる。

立地という点ではともかく形成過程においては宗右衛門町とも大きな違いがあるように思われるが、三の丸の屋敷地の再開発が、このような「情緒」を醸し出す「花街」の端緒になったという事実は、城下町都市の史誌において特筆されてよいだろう。

## 二　変貌する殿様の庭園——衆楽園《しゅうらくえん》（鳥取）——

　JR鳥取駅前から北東に延びるアーケード西側の商店街を歩いてゆくと、アーケードが切れるところで通りにぶつかる。いま来た商店街の延長線上に当たる通りの向こう側には、やはり街路がつづいてはいるものの、あいにくここには歩行者信号がなく、また交通量も比較的多いことから横断するのはなかなかに難しい。

　どうにかそこをわたって歩を進めると、両側に数軒ほど建ち並ぶ趣のある旅館や料理屋が目に飛び込んでくる。ちょうど昼時であったためか、洒落た郷土料理店から女性の団体客が出てくるところであった。その周囲に同じような建築はもはやなく、スナックなどの飲食店があるだけなのだが、残された建物の建築様式からそれとすぐにわかるのは、かつてこの地区が遊廓だったことである。

　昭和三十三（一九五八）年二月、売春防止法の罰則施行を二カ月後にひかえ、営業内容の転換に取り組みはじめたこの地区を、地元紙（『日本海新聞』）は連日のように報道した。そこには、「消えゆく衆楽園——八五年の不夜城に終止符」、「衆楽園八十五年の歴史——消えゆく鳥取市の赤線地帯」、あるいは「売春防止法の実施で八十五年間の歴史を閉じた市内赤線地帯衆楽園〔は〕……町名も錦町通りとして新しく生まれ変わった」（施行後の記事）といった言葉がならぶ。

「衆楽園」、そして「八十五年の歴史」——ここが赤線であったということは、単純に考えて八十五年前（つまり明治初年）、この地に遊廓が成立したものと考えられる。駅から近距離という立地は気にかかるものの、明治初年にさかのぼって《衆楽園》を追跡した一連の記事から浮かび上がるのは、なんとも興味ぶかい場所の系譜であった。

## 駅前の遊廓

「日夜絃歌しきりに、或は喋々喃々《ちようちようなんなん》たる淫らなる男女の私語は汽車通学の学生に及ぼす影響や甚大なるものあり、よつて速やかに……」と一県議をして毎年県会の壇上で叫ばせるところの黒塀内の遊廓は成程市の玄関口の位置にあり、仮令《たとえ》所謂喋々喃々たる痴話は洩れなくとも文化の高きを誇る鳥取市にとつて場所が悪い、場所の寂れた方面なんかに移転することは、その土地の発展上にもよく一挙両得の策であれば早晩移転の必要があらう。

（因伯史話会編『因伯人情と風俗』）

大正十五（一九二六）年に出版された郷土誌の記述に、ここではあえて傍点をふって強調しておいた。駅前に遊廓がある、というのは意外なことのように思われるかもしれない。だが、徳川時代から存続していた、あるいは明治の初年に新設された遊廓の多くは、市街地の外縁に位置しており、しかも明治期以降の鉄道の敷設にともなって停車場（駅）がやはり旧市街地のはずれに設置されたことから、はからずも両者の位置が近接してしまうこともしばしば起こっていたのである。たとえば、大阪の南海本線堺駅のすぐ横（南側）には龍神遊廓があり、明治期には移転問題が起こっているし、神戸駅や鹿児島駅は、明治初年に設置された遊廓の所在地へ建設されることになったため、遊廓は早々に取り払われ移転している。「黒塀内」にあるというこの鳥取の遊廓もまた、駅近接の典型であった。

「尚武勤倹を藩是として、芝居もめったに許さなかった」というくらい「風紀の取締が厳重」であった城下町時代の鳥取に遊廓などあろうはずもなく（『鳥取市七十年』）、この駅前遊廓もまた神戸や鹿児島と同じく明治初年に成立したものと思われる。いま手元にある昭和十一（一九三六）年に編纂された田山停雲『鳥取県乃歓楽境』という冊子を開いてみると、県内三都市（鳥取、米子、倉吉）の「花街」が紹介されており、鳥取については二つの「花柳街」、すなわち料亭の櫛《しっ》比《ぴ》する一流の「花街」であった本町と、貸座敷の営業地であった「新地」とが併記されている。旧袋川を挟んで本町の「花街」と「百花妍《けん》を競ふ」と謳われている「新地」こそ、駅前に位置する「黒塀内」の遊廓にほかならない。

この遊廓は、本節の冒頭でもふれたように《衆楽園》と呼ぶのが一般的であった。起源が明治初年にまでさかのぼるという《衆楽園》の形成過程は、実に興味ぶかい。市制七十年を記念して編纂された『鳥取市七十年』は、維新後に起こった都市空間の再編がこの「衆楽園」と称される場所にはじまったことを、そのままずばり指摘している。すなわち、「廃藩後の市中の変貌はまづ『衆楽園』におこったとみてよい」、と。

## 城主の庭園から遊興空間へ

《衆楽園》という名が示すように、この場所はもともと藩主である池田家の下屋敷で、敷地内には岡山城下にある「後楽園」にちなんで造営された庭園があった。では、なぜ「廃藩後の市中の変貌」が殿様の下屋敷だった《衆楽園》に起こったのか。それは、時代の変わり目に偶然にも生じたこの空閑地――旧藩主の下屋敷跡――に、抜け目なく注目した人物がいたからである。明治四（一八七二）年、市内の川端三丁目で「桶工」をしていたという豊国孫四郎という人物が、幕末・維新の混乱を経るなかで放置され荒廃していた《衆楽園》の跡地払い下げを県庁に出願、詳細は伝えられていないもののその願いは受け入れられ、早くも翌年の正月には大衆的な娯楽場として市民に開放された。

当然のことながら、それまでは藩主の下屋敷ということで足を踏み入れたことなどなかった市民は、庭園の開放という維新を象徴するかのような出来事と物珍しさにつられ、こぞって《衆楽園》を訪れたという。その人出とともに、園内には仮設の茶屋、見世物小屋、劇場、楊弓場《ようきゅうば》がぞくぞくと設営された。そして、賑わいが賑わいを呼び、いつしか《衆楽園》には見世物小屋などに交じって「黒い板塀」で囲われた家屋が建ち並ぶようになった。それは、（おそらく二枚鑑札の）芸妓を抱える置屋である。一説では、「そのころ園内には約二百軒の芸妓置屋業などが肩を並べて客を引き大きな家では娼妓が百名、小さな家でも三十名は抱えていた」という（『日本海新聞』昭和三十三年二月十日）。芸妓と娼妓が混同されているのはとりあえず措《お》くとしても、二百軒の業者、あるいは一軒で抱える娼妓が百名というのはいささか誇張に過ぎるだろうか。とはいえ、いずれにしても下屋敷の庭園がまたたく間に盛り場に、さらには花街色の強い遊興空間に変貌したことだけはたしかなようだ。

この時期、すでにふれた旧袋川を挟んで「百花妍を競ふ」と称された本町の「花街」も成立していた。明治初年に一人の相撲取りが出雲から芸妓をつれて来て開業した置屋がその端緒であるというが、年は詳《つまび》らかでない。明治七（一八七四）年に「検番」が許可されたという説がある一方、本町に芸妓が発生したのは明治九年であるとする説もある。いずれにせよ、明治初年に誕生した本町の「花街」には明治期を通じて芸妓置屋や料理屋が集積し、「華やかな芸妓街」を形づくるにいたった。《衆楽園》に対しては、「町芸妓《まちげいぎ》」というべき狭義の「花街」と位置づけられよう。ちなみに、鳥取では、「芸妓置屋」を「検番（券番）」と呼び（ただし、松川二郎は「屋形《やかた》」であると指摘する）、置屋を取りまとめ料理屋と仲介する通常の「検番」を「芸妓検番事務所」と呼んでいた。大正期の「検番」すなわち置屋は、「花検、西検、叶家、丹吉、大正券、松検、福久栄、如月、南検」があり、本町三、四丁目に点在している。当時の「検番事務所」は三丁目にあった。

本町が狭義の「花街」として成立すると、もう一方の《衆楽園》の取り扱いがおのずと問題になる。明治九（一八七六）年に鳥取県は遊廓の増設を政府に出願したものの否決されたといい、おそらくこの時の出願に《衆楽園》の認可が含まれていたのだろう。そして、鳥取県の島根県合併後に発布された明治十年の「芸娼妓取締規則」において、《衆楽園》は正式に遊廓として指定されたのだった（『鳥取県史　近代　第四巻』）。さらに、明治十一年には「二枚鑑札と称せられた芸娼妓が許可」されている。「二枚鑑札」とは芸妓が娼妓をも兼ねることを意味しており、前年の遊廓指定とあいまって《衆楽園》は遊廓への一途をたどりはじめる。「二枚鑑札」が認められると安直な方に流れやすくなるとみえ、娼妓は芸妓に取って代わり、結果として盛り場に交じって形成されたあいまいな花街は、雑多な要素をことごとく排除した純粋な遊廓へと変じたのである。『鳥取市七十年』によれば、明治十六（一八八三）年に施行された「芸妓取締規則」にもとづいて《衆楽園》の芸妓が本町に移転を命じられたともいい、この傾向に追い討ちをかけたにちがいない。

明治三十三（一九〇〇）年に施行された「娼妓取締規則」にもとづく転廃業によって、草創期からの業者は数を減じたというが、大正期には妓楼四十五軒に加えて芸妓置屋十九軒が貸座敷組合と新地検番事務所を組織し、「駅近く一廓に区画された歓楽の別天地」をなしていた（本城常雄編『大正の鳥取市案内』)。おそらく、「娼妓取締規則」によって「二枚鑑札」は廃され、明治後期以降に廓内における芸娼の分離が進んだものと思われる。

この新地検番事務所であるが、昭和四(一九二九)年七月から、本町の検番事務所とは取り引きのない(つまり本町の芸妓が出入りしない)市内の料理屋約六十軒をもって組織された「二部料理屋組合」に対して芸妓の送り込みを開始した。廓内の芸妓が一般の料理屋に出入りするというのは他都市ではあまり見られない制度であるが、これもまた最初は芸妓置屋中心、そして「二枚鑑札」になったという《衆楽園》の歴史的な経緯とも関連しているのかもしれない。

徳川時代の藩主の下屋敷から、一時期の盛り場、そして曖昧な花街を経て、最終的には遊廓へと変貌した《衆楽園》。明治四十一(一九〇八)年に鳥取駅が開設された結果、はからずも《衆楽園》は駅のまん前に位置することになってしまった。駅前となる以前(明治の中頃)から移転の必要性は繰り返し議論され、また八二ページの引用文に「一県議をして毎年県会の壇上で叫ばせる……」とあるように、「十二(一九二三)年には、かねて廃娼居士のあだ名のあった森十治議員の提案で、県会は知事に鳥取・境両遊郭の移転を建議したが、これはついに実現を見ずに終わった」のである。

戦前からの議論むなしく、戦後《衆楽園》は赤線へと移行、そして昭和三十三(一九五八)年、売春防止法の罰則施行によって「二枚鑑札」の花街－遊廓－赤線と経てきたその歴史に終止符を打ったのだった。現在（二〇〇五年八月）、同地を訪れると廓《くるわ》建築の面影を残す印象的なファサードの建物が四、五軒（うち一軒は庭先に店名の入った雪洞《ぼんぼり》をしつらえた旅館）あり、チェーンの居酒屋を含むスナックや飲食店が営業している。とはいえ、周辺には駐車場も見られ、虫食い的に空洞化が進んでいる。そんななか、地区内の中央部には歴史と景観に配慮した大平公園が整備され、街の風景もまた新たな装いをまといつつあることは興味ぶかい。

## 三 殿様御殿の末路――千歳御殿（富山）――

明治四（一八七一）年七月の廃藩置県によって誕生した富山県は、同年十一月の新川県の設置にともないわずか四カ月あまりで消滅、その新川県は明治九年四月に石川県に合併され、富山県として再び自治が開始されるのは明治十六（一八八三）年五月まで待たなければならない。その間、維新後に新設されていた旧富山城近傍の藩庁が明治四年の置県にともない県庁へと移行、そして同年の新川県の誕生に際して新県庁が魚津に置かれるや、富山に新設されたばかりの県庁は支庁となり、さらに明治六年七月には旧富山城内に新川県庁が移転してくるなど、藩政時代には物理的にも権威的にも都市の象徴であった富山城とその周辺は、行政上の変動に合わせてめまぐるしく変貌した。

明治初期の都市建設において、まず焦点となったのは城郭ならびに周辺に展開する武家地の跡地利用ということになるのだが、本章の主題に沿ってここで関心が持たれるのは、富山城の東側に隣接していた「千歳御殿」と称する旧藩主の下屋敷（跡地）である。

新《あらた》ニ殿宇ヲ東出丸ニ築造シテ千歳御殿ト号《ごう》シ、利保移住ス、当時木町西側ノ民家ニ立退ヲ命ジ、鼬川《いたちがわ》ノ東ニ移ス、之ヲ若木町ト称ス、又寿緑《じゅろく》天満宮ヲ三ノ丸東桝形ノ北千歳殿ノ南ニ創立シ、繞《めぐ》スニ梅樹百種ヲ以テス、明治ノ初年マデ尚四十余種ヲ存シタリ（『富山市史』）

東側の出丸にあった「千歳御殿」は、越中富山藩の十代目藩主である前田利保《としやす》の別邸（隠居場所）として嘉永二（一八四九）年五月に建造された下屋敷である。領内にある四カ所の御用山から木材を切り出したうえに京阪地方にも良材を求め、著名な大工や彫刻師を集めて建設にあたらせ、邸内には螺旋状の山を築くなど、殿様にふさわしい豪奢なつくりであったらしい（塚田仁三郎編『北陸の産業と温泉』）。そのさまは、たとえば次のように、なかば伝説的に後々まで語り継がれたほどである。

堀に続いて東部一帯なる桜木町は、今の百円以上を投じて旧藩公が築きたる千歳御殿の在りし所、結構壮麗、軒高く神江〔神通川〕に蒞みては、水底の影に龍の宮居も斯くやと思はれけん、巍々《ぎぎ》たる堂々たる、囷々《きん》焉たる盤々焉たる、日本的大建築なりしを、惜しむべし火焔高く烏有に帰しぬ。其庭園も亦《また》数寄を凝して、京都の金閣寺銀閣寺等に劣らざりしもの有りきを伝ふ、当時園中の蠑螺《さざえ》山、今尚ほ形を残して二丁目に在り。（竹内水彩『富山風景論』）

この御殿は、安政二（一八五五）年二月二十九日に発生した大火――「社寺人家」合わせて五千八百五十一戸を焼き尽くした――によって焼失したが、すぐさま焼け跡に再建され（なかったという説もある）、明治維新をむかえた。

**「千歳御殿」の変貌**

維新後の混乱のさなか、近世的な都市空間がほころんだというべきか。鳥取城下の《衆楽園》と同じく主を失ったこの下屋敷も、思いもよらぬ変貌を遂げることになる。

幕末以来、「紅烟翠柳の巷」、すなわち遊廓は市街地周縁の各町（稲荷町、北新町、辰巳町など）に「散在」していたことから「取締上不便」となり、明治四（一八七一）年、「芸娼妓貸座敷ヲ一、廓ニ聚合」させようとする議論が起こる。そして、ついに明治五年十二月を期限とする移転命令が各町の貸座敷に対して出された。驚くべきことに、その移転先として指定されたのは、利保の下屋敷として造営された「千歳御殿」の跡地であった。維新後に各町の楼主らが共同して「千歳御殿」のあった敷地の払い下げを出願、それが許可され「一廓を組織」したという説もあるが（小澤重三郎『冨山繁昌記』）、いずれにしても、近世都市の周縁に散在していた貸座敷を整理統合する目的で旧藩主の下屋敷を明けわたした結果、都心に新たな遊廓が出現したのである。

御殿の庭園、あるいは「百種の梅樹」が植えられていたという寿緑天満宮の社地に、桜も植樹されていたのだろうか。この地は遊廓として再開発されると同時に《桜木町》と命名され、以後、それは遊廓の代名詞となり、時には「桜木廓」、また時には「桜町」などとも呼ばれた。

それにしても市街地の中心部に「遊廓」を新設するというのは、いささか空間の文法を逸しているように思えてならない。通常、遊廓やそれに類する場は、（幕末・維新期までの富山がそうであったように）都市の周縁部に人為的に設置されるか、あるいはなかば自然発生的に形成され発展するかのどちらかであった（もちろん、例外もある）。その結果として多くの都市では、明治後期から大正期に、市街地に取り込まれた貸座敷や遊廓を未開発の近郊へ移転する事業が進められることになる。このような通例にかんがみれば、「千歳御殿」の再開発はきわめて特異な事例と考えられるものの、すでに概説したように、和歌山の《番廓》、鳥取の《衆楽園》、そして後述する東京の《新島原遊廓》など、明治初年にかぎって言えば、市街地の中心（それも城址の近傍）に開設された花街や遊廓も少なからず存在していた。

## 遊廓から「花街」へ

開設以来、「店頭漸くに増加し高閣楼台年々に築営せられ頗《すこぶ》る繁盛を極」めた《桜木町》であったが（浅地倫編『富山案内記』）、遊廓として再開発されてから四半世紀が過ぎようとする頃、この街は大きな転機をむかえる。明治三十二（一八九九）年八月十二日未明、一軒の石油商から出た火は、折からの猛烈な南風にあおられてまたたく間にひろがり、市街地とその周辺で、四千九百六十七戸が全焼する大火となった。《桜木町》の百十三戸の建物とて例外でなく、遊廓は壊滅的な打撃を受けたのである。

この火災に対する市議会の対応はすばやかった。救恤《きゅうじゅつ》金が下賜《かし》された同月十五日、市議会ならびに市参事会は、市役所の仮事務所となっていた総曲輪《そうがわ》小学校に集会し、九項目にわたる決議をする。その主眼は、あくまで「市区改正ヲ為ス事」、つまり街路の整備を中心に据えた都市計画を立案し復興事業にあたるということにあったのだが、その付帯項目につづく事項として決議されたのは、「遊廓桜木町ヲ市外へ移転セシムル事」であった。「市区改正」を断行せよという決議は、時宜に応じた当然の判断であろう。その大事業と併記されるのであるから、市議会と市参事会は《桜木町》の移転を相当に重要視していたものと思われる。決議の迅速さからすれば、遊廓の移転問題は永年の懸案だったのかもしれない。空間的文法の逸脱が認識されて久しかった、ということだろうか。

結果的に、「市の中央に貸座敷を置くは風俗取締に害ありとの議」（『富山案内記』）は受け入れ

※原図を29%に縮小

図14　富山の市街地と桜木町・愛宕新地（1911年）

られ、貸座敷の免許地指定は取り消し、そして同年中には代替地として新たに指定された神通川対岸の愛宕《あたご》への移転が決定したのである。明治三十三（一九〇〇）年に出版された『富山案内記』には、はやくも移転先の「愛宕免許地」に成立した遊廓が紹介されている。

婦負《ねい》郡愛宕村にあり神通川を隔て桜木町と相対す昨三十二年桜木町の代地として指定せられたる免許地なり地稍々《やや》偏在すと雖《いえど》も境域広濶《こうかつ》にして風光頗る絶佳楼に登り杯を引き妓を呼んで低唱するあらんか万斛《ばんこく》俗中脱塵の想あり他日縉紳《しんしん》富豪の驕奢を戦はし粋客通さの豪遊を争ふは蓋《けだ》し此地なるべし

図14を参照すると、旧遊廓の《桜木町》のちょうど対岸に《愛宕新地》のあることがわかる。また市街地の東には、「東新地」という名の街区も形成されていた。実のところ、この一連の出来事にさきがけて、明治二十八（一八九五）年四月二十三日に起こった北新町の火災をきっかけとして、「是レマデ北新町ニアリシ遊廓ヲ清水町字水引割竹花割へ移転スベキ」ことが決定（同年六月十四日）されている（『富山市史』）。どうやら、明治初年に整理されるはずだった貸座敷が北新町に残り、一廓をなしていたらしい。これによって市街地東部の外れに《東新地》が建設されたのである。そしてもう一度《愛宕新地》に目を移すと、神通川の中島のようなこの土地には、新地だけでなく北陸本線の「富山駅」も位置していることがわかる。いまだ市街地の形成は途上

にあるとはいえ、《愛宕新地》が駅前の遊廓であることに変わりはない。早晩、駅前も発展し、遊廓が問題視されるのは目に見えている。結論から言えば、《桜木町》の分身たる《愛宕新地》は再び移転を命ぜられ、「東新地」に吸収合併されるのであった。

では、貸座敷が移転したあとの《桜木町》はどうなったのか？　明治後期に発行された『富山案内』（著者不詳）は、「千歳御殿」の場所の履歴を次のように記している。

「千歳御庭跡」——今の桜木町之なり。旧藩主の先代龍澤院利保の別荘にして嘉永二年五月の建築にかゝり結構壮麗を極めしが安政二年の大火に焼失し其後再び築造せられしが廃藩となり共に毀《こぼ》たれ其後青楼軒を並べ所謂《いわゆる》不夜城の花街となりしが、明治三十一《ママ》年の大火に灰燼に帰してより寂寥《せきりよう》静閑なる巷となり今は僅に富山ホテルの外数軒の料理店を存するに至れり……。

「不夜城の花街」と言われる《桜木町》は明治三十二年の大火によって焼失、そして貸座敷の再建を禁じられた結果、「寂寥静閑」の巷に変じていた。しかし、それからわずか一年後には、「今や続々料理店の設立ありて往時の観を復せんと」（『富山案内記』）するほどに復興したという。おそらくそれは、市全体の復興と連動していたのだろう。もちろん貸座敷が再び認められたわけではなく、貸座敷の移転後もそこにとどまって営業をつづけた料理屋に新しく参入してきた店が加わり、高級な料亭街へと変容したのだ。

自然の成り行きであるとはいえ、いったん料亭街として再興してしまうと、そこが「花街」となるのは時間の問題であった。むろん、この段階では、芸妓置屋の設置は認められていないものの、いつとはなく料理店がそれぞれ独自に芸妓を置くようになり――このような方式を「内芸妓」と呼ぶ――、旧遊廓たる《桜木町》は、《東新地》の「廓芸妓」に対する「町芸妓」の本場、つまり狭義の「花街」に変貌したのである（吉田清平編『富山市商工案内』）。

こうした既成事実を追認するかのように、大正十四（一九二五）年三月、桜木町における芸妓置屋の営業が許可された。下屋敷から遊廓へと転じた《桜木町》は、遊廓が移転してから二十年以上もたった後に置屋の営業が正式に認められ、戦後までつづく町芸妓の「花街」となったのである。

## 四　墓地は賑わいを呼ぶ――南林寺町（鹿児島）――

### 近代都市と墓地

武家屋敷や庭園・御殿の跡地が花街として再開発されたように、明治初期の旧城下町においては意外性に富む土地利用の転換がなされていた。では、それが墓地ならばどうであろうか。

通常、近世都市の墓地は、市街地のはずれに設けられていた。明治維新後、人口の増大と市街地化の進展にともない、周縁部の墓地が市街地に取り込まれるのは誰の目にも明らかであった。さらに、当時の衛生観念の変化ともあいまって、明治初年のかなり早い段階で墓地の移転が議論・実施された都市もある。たとえば、大阪の場合、市街地の周縁部に「七大墓」と称される近世来の墓地が立地していたが、明治初年には南北の近郊二カ所――阿倍野と長柄《ながら》――に整理統合されている。現在の大阪駅付近にはかつて「埋田《うめだ》」と称される墓地があったこと（現在の「梅田」）、またミナミの繁華街の中心にある盛り場「千日前」も墓地の跡地であることは地元では有名な話だ。

**図15　鹿児島の市街地と南林寺墓地（1902年）**
※原図を50％に縮小

ある程度の規模の墓地を有する都市では、おそらく明治期以降にその移転と再開発とが都市のプランニングのうえで問題となったにちがいない。南国の城下町である鹿児島もまた、この課題に取り組んだ都市のひとつであった。図15を見ると、旧市街地南西のはずれ（地図の右側やや下より）に広大な墓地――通称「南林寺墓地」——のあることがわかる。鹿児島における墓地の移転事業の完遂を評した次のコメントは、近代都市の墓地をめぐる問題を簡潔に示しているだろう。

……墓地移転問題は文化の進歩と共に日本の各都市に在りて既に幾多の紛糾を来たすなど容易ならざる事態を生じた実例もあつたが独り我が鹿児島市の墓地移転問題は着々として無事に進捗したので全国の各都市が事実一驚を喫する位である……

（『鹿児島朝日新聞』大正十四年十二月十八日）

明治期を通じて市街地の拡大をみた鹿児島において、南林寺墓地の移転が都市計画の課題として俎上にのぼるのは時間の問題であった。たとえば、次のような記述がある。

明治四十五年ごろ、いまの南林寺町は墓地であった。当時有川貞寿市長は、市勢がだんだん上町から天文館付近に移りはじめたので、同墓地が市の中心にあることは市の発展をひどく阻害するというわけで、勇断をもって墓地の移転を決めた。（木脇栄『かごしま市史ばなし』）

時代が大正に変わるのに合わせて、鹿児島市は南林寺墓地の移転に着手する。だが、江戸時代以来、約三百年の歴史を誇る墓地だけに、移転は難航したらしい。

ところで、この南林寺墓地をいじった市長は任期を無事つとめることなく短命だったという、うわさまでとんだ位当時としては難事業だったらしい。すなわち墓地移転を計画した有川市長が、任期中病気のため急死、つぎの児玉市長は一日在任で病死、伊集院市長は病気がちで、任期終らず病死、上野市長は列車事故死といったように、みんなこれにむすびつけて、いろんなうわさが生まれたが、ただ一人山本市長だけは健在だった。（同前）

広大であることもあったのだろう、結果として「五代の市長、十五年間にわたる事業となってしまった」（同前）のである。噂話は措くとして、移転先の墓地の開発、そして墓碑の移転、さらに移転後の跡地再開発までをも含めて考えるならば、この歳月はむしろ当然というべきだろうか。墓地の移転事業そのものは大正十一（一九二二）年三月末日をもって完了しているが、再開発計画の立案は七カ月後、その後の調整を経て事業に着手するまでにはさらに一年以上の歳月を要した。

大正十二年以降は、市街地に近接する側から跡地の区画整理が急ピッチで進められ、同年七月には借地の申し込みも行なわれている。墓地の跡であることに加えて歴代の市長の不幸を考えると、分譲しても売れ残るのではないか……という当局の懸念をよそに、蓋を開けてみれば売れ残るどころかどの区画にも希望者が殺到、抽選をせざるを得ないほどの人気であった。この時の様子を、当時の助役（後に市長）であり再開発事業にも深く関わっていた勝目清は、「にぎわった南林寺町——墓地跡は商売繁盛する——」と題して以下のように回想する。

今の南林寺町の大部分は、南林寺墓地である。市勢の発展をめざして整理が始まり、大正四、五年頃から、今の草牟田墓地その他へ移転することになった。私が就任したころはすでにこの移転工事はすんで、整理工事の時代になっていて、しかも道路のできたところは順次貸付けることになっていた。五月九日参事会を開いて、実地調査の上、貸地料や一部分の借地人を決定した。墓地跡だから希望者が少いだろうと予想していたら、とんでもない番狂わせで、あまり希望者が多いため選定に困り、抽選にしたほどであった。ある場所など四十数人の申し込みがあって、なかなか盛んなものであった。

（『鹿児島市秘話　勝目清回顧録』）

勝目が記すように、南林寺墓地跡の区画整理された「新市街」には借地の希望者が殺到し、着々と家屋の建設も進んでいく。この年の末に『鹿児島新聞』は「墓地跡は全く往時の観を改め新興の気分漲《みなぎ》つて市の南方発展を事実の上に証拠立てつゝある」と報じ、さらに大正十三（一九二四）年一月一日の新年を迎えての展望にあたっては、再開発地区の発展ぶりを「南の新市街」と題して大々的に報じたのだった。

同年の五月には町名が「南林寺町」と決定し、墓地内の由緒ある墓碑の整備、電話局などの公共施設や市営住宅、そして劇場を含む主要な土地利用の調整も行なわれている。その結果、部分的には現在にまでつらなる土地の用途がこの時に確立されるのであるが、その過程において「新市街」たる南林寺町の土地繁栄策としてある計画が持ち上がる。

その端緒は「南林寺町に料理屋／市へ借地出願」（『鹿児島新聞』大正十四年六月十日）として報じられている。この見出しからも明らかなように、南林寺町の一角に料理屋街を建設するというのだが、内実は券番の設置をも含む出願であった。墓地の跡地に「花街」をつくろうというのである。

### 南林寺町と鹿児島の「花街」

そもそも鹿児島には、明治四十二（一九〇九）年に券番制度を採用した二つの「花街」があった。松原町に集積した料理屋から構成される「南券」――通称「大門口」――（大正期に約三十軒）と、繁華街である天文館付近――山之口町・東千石町――の料理屋から構成される「西券」である（同四十軒）。鹿児島の「花街」の特色は、置屋ではなく、料理屋側が主導して券番を組織していた点にある。つまり、二つの地区の料理屋が集合してそれぞれに券番を立て、独自に芸妓を差配していた。ところが、この二つの券番を構成する料理屋は、大正十（一九二一）年五月に双方の券番をひとつに統合して「西南券」を起《た》ち上げるとともに、料理屋自らは「西南料理業組合」を組織し、もともと属していた「鹿児島料理業組合」を脱退する。この新券番・新料理業組合の設立には、西・南双方の有力な料理屋に共通する、ある思惑が隠されていた。

新たに「西南券」を組織した料理屋はいずれも「仲居」を置くと同時に芸妓の出先ともなる格式の高い「料亭」であった。それに対し、取り残されたかたちとなった「鹿児島料理業組合」側には芸妓の出入りがないばかりか――あるいは、それがゆえに――、仲居を置かずに酌婦を雇う曖昧な業態をとり、前者からは格下扱いされていた。つまり「西南券」側は、新団体を設立することで、営業上問題の多いその他の業者を切って捨てたのである。

「西南券」の料理屋が脱退してからというもの、「風紀」上の問題から鹿児島料理業組合に対する取り締まりはいっそう厳しくなり、またそれに合わせて世間の風当たりも日に日に強くなった。そして業者のあいだでも「世間態〔体〕の悪い商売を何時までも続けることの不利」が実感されるようになる。そこで組合員の一部有志が集まって出した結論、それが「従来の営業方針を一変して西南券の料亭と全然同一営業に改め」るという制度上の改革をともなう、新しい「花街」の建設であった。具体的には、雇用している酌婦を全員解雇した上であらためて仲居を置き、そして「市内各所に散在する同業者を南林寺町の一角に纏め一廓を為す花街」を建設するというのである。この計画が同業者から百名を超える賛同者を得たことを受けて、鹿児島料理業組合の代表者は内々に市当局に南林寺町の借地と花街の建設を打診する。すると、「市としては南方の発展策の上から大いに歓迎するとの意向」が示されたという。実際、鹿児島警察署長は、次のような談話を発表している。

自分としては現在各所に散在する飲食店が跡を絶つて南林寺町に一廓を形作ることは風紀衛生其他の取締り上から云ても又市の発展上から見ても非常に好いこと丶思つてゐる……

（『鹿児島新聞』大正十四年五月二十日）

元の仲間である「西南券」は新「花街」の建設を了解した一方、近傍の《沖の村遊廓》の貸座敷業者からは猛烈な反対運動が起こった。だが、むしろ問題となったのは、再開発事業そのものがすでに進捗しており、花街建設にあてがう土地がほとんど残されていなかったことである。とうてい百軒を超える料理屋の敷地を貸与することはかなわず、規模を二十軒ほどに縮小することで業者側と市の交渉は結着した。大正十四（一九二五）年末には「開ける新市街／中検〔中券〕料理屋も一廓を形作る」と報道されたように、墓地を再開発した一角に料理屋街を建設し、〈中券〉と称する券番が組織された。

再び、勝目清の回想に耳をかたむけておこう。

あとで聞いた話だが、「墓地跡は賑やかなもので、商売が繁盛する」と一般に当時いわれていたそうだ。そのいい伝えはそのまま的中し、やがて南座という劇場ができる、中券と称する料理〔屋〕街ができる、芸者も百数十人いるようになり、かって《ママ》の墓地とうって変って賑やかな町になった。

まさしく墓地は賑わいを呼んだのである。

とはいえ、墓地の跡地が花街になるというのはやはり特異であり、類例はあまりない。唯一、岐阜市の弥八界隈を挙げることができるくらいだろうか。第六章で論じる大阪の《飛田遊廓》は、地元では近世来の飛田墓地の跡地に建設されたのだとまことしやかに語られることもあるが、それはまったくの誤りである。

## 五　跡地の花街

以上、まず三つの地方城下町都市を事例として、幕藩体制の崩壊にともなって生じた空閑地をめぐる再開発の過程を観察した。権威を象徴する殿様御殿の跡地利用として選ばれたのが、遊蕩の象徴とでもいうべき花街だったとは何とも皮肉な結末である。とはいえ、そうした発想はやはり維新後の数年間に特有のものであったと言わざるを得ない。明治中期以降になると、近郊への転出はあるものの、その逆はないからである。取り上げた事例は、近代的な都市をつくりあげるにあたって諸施設の適正な配置を模索する以前の段階で生じた都市史上のハプニングのようなものであるが、いったん土地の用途が確定してしまうと、長期にわたってそれが固定してしまうところに都市建設の難しさがある。すでに見たように鳥取の《衆楽園》は景観を部分的に残しつつも、こぢんまりとした街に落ち着いているが、富山の《桜木町》は料理屋、バー、スナックなどが集積した一大歓楽街に発展した。それもこれも、明治初年にまでさかのぼる都市政策の残照なのである。

次いで、鹿児島の南林寺墓地を例に取り、墓地の再開発を検討した。墓地から花街へという転換は稀であるものの、新しい市街地を建設する際に花街を許可する事例はいくつもある。つまり、墓地の再開発は近代期の都市に固有の問題で、その跡地が花街として利用されるケースは少ないが、跡地利用を「新市街」の建設という点からみた場合、花街の指定はむしろ一般的であった。このことをふまえ、次章では、花街を「街のインキュベーター（孵化器《ふかき》）」と位置づけて論じることにしよう。

近代期を通じて、開発ではなく再開発によって誕生した花街を検討してみると、実のところもっとも多い従前の土地利用は、遊廓である。たとえば、愛知県下の主な遊廓、すなわち名古屋の《旭遊廓》と《熱田遊廓》、豊橋の上伝馬町・札木町の遊廓、そして岡崎の板屋町の遊廓は、いずれも明治末期から大正期にかけて移転しているが、貸座敷が移転したあとも元の場所に（松川二郎の言葉を借りれば）「ふみとどまつた」料理屋や芸妓置屋を中心に新たな「花街」が形成されている。

「遊廓の移転」といった際に対象となるのはあくまで貸座敷の業者であり、芸妓置屋や料理屋は対象外となる。対象から外れたとはいえ、貸座敷に付随して移転する料理屋ももちろんあるが、市街地のはずれへ転出するリスクを嫌い、そのまま営業をつづける場合も相当にあった。その結果、貸座敷が転出した後の街を再活性化するために、芸妓置屋の設置を積極的にはたらきかけ、跡地には料理屋と置屋の二業からなる狭義の「花街」が誕生したのである。この点で、戦後、売春防止法にともなって消滅したはずの赤線の跡地利用は興味が持たれるが、本書の主題からはそれるので別の機会に考えることにしたい——予想にたがわず、同類の風俗営業として土地利用の形態を引き継ぐ事例はことのほか多いのだが。

# 第三章　街のインキュベーター

## 一　新開町の変容――『にごりえ』（樋口一葉）と『縮図』（徳田秋声）のあいだ――

明治期の小説家・樋口一葉は、二十四年というあまりに短い生涯のなかで文学史にその名を残す作品をいくつも書き上げた。代表作とされる数篇のなかでも、特にひろく知られているのは『たけくらべ』と『にごりえ』だろうか。『たけくらべ』の舞台は、現在の東京都台東区千束と（一葉記念館の立地する）竜泉、すなわちかつての《新吉原遊廓》の界隈、そして「『にごりえ』に描かれた土地……は本郷の丸山福山町付近」（馬場孤蝶「『にごり江』になる迄」）、すなわち現在の文京区指ケ谷《さすがや》一丁目から西片一丁目の界隈である。これら二つの作品の舞台は、いずれも一葉自身が短期間ながら暮らしたことのある土地であり、前者は小商をはじめるに当たって明治二十六（一八九三）年七月に母と妹とともに移り住んだ場所、後者はその商売をあきらめて翌明治二十七年五月に転出した場所であった。

《新吉原》という名を耳にすれば、江戸＝東京の文化や歴史に関心のある向きならば、すぐさま遊廓という場所イメージが喚起されることだろう。その一方で、『にごりえ』の舞台とされる「丸山福山町」の場合はどうであろうか。作中で「新開」と呼ばれるこの土地から、現在、特定のイメージが浮かんでくることはほとんどないのではないか。しかしながら、この街の来《こ》し方は、花街の誕生を考える上で実に興味ぶかい事例を提供してくれる。まず、一葉が居を構えた当時の様子を、生前親交の深かった評論家の馬場孤蝶の回顧（大正七年）から確かめておこう。

「にごりえ」にはその辺りを新開と呼んで居る。

彼の辺りからして、白山下へかけては僕等の十四五の時分〔明治十年代なかば〕までは水田であつた。彼の辺りが埋立てられて町をなし始めたのは明治廿〔一八八七〕年頃からでは無かったらふかと思ふ。

それは兎に角、一葉女史が大音寺前から丸山福山町へ移つた明治廿七年では、未だ新開の心持が土地に十分残つて居たのである。

〔「『にごり江』になる迄」〕

馬場は、この土地が埋め立てられて「新開の町」になったのは、一葉が「住ま居を定めた当時を去ることさう古いことではなか〔つ〕た」ともいい（「『にごりえ』の作者」）、さらにそのような土地にまつわる非常に重要な指摘をする――すなわち、「で、その時分は、此の福山町及びその附近に限らず、何処でも新開となりさへすれば大抵必ず出来る一種の商売屋があつた」（「『にごり江』になる迄」）、と。その商売屋は、『にごりえ』の作中で、次のように描かれていた。

店は二間間口の二階作り、軒には御神灯さげて盛り塩景気よく、空壜か何か知らず、銘酒あまた棚の上にならべて帳場めきたる処も見ゆ、勝手元には七輪を煽ぐ音折々に騒がしく、女主が手づから寄せ鍋茶碗むし位はなるも道理、表にかゝげし看板を見れば仔細らしく御料理とぞしたゝめける、さりとて仕出し頼みに行たらば何とかいふらん、俄《にわか》に今日品切れもをかしかるべく、女ならぬお客様は手前店へお出かけを願ひまするとも言ふにかたからん、世は御方便や商売がらを心得て口取り焼肴とあつらへに来る田舎ものもあらざりき……

「御料理」という看板を掲げながら、料理を出さない料理屋。それは、表向きには飲み家を装いつつ、私娼を置いて売春をさせていた店――いわゆる「銘酒屋」であった（図16）。一葉の代表作を集めた『たけくらべ・にごりえ』（角川文庫）の「作品解説」で作家の岡田八千代は、一葉の移り住んだ「銘酒屋」の集まる場所を「現今の鳩の街のような売女の多く住む新開地であった」と、戦後発生した売春街（赤線地区）の類型として説明する。つまり、『たけくらべ』が公娼制度を具現する《新吉原》の界隈を舞台としたのに対し、『にごりえ』の「丸山福山町」は私娼を置く銘酒屋街を描いたのである。しかし、馬場は「銘酒屋」に岡田とはまったく異なる役割を見いだしていた。すなわち、それは「何日《いつ》も新開地を繁昌させるパイオニアー」（「『にごり江』になる迄」）である、と。

田を埋め、畑を潰して、家が建つ、すると其所へ上記のやうな商売屋（銘酒屋）が出来る、人が寄つて来る、周囲に並の町家が出来て来る、町の形がだん〳〵整つて来る、何時の間にか、ヘンな商売屋の数が減る、やがて、全く並の町になつて了ふといふ順序であつたのだ。

さながら、或時期を限つて、それ等の商売屋は黙許されて、やがて、土地を開くといふその任務を終つて了ふと、又さういふ家のある必要の生じた他の場所へ移つて行くとでもいふ

図16　伊藤整雨の描いた「指ヶ谷の銘酒屋」

やうな観があつた。　（「『にごり江』になる迄」）

新開の土地に発生した銘酒屋はその町の発展をたすけ、「並」の街区ができあがるとその姿を消していく……馬場孤蝶が『にごりえ』をモデルにして思い描いたのは、このような街の成り立ちである。事実、大正十三（一九二四）年の時点で、「現今では彼の辺〔かつての丸山福山町〕は如何にも静な淋しい町になつて了つた」（「『にごりえ』の作者」）という。

このように見てくると、「銘酒屋」は、以前に文化行政や企業メセナでさかんに用いられていた孵化《ふか》や育成を意味するインキュベーターと位置づけた方が適切なようにも思える。大都市における市街地化の最前線に立地するという意味では「パイオニアー」であるが、そのできたての街を「繁昌」させ、街のかたちがととのったところで役目を終えるという点ではインキュベーターといった方がふさわしいのではないか。

しかし、銘酒屋は本当に街のインキュベーターに過ぎなかったのか？　街ができあがれば、他に需要の発生した新開地へ移っていくなどということが本当にあり得るのか。ここでは、馬場の主張を鵜呑みにせず、昭和初期に『にごりえ』が頻繁に引用されるようになる、特定の文脈に着目してみたい。

小説家の徳田秋声は、最晩年の一時期に暮らした街と、そこで関わりをもった女性を題材にして『縮図』を書いた。徳田は主人公に仮託して、その街の風景を次のように描写している。

> 夜そこに入って、樹立の間から前面の屋並みを見ると、電灯の明るい二階座敷や、障子の陰に見える客や芸者の影、箱をかついで通る箱丁、小刻みに歩いて行く女たちの姿などが、芝居の舞台や書割のようでもあれば、花道のようでもあった。

路地を行き来する芸妓の姿、二階の座敷から漏れ聞こえる嬌声——この街は、ほかでもない、花街である。では、いったいどこの花街なのだろうか。

> この付近に銘酒屋や矢場のあったことは、均平もそのころうすうす思い出せたのだが、彼も読んだことのある一葉という小説家が晩年をそこに過ごし銘酒屋を題材にして『濁り江』という叙情的な傑作を書いたのも、それから十年も前の日清戦争の少しあとのことであった。そんな銘酒屋のなかには、この創始時代の三業に加入したものもあり……

樋口一葉の『にごりえ』が書かれてから四十年以上もたった後、再び銘酒屋街を舞台（の一部）として小説が書かれたのである。しかし、状況は四十年の間に大きく変わっていた。馬場孤蝶は『にごりえ』に描かれた銘酒屋で「三味線を引いて客を楽しますことは、少なくとも黙許さ

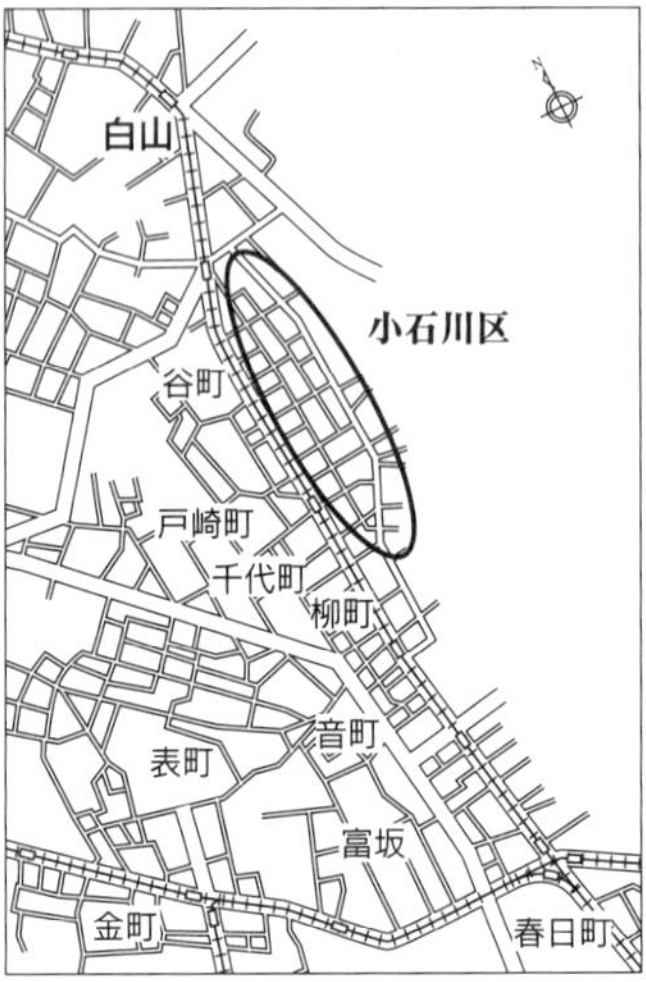

図17　指ヶ谷の三業地

れて居たらしかつた」と記しているが、その後、ある特定の「商売屋」で「三味線を引いて客を楽しますこと」は公許を得ていたのである。すなわち、明治四十五（一九一二）年六月、一葉の暮らした福山近傍の指ヶ谷町一帯に「三業地」の許可がおりたのだった（図17）。

「ヘンな商売屋の数が減る、やがて、全く並の町になつて了ふ」という、馬場孤蝶の語りとは裏腹に、「ヘン」とされた銘酒屋の集積に端を発して場所としての「にごりえ」には、公に認められた三業地＝「花街」が誕生していた。もちろん、銘酒屋街から三業地への変化にともない、銘酒屋は分業体制をとる芸妓屋－料理屋－待合茶屋に、そして『にごりえ』のお力《りき》のように銘酒屋に抱えられていた「娼婦」は芸妓に取って代わられた。徳田が記したように、銘酒屋から三業のいずれかに転業することも部分的にはあったにちがいない。制度の上では、銘酒屋街が三業地としてあらためて許可されたというよりは、むしろ新開の地としてまったく新規に許可されたことになっている（第四章を参照）。だが当時は、たとえば次の文章のように、系譜的には連続した場所として認識されていたのである。

一葉女史の名篇「にごり江」に依つて有名な私娼窟、それの発達したものが即ち今日の「白山」なる花街である。……私娼窟が漸次発達して遂に純然たる花街に変化してゆく経路と、光景とを、私達は此の花街に依つて如実に見せ付けられたものであつた。

（松川二郎『全国花街めぐり』）

松川にしたがうならば、『にごりえ』（明治二十八年）と『縮図』（昭和十六年）のあいだの五十年近くの歳月には、銘酒屋街から花街へと発展した歴史地理的な過程が刻み込まれている。そして銘酒屋街の三業地指定とは、制度化された「花街」の誕生を意味していた。

では、以上に概観した「にごりえ」－《白山》の花街形成が特異な事例かといえば、必ずしもそうとは言い切れない。明治期以降、市街地化の最前線に位置する「新開」の街では、「花街」がパイオニア／インキュベーターとしての役割を果たしていた（あるいは、求められた）のである。以下ではその一例を、神戸市の西部に求めてみよう。

## 二　少年Hの好きな街――神戸市の近郊「西新開地」――

Hの家から一キロメートルほど離れたところに、〝大正筋〟という繁華街と、その道に直角に交わる〝六間道〟という賑やかな商店街があった。六間道というのは道幅が六間もあるという意味である。

Hは大正筋や六間道が大好きだった。道の両側に『松竹館』『娯楽館』『三国館』などという映画館が点在し、本庄町周辺の商店街とは比較にならぬほど華やいでいた。

（妹尾河童『少年H』）

十五年戦争期に重なる自らの少年時代の経験を平易な文体で書きつづった、舞台美術家の妹尾《せのお》河童《かっぱ》氏の自伝的小説『少年H』が話題を呼んだことは記憶に新しい。その歴史記述をめぐって批判があったことは事実であるものの、巻末に収録された自画の地図を含め、その生き生きとした地理的記述には、肇少年（H）自身の生活空間の描写にとどまらない、神戸市近郊の魅力的な地誌的側面があることは見落とすべきではないだろう。

『少年H』の地理的描写のなかで特にわたしが興味を持ったのは、彼が「大好きだった」という「繁華街」としての大正筋、そして「賑やかな商店街」としての「六間道」である。少年Hの口から直接語られることはないけれども、現在の神戸市長田区南部に位置し、直角に交わる大正筋と六間道の界隈は、大正十（一九二一）年を前後する時期から（少なくとも）昭和三十年代までは「西新開地」と呼ばれて親しまれた盛り場であった。

### 「西新開地」という呼称

ところで、この地区は当初「西神戸」であるとか、「西兵庫」などと呼ばれることもあったが、結果として定着したのは「西新開地」という呼称である。これは町名にはなく、またその他の正式な地名でもない。おそらくこの呼び方には二つの意味、つまりひろく一般的な意味と、神戸固有の地域的な意味とが含まれているように思われる。

まず一般的に「新開地」とは、文字通り、「新たに開発された土地」あるいは「新しく開けた市街地」を指す。実際、この「西新開地」もまた、市街地の近郊にあって新たに開発され、形成された街区であった。

そしてもうひとつは、神戸固有の意味である。神戸には、東京の浅草、名古屋の大須、京都の新京極、そして大阪の千日前などと並び称される盛り場「湊川新開地」が存在している。市街地に近接してたびたび氾濫していた湊川を明治後期に付け替え、その跡地を再開発した土地区画に形成されたのが盛り場「湊川新開地」であった。劇場・映画館街として発展し、近傍の福原遊廓に生まれ育った映画評論家の淀川長治氏（故人）が足しげく通ったことでも知られている。もちろん、少年Hもこの街に足を運んでいた。

当時の新開地の人気ぶりを考えると、市民の間では「新開地」が盛り場の代名詞となっていたものと思われる。もしそうであったとするならば、六間道・大正筋の界隈が「西新開地」と呼ばれていたことには、たんに「新開の地」だからという以上に、少年Hが「繁華街」として認識していたごとく、「盛り場」として発展した地区の形成過程とその特質とをふまえた市民意識が反映されていたにちがいない。

### 新市街の発見と驚き

昭和五（一九三〇）年生まれの少年Hにとって、現長田区南部の地域は何の疑いもなくそこに存在する自明の風景であったにちがいない。しかしながら、Hが誕生するちょうど十年前、神戸市民はある種の驚きをもって、この地域の動向を注視していた。新聞各社がいち早く注目し、いく度となく特集を組むことで、市民の関心をおおいに惹起していたのである。

たとえば『神戸又新《ゆうしん》日報』は、「所謂《いわゆる》西新開地／熱鬧場《さかりば》に化した蛙鳴いた尻池の水田／新繁昌記」と題する記事を、この地区が田畑のひろがる近郊の農村地帯としか思っていない記者の探訪記というかたちをとって三回に分けて連載し、大々的にその動向を報告している。探訪した記者が「あの田圃の中で怎□《どんな》形式に市街が形作られてあるか如何に群集が雑踏するか、半ば好奇的に、半ば疑心を抱き乍《なが》ら」足を踏み入れたとき、彼の目の前には「不思議や田圃の中に一市街が歴然として現出した」のである（『神戸又新日報』大正九年七月二十二日）。

突如、田んぼのなかに出現した「一市街」に驚きを隠せない記者に対し、土地の古老は以下のように街の成り立ちを説明したという。

「タツタ満一年間のことだすがなァ、好うまあこないに開けたもんや、あの人たちだすかいな、大概職工だすな、川崎造船所の兵庫分工場、がありますやらう、台湾製糖会社、三菱造船所それに鉄道の鷹取工場、鐘紡の男女工数へると随分の人数になりますよ、一昨年から昨年へかけて家が不充分だつたのが原因で建てる端から塞がるもんやさかい高い地代に高い工賃を出して一日に何十軒何百軒と建てたのがこれだす、これで今年一年景気が続いたら新開地ソコ除《の》けだすがなァ」と土地の古老は遺憾さうに語つて居た。

（『神戸又新日報』大正九年七月二十四日）

この人物の言葉にしたがうならば、大正七（一九一八）年から大正九年にかけて、ここ「西新開地」と称される地区が形成されていたことになる。では、なぜこの時期に急速に形成されたのだろうか。その背景には都市政策のレヴェルで、ある判断がはたらいていた。

### 「西新開地」形成の背景

大正九（一九二〇）年九月二十六日の『神戸新聞』には「西新開地発展号」と題された全面広告が掲載され、その冒頭に「新開地の現在及将来」という説明文が置かれた。「西新開地」の成り立ちを考える上で参考になるので、以下その文章を引用しておきたい。

> 都市の膨脹は現状に於ける最も顕著なる事実にして、本市の如き年々其最も甚だしきを加へつゝあり。最近の統計年鑑に依れば、人口凡そ五十四万八千を算せるも、来る十月一日施行せらるべき国勢調査に於ては、約二割強の増加を予想せられつゝあり。殊に近時西神戸の発達には又極めて長足なるものありて、化工《ママ》貿易其他一般商業に於ける経済状態の進展著しく、市の中心は稍《やや》西方に移動せられつゝあるの観を廷《ママ》〔えん〕せり。尚地勢上本市は、蜿々龍蛇の如く東西に延長せらるべき特質を有する実状に於て、向後市街は益々東西の郊外に拡がりて、殆ど其尽く所を知らざるべく、従つて西新開地の将来には今や多大の注意を喚起せしめ居れり

ここに指摘された内容を整理すると、人口の増大が「都市の膨脹」、すなわち市街地の拡大（都市化）をもたらした。実際、神戸市の戸数・人口は、明治期以降一貫して伸びつづけており、特に大正四（一九一五）年以降の増大は著しい。また、神戸市は北側が山に、そして南側が海に面していることから、必然的に市街地は、ほぼ東西方向の「郊外」にひろがることになる。

この市街地化の進展を都市政策の観点からみた場合、畦道を道路に、そして田んぼを敷地にして無作為に住宅が建ち並んでゆく現象——いわゆるスプロール化——は、近代的な都市を建設する上で絶対に回避しなければならない問題であったはずだ。そのためには、きちんとした土地区画をあらかじめ整備しておく必要がある。そこで神戸市は、市街地化の最前線が進みゆく先に、先手を打って予防措置を講じたのである。後に「西新開地」で住宅会社を経営する大前光太郎（前市会議員）が、当時の市の方針を汲みつつ、「西新開地」のあり方に対する私見を披瀝しているので、参照してみよう。

「西新開地の将来」　西神戸に①耕地整理事業の始められたのは明治四十一年で、その基本調査を了《お》へたのは同四十五年の事であつた。斯くて大正三年組合の組織と共に工事に取掛つて同四年池田村の工事を終り同五年に全部を完成し②同七年から家屋の建築を見始め遂に今日の如き新市街を形造るに至つたものである。耕地整理の総坪数約五十万道路に為つた坪数十五万でその延長は九里に余り全神戸市延長道路の十分の一に及んでいる。而も此の大事業を完成せしめるに当つて神戸市から受けた補助金は僅々五万円で内三万五千円は小巻に消費されてゐるから真実の補助額は一万五千円に過ぎないのである。／扨《さ》て西新開地に対する市当局の意見は最初之れを③工業地とすると云ふことであつたのであるが、神戸市の建設という見地から見る時は工業地としての西新開地は余りに狭隘である寧《むし》ろ④住宅地とする事が近代都市の社会的傾向に鑑みて甚だ適切である様に考へるのである。然し勿論⑤住宅に付随する商業は必要であるからこれが発達をも期して所謂⑥混合地帯の建設に努力することが理想的ではあるまいか。

（『神戸又新日報』大

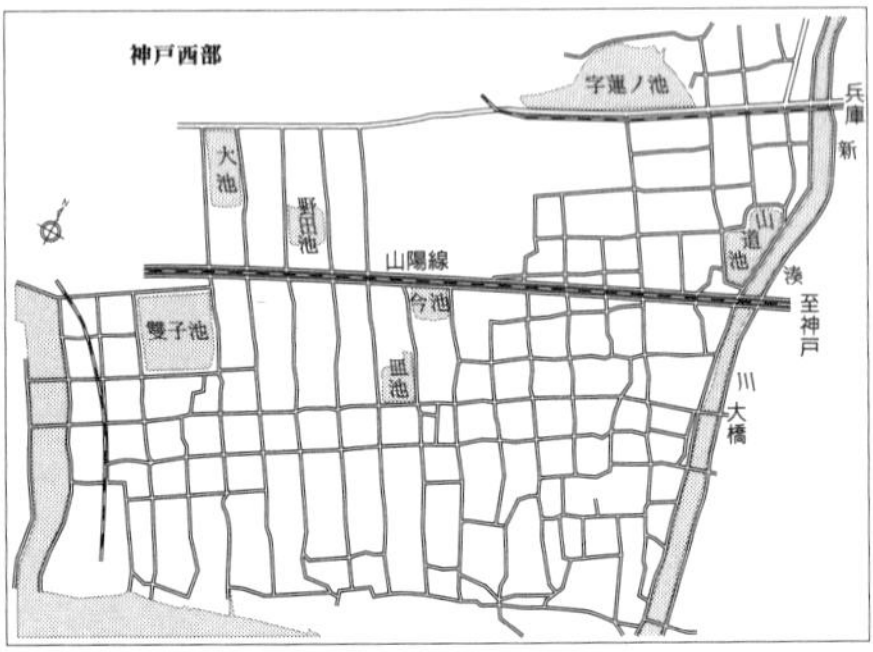

図18　耕地整理以前の状況（1914年）

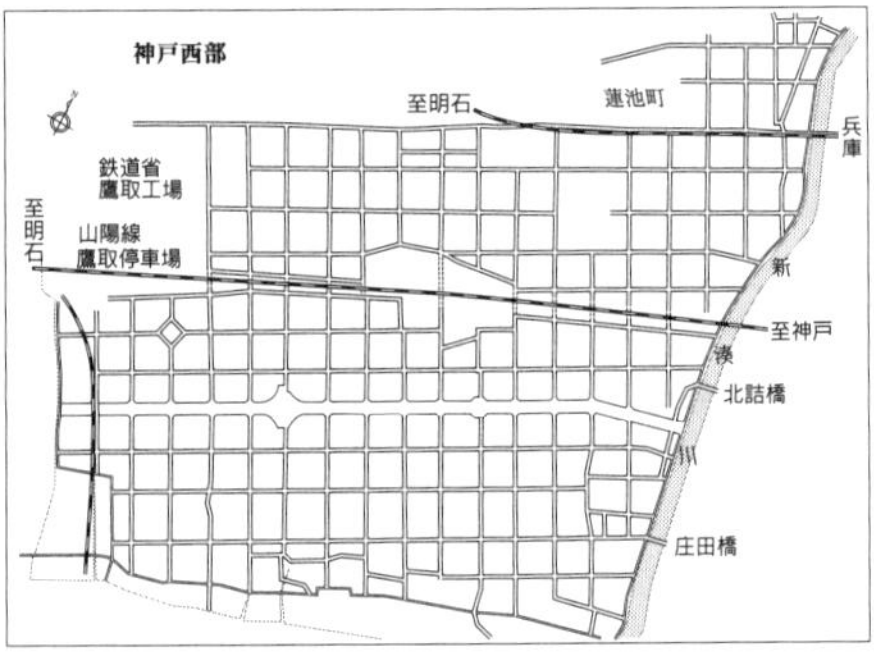

図19　耕地整理後の状況（1916年）

正十一年六月十三日）

冒頭で大前が指摘するように（波線①）、実のところこの地域では明治の末年から大正初期にかけて大規模な「耕地整理事業」が計画・実施されていた。すでに見たとおり、もともとこの地域は「茫漠たる田と畑」である（図18）。ところが旧市街地では急激な人口・戸数の増加が進んでおり、当然のことながらそれは宅地面積の増大（とその必要性）をともなっていた。近代都市神戸の「郊外」にあたるこの地域が「早晩市街地たるの運命を有する」ことをいち早く見て取った市当局は、「田畑の畦畔《あぜ》は幅員狭小、且つ聯絡《れんらく》の便を欠くを以て、直に道路とすることができない耕地を「適当に改修し以て市街道路として相当の幅員を有し、且つ都市の中央に通ずるの聯絡を図る」べく、明治四十三（一九一〇）年、耕地整理事業に着手していたのである（川島右次編『神戸西部耕地整理組合誌』）。

この時、神戸市農会長を兼務していた市長の鹿島房次郎が図18の土地を所有する地主約三百名に対して耕地整理事業の推進を訴える書面を送り、そのうち約二百名の賛同が得られたことから、大正三（一九一四）年に「神戸西部耕地整理組合」が組織された。興味が持たれるのは、各地主に送られた書面に示された鹿島市長のねらいである。そこには「蓋《けだ》し一新市街を形成するの日遠からざること、信じ」ているので、ぜひとも事業に同意して協力いただきたい、とあるのだ。つまり、耕地整理とは名ばかりで、そもそものはじめからこの地域を新市街建設の基盤として整備しようとしていたのである。大前によれば、「工業地」（波線③）にするという案もあったようであるが、結局、市の方針は、住宅と商業の「混合地帯」ということになった（波線④⑤⑥）。

大正三年にはじまった事業は滞りなく進み、大正五年の竣工をもってほぼ正方形のみごとな土地区画が誕生する（図19）。そして大前が「同七年から家屋の建築を見始め遂に今日の如き新市街を形造るに至つた」（波線②）と指摘するように、この後、区画整理された範囲――特にその南部――に住宅が建設され、市街地化が一気に進むこととなる。

### 盛り場「西新開地」の特色

住宅地の形成時期については諸説紛紛としており、確たる時期をあげることはできない。たとえば、「現在の新市街は数年前までは一面の田圃であった、ボツボツと家の建てられ始めたのは大正九年、先づ西尻池方面から開け始めた」（『神戸又新日報』大正十一年五月二十七日）という指摘は先の古老の話とほぼ合致するが、大前の談話によれば住宅の建設開始は大正七年からである。また、もっとも早い時期を指摘しているのは「茫漠たる田と畑との中に初めて家の建てられたのは大正六年の事で」（同五月三十日）という記事であり、これにひきつづいて借家経営に着目した大前が約二百戸の借家を建設したという。

いずれにしても、大正六〜九（一九一七〜二〇）年ごろに開始された民間からの住宅供給が呼び水となったのだろう。その後は地元の古老をも驚かせるスピードで市街地化が進展したのである。その過程で「忽《たちま》ち二葉筋から六間道に掛けて通りが出来上がりかかった」（同前）といい、同じく「瞬く間に所謂六間道なる通りが出来上り、それから徐々に山手に及んで行った」（同五月二十七日）。つまり、ある特定の通りが選ばれて住宅（商店）が建ち並び、そしてその通りを軸線として面的なひろがりをみせたのである。

ここで注目されるのは、「……まだ表通りだけしか出来ていないのに安物の料理屋と飲食店とが出来る出来る……」（同五月二十八日）という状況を呈するにいたったことだ。その当初から「料理店十五軒、飲食店百十七軒、仲居七十四名、雇人紹介業者四十二軒、遊戯場二十四軒、活動写真館一軒を初め其他の夥《おびただ》しいものがあつて、忽ち現在のものに倍加するの発展状態に」（同四月二十六日）あると報道されたように、市街地化の過程で飲食店に代表されるサーヴィス業が著しく集積していた。

そして、このような特定業種の卓越が、人びとにあるイメージを抱かせるところとなる。すなわち、「……料亭飲食店は軒を並べて新開地に対する西新開地を称えるやうにまで繁昌の地になった」（同十年一月八日）、あるいは「田地が逐日住宅地に開拓され、西新開地付近の一帯は益々第二の新開地色彩を濃厚に現し来る」（同二月四日）と言われるように、地区形成に盛り場化がともなわれている点を捉えて、（予想どおり）湊川新開地に比喩されていたのだ。

ある程度まで市街地が形成されたからであろうか、大正十（一九二一）年一月には平忠度《たいらのただのり》の腕塚、「二葉の松」という古跡、そして庄田橋付近の字名《あざ》にちなみ、それぞれ腕塚町、二葉町、久保町という町名が定められた。また当初はさまざまな屋台（夜店）が六間道に出て賑わっていたといい、この頃からその他の機関・施設・制度も充実しはじめている。こうして少年Hに物心がついたころには、大正初期に進められた耕地整理事業によって誕生した整然とした土地区画を基盤とする盛り場——六間道・大正筋——が形成されていたのである。そして、その後十数年のうちに、この地域はよりいっそう商業の集積をみた。

たとえば、約十五年後の新聞記事では、その発展ぶりが以下のように伝えられている。

商店街の中枢ネオンの巷と化して躍進また躍進、全く隔世の感があるその発祥地〔と〕も云ふべき二葉、庄田、駒ヶ林の各町より成る六間道筋こそは舗道の幅員六間なるが故にこの名生れしと云ふ西神戸と云へば六間道を連想する程左様に人々に膾炙《かいしや》たる代表街であり流石《さすが》に新興街の商売として設備に内容にすべてが整備して居り明朗の一色を以て彩る構《こう》じのよい商店街として称揚するに値する。

（『神戸又新日報』昭和十一年六月二十五日）

昭和戦前期の六間道には、町丁別に商店会が結成され、なかでも三〜五丁目には街路照明や天幕といった設備が整えられるなど、まさしく西神戸を代表する商店街となっていた。さらに大正筋商店街、学校通り商店街（現・西神戸センター街）、二葉筋、昭和四（一九二九）年に御大典を記念して鈴蘭灯を設置した林田筋商店街（現・本町通）など、現在に連なる商店街もこの時すでに形成されていたほか、二葉町三丁目には㊄市場が、そして久保町五丁目には㋩市場がそれぞれ立地している。結果として、「西新開地」は四つの商店街と二つの小売市場からなる、神戸市きっての一大商業地に発展していたのである。

### 「花街」としての「西新開地」

このように「西新開地」には商業が集積していたわけであるが、かといって当初指摘されていた新開地的な特色が脱色されていたわけではない。たとえば、「ますます頭角をあげだす西新開地」という見出しの付いた記事には、たんなる商業地にはとどまらない西新開地のもうひとつの側面が描写されている。

……市電大橋二丁目で浜側に下りるとパッと開ける夜景、これぞ西新開地である、西神戸第一の繁華街だ……

兎《と》も角繁華街西新開地は西神戸のカフェーの巣窟だ、電車道から浜まで続くアスファルトの道に暗い横道がいくらあるかつて、地ゴロだつて知つてゐるものはない

地獄で聞く謝肉祭のヂャズのバー・クロネコ、二十数名の美人女給を擁するバー・ねえさん、

そこらあたりから五十数軒のカフェー、酒場、喫茶店、料理屋が庇《ひさし》をつられ《ママ》て五彩を競ひ、エロを以つて鳴る女給軍がざつと四百、ジャンジャン揃つてる……

（『神戸又新日報』昭和八年十二月十二日）

この語りに示されるように、「西新開地」は夜の歓楽街としての顔をも持っていたのである。実のところ、そうした街の性格は、草創期に認可されたある特有な業種の立地に端を発していた。急激な市街地化は、出自を異にする人びとの流入をともなう。明治期以降、都市の近代化の所産のひとつとでもいうべき新市街の形成には、そのような流入人口の消費生活を支え、そしてまた職場や就業の機会をも提供する（飲食店を中心とした）サーヴィス業の発達をみるのがつねであった。ここ「西新開地」においても、その当初から「自然付近には料理店や露店が軒を並べて絃《げん》歌《か》の声や化粧の女の艶な声も毎夜絶えぬ」状態であったという（『神戸又新日報』大正九年七月二十日）。

『神戸又新日報』に先駆けて「西神戸の発展」――すなわち、「湊川新開地に慣ふて西新開地を形造れる一画さへ出来」たこと――を報じた『神戸新聞』によると、大正九年六月の時点で「十三の料亭と五十五の飲食店」が営業していたという。それがただの料亭であり飲食店であるならば、あえてここで取り上げる必要はないのだが、実際はどの料亭・飲食店も「皆構へが小さい、けれど芸者は何処へでも入る」（同七月二十三日）というのである。

しかし、当然のことながら草創期の「西新開地」に検番などあろうはずもなかった。では、どの料理屋にも出入りしたという芸妓はどこから派遣されてきたのか。たとえば、代表的な料亭である「朝日家」には、「『寿司御料理』の看板が掲つてゐるだけ、日本式の純料亭である、仲居も乙なのが三四名」(同前)いたといい、この記者の「乙なのが……」という男性的な語り口にかんがみれば、料亭に従業している「仲居」はおそらく「酌婦」のような仕事をしていた可能性もある。しかし、宴に興を添える三味や長唄となったとき、仲居に腕の覚えがなければどうしようもない。つまり、客が芸席を望むならば、芸妓を呼ぶほかはないのである。どうやら当初は、わざわざ《福原》や《柳原》といった中心部の花街から招聘していたらしい(第五章参照)。「西新開地」が旧市街地の花街に属する芸妓の出先になっていたということは、すでにその草創期から神戸市花街の一翼を担う近郊型繁華街の性格を強く有していたことを示している。だが、「西新開地」の業者にしてみれば、これではあまりに「不便」であるというのが実感で、自前の検番を持たないことから「無鑑札の芸妓が盛んに跳梁する」ことにもなった。

こうした状況から、地元有力者が料理屋・飲食店の集積を横目に見やりつつ、大正九(一九二〇)年といういまだ市街地の完成をみない段階で早くも芸妓事務所(検番)の設置を出願した。そして大正十一年四月、芸妓まがいの酌婦の営業を封じ込めるという近代日本の風俗警察に固有の論理を駆使して、二葉・久保両町の表通りを除く五・六丁目に芸妓置屋の営業が許可されたのである。さらに、二カ月もたたないうちに、「雇仲居《やとな》倶楽部」までもが三つも許可された。雇仲居とは酌婦の関西特有の呼び名であり、雇仲居倶楽部はその雇仲居（酌婦）を派遣する事務所である。

その後、昭和十（一九三五）年を前後する頃には「西検番芸妓共同組合」「西芸妓置屋組合」「林田料理貸席業組合」「西神戸料理組合」など、二業を構成する複数の組合に加え、「松竹・太陽・敷島・西中央・朝日」という五つの雇仲居倶楽部からなる「西神戸雇仲居倶楽部組合」も組織されている。検番、雇仲居倶楽部、料理屋・貸席の関係（つまり、芸妓・雇仲居の料理屋・貸席への出入り）がどのようになっていたかはさだかでないが、戦後まで（あるいは阪神・淡路大震災前まで）知られるところの特有な繁華街が西新開地に形成されていた。

「花街の六間道」二葉町五丁目の裏通り柳暗花明の巷には西神戸の花街を代表するものとして席貸七十軒、置屋廿三軒、百名芸妓あり灯しごろともならば絃歌さんざめき妓丁の往来繁く何時も景気よさを示して居り隣接して五つのやとな倶楽部あり、雇仲居七十名を擁してこれまた盛んに流行してゐる。

（『神戸又新日報』昭和十一年六月二十五日）

「西新開地」の中心はまさしく「花街」だったのである。

新市街と花街

「西新開地」　神戸の西部須磨への南海岸、今尚海汀に網干す点景の地。都市計画により六間幅員の道路の新設なり、活動写真小屋、カフェー等と共に盛り場をつくりたるも、西検に百三十六人の芸妓の存在を近年示すに至り毎年其盛大を示しつゝあり。

（太田毎文「扇港花街襍録」）

できあがった街区を後の人がみれば、耕地整理事業による区画整理も「都市計画」と何ら変わらなかったのだろう。ここまで概観したように、「西新開地」は盛り場に混在する「花街」であった。この街を大好きだったという少年の目には入らない、夜の街景というべきだろうか。

現在からすれば商店街と花街が密接している状況は、はなはだ奇妙に思えるかもしれない。だが、地方都市の中心商店街にはよく見られる現象であり、けっしてこの「西新開地」が特異な事例というわけではない。明治期以降の（都市部・農村部を問わず）新しい市街地の形成を観察してみると、市街地化の進展の初期段階で、こうした花街的な要素が街の風景に芽吹くケースはかなり存在しているのである。それがどのように発展するかはそれぞれの場所によって大きく異なるものの、ここ「西新開地」の場合は、地元有力者のはたらきかけによって検番中心の花街として制度化されたのだった。

少年からは見落とされる風景、それは震災の前後まで確たる地場を築いていたものの、再開発事業にともない完全に失われてしまった（戦後、ある特別な事情でこの花街が焦点となるが、ここではふれない）。しかし、「西新開地」と呼ばれて親しまれた盛り場は、たしかに「花街」であった。「西新開地」はミナト神戸と称されるモダン神戸の所産である。

## 三　再び「新開の町」をめぐって

最後に、新市街ないし「新開町」をもう少し幅広く歴史地理的な文脈に移して考えるために、ここでは田山花袋の『東京の三十年』を参照してみたい。花袋は「東京の発展」という節で、次のように述べている。

> 概して、東京の外廓は、新しく開けたものだ。新開町だ。勤人や学生の住むところだ。そこに昔の空気は残っていない。江戸の空気は、文明に圧されて、市の真中に、むしろ底の方に、微かに残っているのを見るばかりである。

「昔の空気」を部分的に食い破りながら中枢管理機能を中心部で強化しつつ、経済活動の活発化、あるいは工業化など、都市の近代化とともに人口は増大し、市街地が郊外へと延伸、拡張するのは必然であった。その過程で旧市街地の外縁部に居住環境のあまりよくない地区——いわゆるインナーシティ——も形成されるが、後には市域周辺の耕地を区画整理することによって、近郊には労働者を中心に増大する人口の受け皿が用意されるとともに、郊外には富裕層の別荘地・住宅地が電鉄会社やディベロッパーなどによって供給されることとなる。花袋が「外廓」と位置づけているのは、旧市街地を囲繞《いじょう》するように形成されたかつての近郊であり、市街電車や郊外電車の整備にともない、駅を中心にして成立した「新開町」を含む環状の地帯であった。

花袋の言う「新開町」からは、樋口一葉が描いた「新開」はもちろん、第一章で引用した「新開の町村に芸者屋町を許可するは土地繁昌を促すためといへり」(「桑中喜語」)、という永井荷風の指摘も想起される。

一葉の描写を受けて、馬場孤蝶は「新開の町」には自然と「銘酒屋」が立地すると説明した。本章で概観した「西新開地」の初期も類似した状況を呈していた。だが、「西新開地」では、追認されるかのように置屋・席貸(貸席)の営業が許可されている。事情を異にするものの、一葉の「新開」も後に「三業地」に指定される(その背景については、第四章も参照)。このようにみてくると、花街の発生は明治期から昭和戦前期の市街地形成には少なからず看取される特徴と言えるだろう。とはいえ、荷風の指摘はたんに自然に発生するというよりも、むしろ積極的に「新開の町村」に指定地を許可するという政策的な側面を衝いていることに注意しておかなくてはならない。つまり、市街地化に先駆けて、あるいはそれを先取りする「発展策」として、二業地・三業地の指定がなされていたのである。

およそ大正の世となりて都下に新しく芸者屋町の興りしもの一、二箇処に止まらず。麻布網代町、小石川白山、渋谷荒木山、亀戸天神なんぞいつか古顔となり、根岸御行《おぎょう》の松、駒込神明町、巣鴨庚申塚、大崎五反田、中野村新井の薬師なぞ、僕今日四十を過ぎての老脚にては、殆《ほとんど》遊歴に遑《いとま》あらざる次第なり。

（「桑中喜語」）

荷風が遊歴することのなかった新興の三業地は、次章で探訪することにしよう。

# 第四章　慣例地から開発地へ

——東京の近代花街史——

## 一　ひとつの江戸－東京論──「花街」の成立と立地──

近年、さまざまな場面で東京の花街が語られている。その背景には、一九八〇年代以降にさかんに論じられた江戸の文化──なかでも廓《くるわ》文化──論、あるいは都市論の大きな潮流となった江戸－東京論、さらに街歩きの達人たちが（再）発見した花街の残影や廓建築の痕跡に対する一般的な関心の高まりがあるのだろう。雑誌では幾度となく特集が組まれ、関連する文献もつぎつぎに出版されている。そうした出版物における花街の語られ方に注目してみると、どうやらいくつかのスタイルがあるようだ。主なものをまとめると次の三つになると考えられる。

［一］吉原や新宿を中心とする遊廓誌とでもいうべき史誌／地誌的な語り

［二］吉原、洲崎、新宿、亀戸、新小岩、鳩の町、玉の井などの旧赤線地区を「消えゆく夢の街」としてとらえるノスタルジックな語り

［三］現在の東京の七花街──新橋、赤坂、葭《よし》町、柳橋、浅草、神楽坂、向島──を中心とする「江戸の文化が生きつづける」、あるいは「歴史と格式を誇る」という文化史的な語り

赤線の形成については稿をあらためて論じることとし、ここで注目したいのは（部分的に

［一］を含めた）［三］に固有の語り口である。たとえば「江戸に遡る花街の歴史」と端的に表現されるごとく、それは江戸－東京の連続性を無条件に前提する語りにほかならない。その典型を序章につづいて再度引用しておこう。

江戸時代中期以降、花街は明確なシステムのもとに整えられていく。お客が待合（場所を提供する貸席）に出向き、待合の女将が、置屋から芸妓を呼び、料理屋（割烹）から料理を取るのである。このように、本来の花街は、待合、置屋、料理屋の三者それぞれの役割を担当して成立していた。「三業で成り立つ街」という意味で、花街は別名「三業地」とも呼ばれ、格式を重んじる花柳界が形作られた。（浅原須美『夫婦で行く花街　花柳界入門』）

江戸時代に確立したという三業の制度を受け継いで現在まで存立する花街（三業地）は、「日本の伝統を今も色濃く残す貴重な空間」というわけだ。不思議なことに、このような語りには必ずといっていいほどもうひとつの語りがつきまとう。「……体を売る娼妓と、芸を売る芸妓とは明確に区別され、娼妓の生きる色街と芸妓の生きる花街は、まったく別の世界だった」、と。

本書の冒頭でも整理したように、たしかに近代以降の東京の場合、娼妓と芸妓は「明確に区別され」ており、その区別がそのまま空間に反映されているのが大きな特徴である。東京には、四宿と呼ばれる品川、板橋、新宿、千住、そして江戸時代に人形町界隈から転地された新吉原、明治期に根津から転地された洲崎の六カ所に娼妓を本位とする遊廓が存在していた。これら江戸期以来の遊廓は、明治初年に、あらためて貸座敷－引手茶屋－娼妓の「三業」から構成される営業地として規定されている（「三業」の中味が変わっていることに注意してほしい）。つまり、三業とはもともと遊廓における営業を指していた。

芸妓屋と料理屋で構成される二業、これに待合茶屋を加えた三業が一般的になるのはむしろ大正期以降、そして芸妓屋・料理屋の二業組合が認可されている地を二業地、二業に加えて待合茶屋が認可されている三業組合・三業会社の営業地を一般的に三業地と呼ぶようになるのは昭和初年のことで、遊廓の「三業」に比べればずっと後のことであった。

「花街」の構成が三業として捉えられるようになるのと軌を一にして、実質的には別種の「三業」である「遊廓」が実際に「三業地」と呼ばれることはほとんどなくなる。加えて、「新柳二橋〔新橋と柳橋〕の芸者町の賑わいは、明治の中期から吉原および四宿の花街〔遊廓〕とは反比例に繁昌した」（野間五造「新花柳史の編纂を望む」）と指摘されるように、人気の面においても立場が入れ替わったのである。

## 『おかめ笹』の一場面より

加えて「……体を売る娼妓と、芸を売る芸妓とは明確に区別され、娼妓の生きる色街と芸妓の生きる花街は、まったく別の世界だった」、という点についても補足しておこう。この指摘はたしかに正しい。が、そう簡単に割り切れるものでもない。「警視庁令第八条」（明治二十八年布告の料理屋、待合、芸妓などの取締規則）にちなんだ「警八風」なる言葉がさかんに使われていた事実にかんがみれば、その風が吹く場面も少なくなかったはずだ。「警八風を吹かして……」という言い回しは、たとえば以下のような場面でもっぱら使われていた。

その時突然下の方で火事か喧嘩でも始まったか魂消《たまげ》るやうな女の声がしたかと思ふと矢庭にどやどやッと階子段を馳上る荒々しい跫音。小花と鵜崎はびっくりして起上りざま唐紙を開けると、出会頭にいきなり

「こらッ」と一声鬼のやうな手に二人ともむずと肩をつかまれた。

「何だ失敬な。」と鵜崎が叫ぶと、

「僕は刑事だ。静かにしたまへ。」

小花は脱ぎ捨てた衣服の上にべったり腰を抜かしてしまった。鵜崎も事の意外に為す処を知らず其まゝ棒立ちに突立ってしまふと、廊下のはづれの一室にも早や一人の刑事が踏込んでゐて、押入の中へ首だけ突込んだ輪と君勇の二人をば足をつかまへて引張り出してゐる滑稽にして悲惨なる有様が、廊下の電灯で見通しによく見えた。

「おいお前はどこの芸者だ。」と此方の刑事は手帳を取出した。……（中略）……

「名前は何といふ。」

「小花と申します。」と云ふ声も顫《ふる》へて聞えぬほどである。刑事は笑ひながら小花の様子を見遣って、

「小花――どこの抱へだ。うむ其のざまは。何処から見たって現行犯だな。」

鵜崎もわが身のさまを見廻して云ふに云はれぬ羞恥の念に耳朶まで真赤にする。


男が《九段》の待合に芸妓と同衾していたところを警察に踏み込まれる、永井荷風『おかめ笹』からの一場面である。荷風はまた、「芸者一円にて帯を解く……」(「桑中喜語」)などという言い方もしている。

こうした場面が日常茶飯事だったというわけではないであろうし、荷風はいささかこうした面を誇張するきらいがある。とはいえ、狭義の「花街」にもこうした可能性がないわけではないので、ここではあえて荷風の筆を借りておくことにした。ちなみに、大阪で長く「芸妓扱席」(置屋を兼ねた貸席)を営んでいた女将さんにお話をうかがったところ、この「警八風」を避けるために「隠部屋」のような一室があり、馴染みの客と芸妓を引き合わせていたという。これを「色付け」といった。貸席においては、「色付け」による収入も馬鹿にならなかったとのことである。

## 江戸－東京の「慣例地」

いずれにしても、遊廓は江戸－東京の都市空間において、歴史的・計画的に配置されていたことだけはたしかである（とはいえ、各遊廓は大正期以降、移転をめぐる動きが活発化する）。では、二業・三業の「花街」はどのように成立し、そしてどのように立地展開していたのだろうか。現在でも著名な七花街（前出）以外に数多く存在した旧来の「花街」について、一三六ページで紹介した「江戸の文化が生きつづける」、あるいは「歴史と格式を誇る」という文化史的な語りに色濃く見られる江戸－東京の連続性を前提とした説明があるのでここで紹介しておこう。

> 元来、東京花柳界の成立は、神社・仏閣、或いは盛り場風光明媚の地などに、隠し砦の形態をとって自然に発生し集団化して行ったもので、これを慣例地と称している。例えば、講武所は神田明神、湯島は湯島天神、深川は八幡、芝は神明《しんめい》、下谷は池の端弁天、牛込は神楽坂毘沙門、四谷は津の守《かみ》蓮池、葭町は人形町・蠣殻《かきがら》町、新橋は文明開化の音を立てた盛り場の地であり、日本橋は通信機関の伝馬と魚市場、新橋南地は烏森《からすもり》神社、新富町は守田座（のち新富座と改め）と新島原遊廓と、総て神社・仏閣・盛り場を中心として発達したものであった。
>
> （浪江洋二編『白山三業沿革史』）

この文章は、第三章でも論じた白山花街の三業組合創立五十周年を記念して発刊された『白山三業沿革史』に寄せられた序文から引用したものである。執筆者は白山三業株式会社の初代社長・秋本鉄五郎の養子で、大正十三（一九二四）年に同社の社長に就任した秋本平十郎である。

平十郎が指摘するように、東京の「花街」は、たしかに「神社・仏閣・風光明媚の地」、つまり名所の周辺に立地していた。引用文中に事例として挙げられている神田明神、湯島天神、《深川仲町》の富岡八幡、芝神明、《下谷》の不忍池、《神楽坂》の毘沙門、《四谷》の「津の守蓮池《かみ》」、《新橋南地》の烏森神社、あるいは《目黒》の目黒不動尊、《亀戸》（後に城東と改称）の亀戸天神など、維新後に開発された《四谷》の「津の守」を除けば、いずれも名所の要素が色濃い場所の周辺に立地していたのである。

さらに、もともとは「隠し砦」のような存在で「自然に発生し集団化して行った」、という説明にも興味がもたれる。というのも、こうした語りは、物見遊山する客を相手にしていた「水茶屋から、後に料理旅館となって……何時か芸妓も生れ、花街らしい環境を作ってしまった」（加藤藤吉『日本花街志　第一巻』）という目黒花街の事例に象徴される、歴史的な形成過程をも示唆しているからだ。この立地の特性と歴史的変化に関する説明で暗黙裡に前提とされているのは、近世都市江戸を基盤にした東京の都市構造、そして江戸－明治という時代にまたがる花街の連続性である。「自然に発生」したという点は、一見、前述した「江戸時代中期以降、花街は明確なシステムのもとに整えられていく」という指摘とは対極にあるように思われるのだが、江戸－東京という都市空間の歴史的な連続性を前提にしているという点で、両者に大きな違いはない。

まさにこの前提において、「江戸の文化」が息づく、あるいは「歴史を誇る」という語りが可能となるのである。しかし、この点にばかり気を取られ過ぎてしまうと、花街の重要な側面を見落としてしまうことになりかねない。明治維新以後、昭和戦前期にかけて、この都市が生み出した花街はあまりに多い。では、はたしてそれらの花街が、先の引用で語られていたように江戸の都市構造にしたがって名所の付近に「自然に発生」し形成されたという前提を保持するものであったのか。

以下では、この問いを念頭におきつつ、明治・大正・昭和戦前期を通じて東京の近代花街史をたどり、そして各時期に固有の花街創出の論理を探究する。

## 二　「慣例地」の形成——江戸〜幕末・維新期——

### 江戸期成立の花街

旧来の花街を、ここではとりあえず秋本平十郎にならって「慣例地」と位置づけておく。「慣例地」という言葉自体は花街に関連する文献においても使用されておらず、管見のかぎりその初出は《白山》の二十周年を記念して昭和七（一九三二）年に編纂された島田豊三編『白山繁昌記』である。

「慣例地」という場合、少なくとも江戸時代に起源をもつ花街はすべて含まれることになる。そのほとんどが、「岡場所」と称される非公認の色街であった。まず、商業地の中心に位置する《日本橋》が挙げられよう。旧吉原遊廓の移転の際、一部がこの地にきてできたのが《日本橋》の花街であるという。さらに、《深川》が一時廃止された際に移転してきた業者もあったようだ。

外濠線の八重洲橋と呉服橋との間、電車線路に沿ふた東側檜物町を中心として上槇町、数寄屋町、元大工町に亘る一曲輪《ひとくるわ》で、時に表通りに御神灯を出してる家もあるが、多くは裏通りの路次に、芸妓屋・待合ひさしをならべて文字通りの狭斜《きょうしゃ》街を成してゐる。

（『全国花街めぐり』）

昭和初年の様子を、松川二郎はこのように描写していた。同じく《葭町》もまた（旧）吉原遊廓の移転後に発生しただけに、松川は「東京では一番古い歴史を有つ花街」と位置づけている。明和・安永期（一七六四－一七八一）に整理したという《柳橋》は、「江戸第一の芸妓本位の花街」と称される一流の花街であり、ここも天保期の水野忠邦による取り締まりによって《深川》を追われた芸妓が流れ込み活況を呈した。その《深川》は「実に……江戸代表の色街」、あるいは「吉原に次ぎ全国に名を謳われた花街」というくらい著名な狭斜の巷《ちまた》である。《深川》といっても当初は八幡の周辺に複数の遊所があり、主だったところだけをとって「七場所」――洲崎町・仲町・新地櫓下《やぐらした》・裾継・新石場・古石場・佃土橋——と呼び、公認された遊廓の外であるだけに「岡場所」と位置づけられていた。すでにふれたように、天保十二（一八四一）年には水野の手により紅灯はその火を消すが、弘化二（一八四五）年に再度許可を受け、仲町を中心とする花街が明治期以降も延命する。

「霊岸島」や「こんにゃく島」などとも俗称される《新川》もまた、吉原の移転にともなって活気を呈した岡場所のひとつであり、その他、山の手随一の賑わいを見せてきた牛込の《神楽坂》——安政四（一八五七）年に成立、許可は明治二十五年とされる（蒔田耕『牛込華街読本』）——、明治期に合併して《下谷》の花街となる数寄屋町と同朋町、「始め寛永年間付近の社寺に集る僧俗相手の男娼によつて起り、後蔭間《かげま》の流行衰へるや、文化年間芸者の生れて酒席に興をそふべく、漸次発展し」たとされる《芝神明》や、同じく男娼にはじまりそれを取り巻く岡場所とともに発展した《湯島天神》などが代表的な慣例地である。

### 幕末・維新期成立の花街

これら江戸時代（の岡場所など）に起源を有する花街に加えて、秋本平十郎は維新後に形成された複数の花街をも慣例地として位置づけた。明治前期、新たに花街が形成されていたのである。幕末・維新期の（政治と連動した）花街の変動を、松川二郎がうまく捉えているので参照しておこう。

王政維新、明治政府の樹立とゝもに頓《にわか》に目立つて来た現象は、社会諸制度の改革もあつたが、まづ田舎武士あがりの官吏の専横、宴会の流行、及び之に伴ふ芸妓の台頭であつて、幕末以来一時火の消えたやうだつた全市の花街は、一斉に活気を帯びて来た。旧花街の死灰が俄《にわ》かに燃えはじめると同時に一方には新らしい花街も続々と生れた。或る時は政府みづから遊廓を設置したりもした。（『全国花街めぐり』）

維新後、旧来の花街が復興するとともに、新しい花街がつぎつぎに形成される。そして「この機運に乗じて、帝都の玄関口である新橋駅近くに、又諸官署にも遠からぬ地の利を選んで進出した」（同書）のが《新橋》であった。

## 花街の銀座

《新橋》は明治政府の高官たち――伊藤博文、桂小五郎（木戸孝允）、西園寺公望ら――に利用されたことで知られ、いわゆる「待合政治」の発祥の地とも言われている。実のところこの《新橋》は、近代的な都市計画の胎動期に、ひとつの組合のなかに二つの検番を抱える特異な花街として形成された。そのきっかけをつくったのが、明治五（一八七二）年四月三日（旧暦は同年二月二十六日）に起こった大火、またそれによって焼失した銀座を「文明開化の街として再建」する「銀座煉瓦街計画」である（藤森照信『明治の東京計画』）。建設工事の開始とともに、銀座の新橋寄りにあった元来の花街は、汐留川を越えて当時は空地となっていた烏森神社付近に移転する。そして、建設工事の終了後、新天地たる煉瓦街、すなわち「煉瓦地」へ再び移転する者と、すでに充分な基盤を築いた烏森にとどまる者とに分かれた結果、汐留川を挟んで京橋区側に《煉瓦地》の検番が、芝区側には《南地》の検番が両立するところとなり、両者を合わせて《新橋》と称する、出色の花街が誕生したのだった。この点で、東京を代表する花街として「新柳二橋」と並び称される《新橋》と《柳橋》は、新旧の対照的な「慣例地」であると言えよう。

その後、《新橋》の花街は大正十一（一九二二）年に煉瓦地と南地とに分裂し、前者が《新橋》に、そして後者が《新橋南地》となって、制度の上でも二つの花街となった。花街名が《新橋》と称されることから現在ではあまり意識されることもないと思われるが、銀座は歴とした花街だったのである。裏通りの金春通《こんぱる》、仲通、板新道《いたじんみち》、山城町、信楽新道《しがらきしんみち》にそれぞれ数十軒ずつ芸妓屋が立地していた。帝都の中心商店街であるだけに、銀座の花街にまつわるエピソードは、いくつも後世に伝えられている。その風景は、やはり独特なものであったようだ。たとえば、

この時代（明治前期）の芸妓の出は、人力車ですから、夕方芸妓が人力車で、お茶屋へあつ

ちこつちと駈けらかすのが、中々美観で、「ア、美い妓《こ》だなァ」と見送つた鼻下長連が、何屋のお何と突止めて、料理屋から聘《よ》んだものですが、これがまた銀座では素顔拝見となつて、二三人が連立つて、銀ぶらです、お稽古帰りや、みつ豆喰べの漫歩きが、銀座名物のみせものでありました

（篠田鉱造『銀座百話』）

というように、銀ブラを楽しむ遊歩者の群れの間を艶やかな芸妓さんたちが行き来したのである。周囲には出先となる待合や料理屋はあまりなく、それらは三十間堀川を越えた木挽《こびき》町方面に集積していた。

それから四十年後、この街の風景は大きく変わる。

金春、板新道、狭斜の巷も西銀座と呼び換えられて、赤、緑、とりどりの色に彩るカフェ街となり、今もなおその中に交る芸者屋には、艶《つや》やかな潰《つぶ》し島田、派手なゆかたの首筋白々とぬいたのが、あさまな門に見透かされる。マチス、ピカソの複製と、国貞うつしの一枚絵と軒並びに見られるのも、これぞ寔《まこと》に近代都市風景と思うにつけて、この風景、これを東京のというよりは、道頓堀近くのように思われて、幼な馴染の銀座も今はかえって行きずりの旅のけしき。

（鏑木清方《かぶらぎきよかた》「土用前後」）

銀座にまつわる印象的な随筆をいくつものこした画家の鏑木清方には、大阪発祥の風俗営業色の強いカフェーの街と化した「慣例地」たる《新橋》は、モダンな都市の風景でこそあれ、馴染みのある銀座とはとても思えなかったようだ。

## 留守居茶屋《るすいぢやや》と《赤坂》

ずいぶんと話がそれてしまったが、維新後に形成された「慣例地」へと戻ろう。『文芸倶楽部』（第十編、明治二十八年十月二十日、博文館）に収録された「十五夜」という記事に「もし芸妓などならば、柳橋は、亀清、新橋は湖月、日本橋は柏木、赤坂は八百勘、牛込は求友亭、神田は開花楼、向島は植半、下谷は松源……」というくだりがある。このうち柳橋の亀清――作家の谷崎潤一郎が初めて柳橋の地を踏んだ際に訪れた料亭であるという――、赤坂の八百勘、下谷の松源は、同じく下谷の伊予紋、深川の平清、京橋の伊勢勘、芝の万清、四谷の武源楼などと並んで、江戸時代には「留守居茶屋」と呼ばれた格式のある料理屋であった。これは一般の町人の出入りを許さない大名屋敷御用達の茶屋であり、明治初年には二十八軒あったというが、昭和初年には先に挙げた各地（花街）の料理屋を残すのみとなっていた。

そのなかで十五代にわたって受け継いだ暖簾《のれん》の古さを誇る八百勘は、赤坂を代表する料理屋であった。赤坂には八百勘のほかに数軒の料理屋があったというが、当初は人家はまばらで空き地も多く、田町六丁目のあたりは「桐畑《きりばたけ》」になっていたという。加えて、付近には溜め池もあったことから（明治二十年代には埋め立てられたようである）、この地には「溜め池」という別称さえある。とはいえ、「留守居茶屋」が基盤となったのか、明治二（一八六九）年には早くも最初の芸妓屋が店開きし、明治中期にかけて急速に発展していく。加藤藤吉は「明治期になつてから急に芸妓の集つた点を考えると、以前に何か芸妓類似のものがあつたのかも知れない」（『日本花街志』）といぶかるが、松川二郎によれば、文化・文政期には寺院や武家屋敷にまじって「四、五軒の私娼宿があらはれた」という。松川自身はそれを「花街の濫觴《らんしょう》〔起源〕」とみなすのだが、やはり正式に芸妓屋が開業する明治初年を花街の成立期と見るべきだろう。この新興の花街は、結果として明治中期から昭和にかけて「新柳二橋」（新橋と柳橋）に次ぐ花街へと発展する。

**《新島原》の廃止と《新富町》の成立**

異色なのは《新富町》であった。明治政府は築地に外国人居留地を開設すると同時に、膳所《ぜぜ》藩邸・彦根藩の別邸などの跡地に新しい遊廓を設置し《新島原》と命名した。吉原に匹敵するほどの規模を誇ったというが、予想されたほどの賑わいを見せることもなく明治四（一八七一）年八月に廃止されている（新吉原に合併）。そして隣接する大富町の一部を編入し、新島原の「新」と大富町の「富」とをとって「新富町」と命名した上で、あらためて市街地として開放された。その後、跡地には劇場が移転し新富座と名乗り、またそれに付随してきた芝居茶屋に芸妓が抱えられていたことから、《新吉原》に移転することなく居残っていた《新島原》の芸妓と合同し、新たな花街《新富町》が誕生した。劇場とともに活気を帯びたことから、「櫓下芸妓」と呼ばれることもある。

### 《九段》の成立

靖国神社近傍という立地は意外に思われるかもしれないが、《九段》（または《富士見町》と呼ばれる）もまた維新後すぐに形成された花街であった。後に《九段》を代表する待合となる「菊の家」の初代・長岡仁兵衛が山の手の繁盛を期して花街の新設を思い立ち、明治二年、萩藩士で新政府の参議となっていた広沢真臣《ひろさわさねおみ》を後ろ盾に、招魂社（靖国神社）の境内に出した茶店が花街の端緒とされる。参詣に訪れる人びとを当て込んで、いつしか付近には武家屋敷を縫うように料理屋が集まり、酒食を供するようになっていった。とはいえ、芸妓がいたわけではないので草創期にはわざわざ《牛込》から芸妓を呼んでいたようである。

代表的な料理屋となる「魚久」が明治十四（一八八一）年に開店するに及び、この地に移り住む芸妓もあらわれはじめる。そして、明治二十九（一八九六）年、この付近一帯を縄張りとしていた俠客《きようかく》・柴田喜太郎が検番を設置したことで、花街特有の分業体制がようやく整った。この時、芸妓屋は四軒、待合は二軒しかなかったというが、昭和初年には芸妓屋が約百軒、そして待合が約百二十軒に増加し一大花街となる。

### 《四谷》と《神田》

《四谷》はその所在地から荒木町、あるいは「津の守」とも呼ばれた花街である。「津の守」とは、江戸時代、この地にあった美濃国高須藩主の松平摂津守の屋敷にちなんだもので、同地は明治五（一八七二）年に町人地（武士の住む武家地に対して町人の住む町）として開放され、滝を造営して市民の納涼地となったことが発端となり、料理屋などが集積していった。特に関東大震災後は近傍の商店街とともに「新銀座」と呼ばれるほど賑わったといい、芸妓屋八十六軒、料理屋十三軒、そして待合六十三軒が軒を並べて、高低のある地形とあいまって文字通り「狭斜」の街を現出したのである。路地に残る隠れ家的な料理屋は「津の守気分」を現在でも充分に伝えている。

《神田》もまた、幕末・維新期の混乱のさなかに形成された花街である。この土地には東本願寺が建立されていたが、明暦の大火後、浅草に移り、その跡地は加賀藩の屋敷地として下付《かふ》されていた。その後、屋敷が本郷へと移された結果、跡地は火除地《ひよけち》（空き地）となり、地元では「加賀《かが》っ原《ぱら》」などと呼ばれていたという。一方、幕府は安政三（一八五六）年、外敵に備える必要から武芸の講習所ともいうべき「講武所」を築地に開設する。その後、「講武所」の地が軍艦の操練所となったため、内神田の三崎町に「講武所」を移設することになった（現・日本大学法学部図書館）。その際、土地開発のために撤去された住宅の代替地にあてがわれたのが空閑地となっていた「加賀原」である。

講武所に追われるかたちで成立した加賀原の町屋ではあるが、「講武所」自体がいつしかこの周辺の俗称となり、後の花街もまた《講武所》と呼ばれることになる。幕末期には「講武所」へ鍛錬に行くなどと称して遊んだ武士が相当いた――つまり、その当初から花街であった――という説（松川二郎）がある一方、加藤藤吉はこの花街の成立は維新後まで待たねばならないと主張する。すなわち、明治三（一八七〇）年、浅草にあった人形浄瑠璃の薩摩座がこの地に移転してきた際、追随した芝居茶屋に芸妓が抱えられていた、というのである。明治五年に起こった火災をきっかけとして薩摩座は転出したものの、その跡地には「開花楼」（明治十年創業で各界名士の集う場所として著名な料亭。現在も改名して営業中）とならぶ名店「花家」ができ、加えてそのままふみとどまる芸妓が少ないながらもいた結果、小規模な花街に発展したのだった。

花街化の端緒が劇場であることを考えれば、加賀原の芸妓は《新富町》と近縁の「櫓下芸妓」であるとも言えるし、《講武所》といういかめしい花街名は、幕末・維新期の都市空間の変容を如実に物語ってもいる。

## 「慣例地」と都市空間

ここまで駆け足で見てきたように、明治期以降に開設された花街は思いのほか多い。《講武所》と《四谷》（津の守）は、たしかに名所に近接しているが、前者がもともと加賀藩の屋敷で幕末には空地となっていたところに、そして後者がやはり江戸時代にこの地にあった松平摂津守の屋敷地が町地として開放されたところに形成されたことを考えれば、幕藩体制の転換とともに起こった土地の用途転換と見なすこともできるだろう。『白山三業沿革史』の秋本平十郎の「序文」にあるように、「慣例地」といっても、すべて江戸時代に形成されたわけではなく、また名所に近接して「自然に発生」したわけでもない。むしろ、維新後の混乱のさなかに生じた都市空間の間隙に、機に乗じて入り込むことに成功した花街が発展したのである。

秋本によれば、明治四十一（一九〇八）年に警視庁が「風紀取締」のため、「花街」の指定地域を限定したというが、加藤藤吉は明治二十八（一八九五）年に警視庁令第八条によっていったん引き締めがなされた後、さらに明治三十年十月十一日に「前例の地なきところには許可をせず」という内規が制定されたと指摘する（「白山花街の沿革」）。その結果、樋口一葉の作品に登場したような指定地外の私娼街は存続できなくなった。いずれにせよ、秋本が「慣例地」と位置づけた花街は、折にふれて発せられた警視庁令によって「前例の地」と位置づけられた地区とみてよい。そして、これらは明治初期までに成立したところばかりなのである。

仮に明治前期に成立した《四谷》が最後の慣例地であるとするならば、それからおよそ三十年以上ものあいだ、少なくとも旧市街地には新たな花街が形成されなかったことになる（ただし、後述する湾岸の「花街」に加えて、明治二十年に開けたという《渋谷》は例外である）。この空白期の存在は、ある意味、花街史における江戸と東京の断絶を示しているのではないだろうか。もし、そこに花街史の断層があるとすれば、その後に成立する花街には、「名所近傍／自然発生」とはちがった新たな形成の論理があるにちがいない。

## 三　開発のはじまり――《白山》の指定――

明治前期に相次いだ花街開設の流れに対する反動なのだろうか。その後、明治末年まで都心部では基本的に「慣例地」以外に花街の新設が認められることはなかった。風俗の引き締めとでもいうべき状態が、四十年ほどつづくのである。だが、時代が大正へと変わるとき、花街をめぐる政策は大きく舵を切る。すなわち、樋口一葉の『にごりえ』で知られる《白山》が新たに花街として地区指定されるのだ（第三章も参照）。それは、明治初期からつづいてきた原則をくつがえす象徴的な出来事であるばかりか、後々まで大きな影響を及ぼす事件となった。

## 秋本鉄五郎の運動

明治四十五(一九一二)年六月二十一日、指ヶ谷町(小石川)の一画に「指定地制定後の最初の許可地」(加藤藤吉「白山花街の沿革」)として《白山》が誕生した。明治最後の年、指定地=慣例地しか営業を認めないという禁制が破棄されたのである。しかしながら、同地からは、

第一回　明治四十一年五月一日
第二回　明治四十一年十月九日
第三回　明治四十二年五月二十六日
第四回　明治四十三年九月五日
第五回　明治四十三年末
第六回　明治四十四年三月四日
第七回　明治四十四年九月五日
第八回　明治四十四年十一月十四日

というように、明治四十年代前半に八回にもわたって三業地の許可を求める陳情が行なわれていた(浪江洋二編『白山三業沿革史』)。「白山方面の土地発展」を名目に三業地の指定を再三にわたって願い出ていた人物こそ、すでにいく度となく名前を出した秋本平十郎の父、鉄五郎にほか

ならない。明治二十九（一八九六）年より小石川の地に居を定めて酒屋・飲み屋を経営していたという鉄五郎は、明治四十（一九〇七）年に酒屋を廃して兼業の飲み屋を料理屋に改築したところ、近隣に同類の営業がないことから大いに繁盛したという。その際、「酒席の興にそえる……芸妓がいなくてはならぬことを痛感」した鉄五郎は、四年間に及ぶ設置運動に邁進することになる（同前）。

すでに第三章で見たように、『にごりえ』に描かれた指ヶ谷周辺は「銘酒店」の集積する地区であった。それ以前から「新開地」と俗称されていたといい、弓矢で的を射て遊ぶ「楊弓《ようきゅう》店（矢場）」が八軒あったという。「楊弓店」には「矢取《やとり》女」と称される女性が従業しており、彼女たちもまた「私娼の一形態」であった。「楊弓店」は銘酒屋とあいまって、三業地の素地となったにちがいない。

矢場・銘酒屋が繁盛するなかで料理屋を経営しはじめたのが秋本鉄五郎である。そして鉄五郎が鳩山和夫（鳩山一郎の父）や大井玄洞に代表される地元選出の市会・区会議員らの後援を受けて運動を開始すると、花街の創建を見越した者たちがつぎつぎに小料理屋を開業したという。結局、明治四十五年に指定地の許可がおりたときには、鉄五郎の店舗をはじめ、すでにかなりの数の料理店（あるいは銘酒屋）が建ち並んでいた。準備万端の鉄五郎は、指定の四日後にすぐさま三業組合を組織し、事務所をかまえたのであった。

一葉女史の名篇「にごり江」に依つて有名な私娼窟、それの発達したものが即ち今日の「白山」なる花街である。……私娼窟が漸次発達して遂に純然たる花街に変化してゆく経路と、光景とを、私達は此の花街に依つて如実に見せ付けられたものであつた。

と、松川二郎はこの一連の動きを私娼窟から「花街」への発展として簡単に片付けるが、その背後に地元の有力者（政治家）を巻き込んだ指定運動があったことを見落とすことはできない。加えて、事後的に見るならば、運動の開始された明治四十一（一九〇八）年には、市区改正にともなう道路の拡幅があり、また許可のおりた同四十五年には市電が巣鴨まで開通している。旧市街地の近郊である指ヶ谷が早晩、都市空間に取り込まれることは必然であった。鉄五郎はそうした趨勢をいち早く見て取り、執拗に陳情を繰り返したのかもしれない。

## 地区指定の許可権

ところで、なぜ八回目の陳情で許可がおりたのだろうか。許可の一カ月後には明治が終わることから、《白山》は慣例地以外では最初の、そして明治最後の指定地ということになった。この「最初」と「最後」はなかば偶然であろうが、そこには看過できない背景があったことも指摘しておかなくてはならない。それは、認可する側の問題、すなわちその権限を行使した警視総監の交代である。

当初、鉄五郎が願書を提出したときの警視総監は、徳島、静岡、宮城各県の知事を歴任し、第二次桂太郎内閣の発足にあわせて就任した亀井英三郎であった。鉄五郎が提出した最初の願書を一瞥した亀井は「小石川区には如何なる理由があろうとも三業指定地を新設せぬ」と言って「一蹴」したといい、実際、彼の任期中に許可がおりることはなかった。ところが、亀井が明治四十四（一九一一）年に貴族院議員に勅選された後を受け、新総監に就任した安楽兼道《あんらくかねみち》は、あっさりと《白山》を許可してしまう。

『白山三業沿革史』によれば、《白山》側は許可に対する礼金を安楽本人に支払うわけにもゆかず、料理屋を経営する彼の妻を通じて「八千円の報奨金を贈〔り〕、許可に対する労の片替り《ママ》とした」という。巧みに迂回させたとはいえ、業者側が認可権を有する警視庁のトップにリベートを贈った事実を臆面もなく当事者が自ら記念誌に書き記すとは、なんとも鷹揚な時代である。「前例」、すなわち既存の営業が認められていなかったところには許可をしない、という原則を破棄した二業・三業地指定は、この安楽総監時代の《白山》を先例として、以後代々の総監に引き継がれてゆく。

## 『縮図』に描かれた《白山》の歴史地理

近郊の比較的ひろい土地区画を指定したせいもあろうが、《白山》は山の手の代表的な花街へと発展する。一葉の『にごりえ』からほぼ五十年後、「晩年この地に愛妓を擁し、御神灯《ごしんとう》の艶めかしい芸妓屋の二階で『縮図』を物にした」(加藤藤吉『日本花街志』)という徳田秋声は、当局の干渉により未完の遺作となった『縮図』のなかで、《白山》の来歴を昭和初期の風景とともに、次のように描写していた。一部はすでに第三章でも引用しているが、当時の風景をよく伝えているので再び引用しておくことにしたい。

広い道路の前は、二千坪ばかりの空地で、見番がそれを買い取るまでは、この花柳界が許可されるずっと前からの、かなり大規模の印刷工場があり、教科書が刷られていた。がったんがったんと単調で鈍重な機械の音が、朝から晩まで続き、夜の稼業に疲れて少時間の眠りを取ろうとする女たちを困らせていたのはもちろん、起きているものの神経をもいらだたせ、頭脳を痺《しび》らせてしまうのであった。しかし工場のあるところへ、ほとんど埋め立て地に等しい少しばかりの土地を、数年かかってそこを地盤としている有名な代議士の尽力で許可してもらい、かさかさした間に合わせの普請で、とにかく三業地の草分けができたのであった。都市の膨張につれて、浮き揚がって来たものだが、自身で箱をもって出先をまわったような元老もまだ残存しているくらいで、下宿住まいの均平がぶらぶら散歩の往き返りなどに、そこを通り抜けたこともあり、田舎育ちの青年の心に、御待合というのが何のことか腑におちないながらに、何か苦々しい感じであった。その以前はそこは馬場で、菖蒲など咲いていたほど水《み》づいていた。この付近に銘酒屋や矢場のあったことは、均平もそのころうすうす思い出せたのだが、彼も読んだことのある一葉という小説家が晩年をそこに過ごし銘酒屋を題材にして『濁り江』という叙情的な傑作を書いたのも、それから十年も前の日清戦争の少しあとのことであった。そんな銘酒屋のなかには、この創始時代の三業に加入したものもあり、空地のほとりにあった荷馬車屋の娘が俄《にわか》作りの芸者になったりした。

この空地にあった工場が、印刷術の機械の進歩につれて、新たに新市街に模範的な設備を用意して移転を開始し、土地を開放したところで、永い間の悩みも解消され、半分は分譲し、半分は遊園地の設計をすることにして、あまり安くない値で買い取ったのであった。日々に地が均《なら》され、瓦礫が掘り出され、すみの方に国旗の棹が建てられ、樹木の陰も深くなって来た。ここで幾度か出征兵士の壮行会が催され、英魂が迎えられ、焼夷弾の処置が練習され、防火の訓練が行なわれた。

夜そこに入って、樹立の間から前面の屋並みを見ると、電灯の明るい二階座敷や、障子の陰に見える客や芸者の影、箱をかついで通る箱丁、小刻みに歩いて行く女たちの姿などが、芝居の舞台や書割のようでもあれば、花道のようでもあった。

（徳田秋声『縮図』）

松川のいう「……私娼窟が漸次発達して遂に純然たる花街に変化してゆく経路」を、見事に浮き彫りにした叙述である。蛇足ながらいくつか言葉を補うならば、教科書の印刷工場はのちの東京書籍、「馬場」とは万治二（一六五九）年に設置された「小石川馬場」（明治期は馬術の練習場）を指している。

## 四 大正期の地区指定――《白山》のノウハウの移転――

**《麻布》の成立**

《白山》につづいて、翌大正二（一九一三）年十月十五日、《麻布》にも許可がおりる。元来この地は、東武鉄道を築いたことで知られる根津嘉一郎《かいちろう》（初代）の宅地であったが、大正元年頃に分譲されていた。それゆえ当初は人家も少なく「水商売としては僅かにお茶屋が五、六軒あった」に過ぎなかったというが、町内の有志者が発起人となって花街の出願をした結果、同年に三業地として認可され、「お茶屋が待合と変化して芸妓屋の昭《さか》んな発展を見」るにいたった。《白山》同様この地も順調に発展し、ことに震災後は隣の麻布十番とともに繁栄していく。

麻布の夜の賑ひは「麻布の銀座」と云はれる十番、夜な〳〵露店が出て人波のごつた返す態は道玄坂下や新宿通りに彷彿として居る。その盛り場を外れて二の橋から仙台坂へ向つての横町を、一歩露路へ踏み込むと、所謂江《え》一格子《いちごうし》の二間間口に、磨ガラス丸ボヤの御神灯がズラリと並んで、問はずとも狭斜の巷であることを象徴してゐる。

と、松川二郎は夜の花街の風景を描写していた。これとは逆に、麻布における花街開発は失敗だったと見る向きもある。

麻布の花街は、最初霞町あたりに設けられるところであつた。それが好況時代でもあつたが目黒川に沿ふ工業地帯——(こういつても十分説明もつかぬかも知れぬが、電車道一の橋から二の橋の方に向つてゆけば、その左側は軒なみに歯車製作とか鉄工場になつている。)——この工業地帯を目当てに土地の者の猛運動あつて、今日の地に設けられた。しかしこう不景気の不連続線がつゞゐては、これ等の小規模経営の工業家は、うだつがあがらぬ。現在御覧のごとく工場を閉めているものが多く、花街は的のはずれた感がある。その上工業地帯の背は、丘をなして、あつても大きな御邸ばかり。それに日増しに発展した五反田、芝浦、渋谷〔いずれも花街の所在地〕の賑はひと共に、花街の発展も、かうした中途半ぱの遊び場を忘れさしてしまつた。それ故この花街はあるかなきかの寂びれをみせてゐる。

(酒井眞人「東京盛り場案内」)

当時の「盛り場」を案内するガイドブックからの引用であるが、そのタイトルには「忘れられた花街」とある。

後の発展はさておき、草創期に話を戻すと、大正二年十月十五日に許可がおりた後、早くも十一月三日には営業が開始された。この素早い営業体制の確立の背後には、あの《白山》が介在していた。すなわち、「その出願方法や三業組織は、白山の形態そのままを模倣したもの」であったという。麻布側の発起人の一人であった区会議員が《白山》に三業地経営の相談を持ちかけ、白山側では快く「業態のシステム一切」を教示したというのだ（『白山三業沿革史』）。地区の再開発として、そして明確な発展策として創設された花街の誕生である。

## 白山三業株式会社の創立と大正芸妓

秋本鉄五郎は三業地経営のノウハウを《麻布》に移植して独り立ちさせた後、今度は、地元《白山》の組織改革を実行した。すなわち、大正四（一九一五）年三月十三日、白山三業組合を株式会社にあらため自ら取締役社長に就いたのである。さらに、鉄五郎・平十郎の父子は、ある機会に乗じてこの花街経営の株式会社方式を、伝統を有する《葭町》のなかに現われた私娼の置屋街に移植することになる。

この時期、市内では明治以来の私娼が再び跋扈《ばっこ》しはじめ、風俗を取り締まる警察活動もまたそれに合わせて活発化していた（永井荷風「桑中喜語」）。「大正三、四年頃より一層芸能精進が欠け、枕を専門に座敷に出る芸者が簇出《そうしゅつ》せる」（花園歌子『芸妓通』）と指摘されるように、大正時代のはじまりとともに芸に精進しない「転び芸妓」が出現、やがて時代の風潮を反映した芸妓と見なされ「大正芸妓」と呼ばれるようになる。『芸妓通』によれば、葭町では「不見転《みずてん》芸妓」（見ずに転ぶ芸者）を称して「水天宮」（蠣殻町二丁目の神社、神社名は「すいてんぐう」）と称していたという、花園は「転ぶ」の意味を「異性の要求に従ひ商品化されたる性的機能を営む事」と説明する。通人の荷風は、葭町におけるこの不見転の存在をいち早く見て取っていた。

浜町を抜けて明治座前の竈《へつつい》河岸《がし》を渡れば、芳町〔葭町に同じ〕組合の芸者家の間に打交りて私娼の置屋また夥しくありたり。浜町の女と区別してこれを蠣殻町といへり。蠣殻町は浜町に比ぶれば気風ぐつと下りたりとて、浜町の方にては川向の地を卑しむことあたかも新橋芸者の烏森を見下すにぞ似たりける。

（「桑中喜語」）

『近代日本総合年表』（岩波書店）の大正五（一九一六）年五月八日の社会欄には、「警視庁、私娼取締規則を改正強化（この頃、浅草千束町・日本橋郡代・芝神明の帝都三大魔窟のほか各所に、私娼を雇う銘酒屋・飲食店多数現われ、風紀びん乱）」とあり、警視庁が私娼の取り締まりに本腰を入れはじめていたことがうかがわれる――ちょうどこの時期に「千束町《せんぞく》の大魔窟」を視察に訪れ、それにならって私娼街を大阪に建設しようとした企業があったことについては第六章で言及する。「白首《しろくび》」と称される私娼が集合していた蔵町（蠣殻町）――「日本橋浜町蠣殻町辺に白首夥しく巣を喰ひ芸者娼妓これがために顔色なかりき」と荷風も指摘している――を管内にもつ日本橋久松署は「私娼撲滅運動」なる取り締まりを展開し、営業停止処分を受ける業者（荷風の言う「私娼の置屋」）が続出していた。この時、営業停止に追い込まれた芸妓屋・待合に力を貸すことになるのが、秋本鉄五郎の養子であり、当時は白山三業株式会社の支配人を務めていた秋本平十郎である。

当時、府会議員となっていた（《白山》指定の立役者の一人である）大井玄洞を通じて相談を受けた平十郎は、《葭町》のなかで営業を禁じられていた芸妓屋・待合を集め、新しい組合を設立しようとした。しかしながら、すでに見たように「東京では一番古い歴史」を持つとされる《葭町》のど真ん中に、新組合を組織して実質「新しい花街を創設」する構想をその他の業者が黙ってみているわけがない。地元《葭町》の芸妓屋組合を代表する者たちは、当然のことながら組合の設立を認めず、平十郎の案を一蹴したのである（『白山三業沿革史』）。

それならばと平十郎は、白山三業株式会社の設立・経営ノウハウを踏襲して、組合というかたちを取らずに「日本橋三業株式会社」を組織し、新花街の創設を強行したのである。この事態が「大正芸妓の出現」として報じられたことで、その名がいっそう膾炙《かいしゃ》したという。首尾よく大井玄洞が社長に、平十郎が常務取締役に就任し、同社は花街経営を開始したのだった。創立当初の生々しい裏話を『白山三業沿革史』から引いておこう。

創立と同時に、まず第一に着手した仕事は、警察署長の追放であった。日本橋久松警察国宗署長は、一部の花柳界を弾圧する急先鋒の人で一部の花柳界の連中は戦々恐々たる有様で、また痛烈なる腕を揮《ふる》ったものである。この久松署長を左遷しようというのだ。当時の府会議員は法的に威力を持っていた。この議員ににらまれたら署長といえども即刻クビである。政治的な裏面工作が功を奏して、警視庁で当時有名な橋爪捜査係長を署長に昇格させ、日本橋久松警察署長になった。

これはあくまで《白山》側の視点から記されたものであり、誇張もあるだろう。しかしながら、業者－政治家－警察の強力な結びつきが花街を生み出す原動力となっていることを如実に物語る挿話である。

こうして成立した日本橋三業株式会社には志願者が殺到し、また「大正芸妓」という安直なシステムも一般に受けて、結果として葭町芸妓屋組合の経営は圧迫されることになる。困った組合側は有力な府会議員を通じて同社の買収工作を進め、まず社長の大井玄洞と取締役を秋本平十郎から引き離し、そのうえで平十郎に会社の譲渡を迫った。完全に外堀を埋められるかたちとなった平十郎は、日本橋三業に属する組合員が葭町芸妓屋組合員と同等の条件で加入することを条件に持ち株を引き取らせ、この事件は落着したのである。日本橋三業株式会社の「大正芸妓」は、成立からわずか一年で《葭町》に再吸収されたのだった。

《葭町》では待合・芸妓屋・料理屋それぞれが組合を組織しており、日本橋三業の組合員はそれぞれに配属されて平穏無事に営業をつづけた……ということに『白山三業沿革史』ではなっているのだが、実情はどうやらだいぶ違っていたらしい。吸収合併から十年以上もたった後、松川二郎は《葭町》の特別な事情を次のように説明している。

> 蓋《けだ》し蠣殻町と芳町とは一にして実は二、二にして実は一、芸妓屋組合はひとつだが、出先きたる料理屋と待合の組合が二つに分れて玉代が異つて居るのだから、甚だ以つて異様なかたちである。これは一時蠣殻町に全盛を極めた「大正芸妓」とその出先きとが「芳町」に合併した結果で、今日は合併当時ほど両者の間に截然たる区別はなく、一二流の芸妓も或る一方の出先きを嫌つて出入しないといふやうなことは無くなつたが、それでも未だ家によつて、出入する妓品や遊びの気分に相違がないとは言わない。
>
> （『全国花街めぐり』）

秋本平十郎が起ち上げた日本橋三業株式会社は、後々まで《葭町》に大きな影響を及ぼしていたと言わざるを得ない。

## 《大塚》の地区指定

《葭町》による「日本橋三業株式会社」吸収合併のほとぼりも冷めた大正七（一九一八）年四月、巣鴨町字平松に、またしても大井玄洞らの奔走によって二業地の許可がおりる。新花街《大塚》の誕生である。元来、大塚駅前の天祖神社周辺には、いわゆるお師匠さんたちが集住し、「大塚遊芸師匠組合」を組織していた。それゆえ花街の指定を出願した者たちの間では当初、神社周辺の地区指定を期待する向きもあったようであるが、許可がおりたのは神社とは反対側の、それまで見向きもされなかった土地であった。後述するように、警視庁は、寺社の周辺には二業地・三業地を指定しない、という内規を（おそらくこの時期に）定めており、その規制にひっかかったものと思われる。

大井の依頼を受けた秋本平十郎は、ここでも《白山》の三業組織に範をとった「大塚二業組合」を組織する。実際の経営は地元の料理屋の主人に任されたようであるが、《白山》のノウハウが《麻布》に次いで移植されたことにかわりはない。その後、大正十四年十一月一日には待合の許可がおり、《大塚》は三業地に発展した。

## 《駒込》の地区指定

市電駒込神明町で下車して右に折れると、芸妓屋、待合が軒を並べて緑酒《りよくしゆ》を酌む客の影がおぼろに見越の松を越へて、円窓に映り、褄《つま》をとる粋な姿が右往左往する艶めかしい雰囲気をつくる。ここは駒込の花街、新興の花柳町である。

（『東都芸妓名鑑』）

「新興の花柳町」――《駒込》も大正期に創設されていた。大正十（一九二一）年十月、地元の大地主である内海長太郎ら数名が発起人となって三業地の指定を出願したのが端緒である。加藤藤吉は、戦後、この駒込の地区指定運動を次のように生々しく回想している。

将来の発展を見越して地価の吊上げを謀る地主達の策動に附近の住民達はこれは大事件と驚き慌てて住民大会を開くやら、反対陳情に官庁へ訴願するやら、大騒動の一幕もあったが、この運動に花街人も賛成し応援したものもいたのだから、相当きびしい物であったらしく、兎もかく附近の名家といわれる大地主、内海長太郎が、衰運挽回の一大事業として企画を立てたのだから、一寸手剛《てごわ》い事件だ。

（『日本花街志　第一巻』）

内海らの運動の成果というべきだろうか、翌大正十一年一月十七日に指定地となり、三業の営業が許可された。これを受けて内海は二月に「駒込三業株式会社」を設立、早くも三月一日から営業を開始した。同年十一月の段階で料理屋三十二軒、待合二十一軒、そして芸妓屋が三十八軒あったというから、指定地が急速に花街化したのだろう。

ところで、加藤は「この運動に花街人も賛成し応援したものもいた」と指摘し、詳細については実名を挙げることなく口を濁しているものの、内海がいち早く株式会社を組織し、営業を開始できた背景には、まさしく強力な「花街人」の存在があった。またしてもそれは、内海と面識があったという秋本平十郎にほかならない。内海は、《白山》の株式会社方式にならって「駒込三業株式会社」を創立したのである。これこそ、「創業当時から、白山と駒込とは業界でも特別な関係にあった」と『白山三業沿革史』で指摘されるゆえんであろう。

### その他の地区指定

時期は前後するが、大正十（一九二一）年には、鉄道（山手線）と目黒川とに挟まれた城南の一画に、二業地の許可がおりる（五月五日）。《五反田》の花街である。当初は田んぼの一隅で《麻布》から移転してきた四軒の芸妓屋から出発した二業地であったが、その端緒は鉱泉にあった。すなわち、「田圃の中に鉱泉の湧出を発見して鉱泉旅館が起り、その旅館を中心に一種の女があらはれて遂に今日の花街をつくるに至つた」のである（松川二郎『全国花街めぐり』）。都市化・工業化の進展に合わせて、大正十四（一九二五）年十二月には待合の指定地の許可を受けて三業地となり、さらに昭和二（一九二七）年と三年の二度にわたり区域の拡張が認められている。その過程において、市街地で経営に行き詰まっていた業者が続々と移入し、「城南の花街中、近時異常の殷盛《いんせい》を極めてゐる」と評されるまでに発展した。

その他に、同じく大正十年には「江戸時代城北唯一の別荘地帯」と称された《根岸》に三業地が指定され、翌年には《新井》にも許可がおりている。

## 《白山》指定の意味

いわゆる「慣例地」が制定されて以来、最初の許可地となった《白山》は、それまでの禁制を打ち破って指定されたという以上に大きな意味を持つこととなった。ひとつは、《白山》とそれにつづく二業・三業地の指定をめぐって地主、業者、政治家、警察の結び付きが強化され、花街が利権化したこと。もうひとつは、その過程で花街の経営が特定の地域を開発・発展させるための手段としてひろく認識されるところとなったことである。花街の利権化の追求は、昭和二（一九二七）年に行なわれる二業地・三業地の指定において頂点に達するが、この点を論じる前に、市街地の動きとはなかば無関係に登場してきた花街を一瞥しておきたい。

## 五　ウォーターフロントの「花街」

埋立地と運河、首都高速道路といった巨大な建築物が林立する現在の東京湾岸の風景からは想像もつかないが、旧芝区から旧蒲田区にかけての京浜電車・京浜国道に沿って、東京湾を眺望する地域は、かつて「風光絶佳」と謳われた観光地であり、明治・大正期を通じて複数の花街が形成されていた。それらは、城下町の掘割、隅田川や神田川に面して形成された花街、多摩川に面する《玉川》や《二子玉川》、あるいは明治二十一（一八八八）年に埋立地に移転した《洲崎遊廓》と並んで、ウォーターフロント型の「花街」と言えるかもしれない。

### 《芝浦》と「芝浦協働会館」

「芝浦花街が東京の別天地となつて避暑客や月待《つきまち》〔特定の月齢の夜に集って月を愛でまつる催し〕の人々を迎える様になつたのは、日清戦役中の品川が海軍の根拠地に近い土地に利用されたため、海軍将兵の出入が多く品川高輪辺の料亭が繁昌したのに着目した人々により、料理店が出来たのに始」まる、と加藤藤吉が『日本花街志』で指摘する《芝浦》は、明治二十九（一八九六）年十二月に成立した花街である。

近傍に位置する《芝神明》や新橋の《南地》の発展とともに料理店が集積し、都心部からほど近く、眺望もよい、海水浴が楽しめる、そして「横町に一つずつある芝の海」と川柳に詠われた芝浦の海の幸で一杯やることを楽しむ風流客たちは、ただひとつ足りなかった芸妓を求めた。当初は《芝神明》から呼んでいたというが、当事者である料理屋側から不便であるという不満が高まり、日清戦争後に芸妓屋を組織したのである。とはいえ後には港湾開発によって往時の芝の海の風景は失われてしまう。昭和五（一九三〇）年発行の福西隆『東都芸妓名鑑』は、「製造工業と海の人との安楽境として、また貨物受渡の実業家、市内であつてちよつと変つた遊び場所として、益《ますます》発展するものであらう」と予測している。昭和十三（一九三八）年に発行された『芝区誌』が、そうした歴史的経緯と地理的特徴をうまく説明しているので参照しておきたい。

明治四十一年七月本芝地先の海上に約三万五千九百坪の埋立を開始し、明治四十三年十月其工事を竣《お》へた。翌明治四十四年三月この埋立地に町名を付し、金杉浜町の南にあるので南浜町とした。本芝一丁目、旧新浜町に接した場所には、既に明治の末期、本芝に発達して来た花街の影響を受けて、料理割烹店、待合茶屋が簇生《そうせい》し、今は寧《むし》ろ此《この》付近が中心地となり、百三十三人（昭和九年十二月末日）の芸妓を擁する芝浦三業地として知られてゐる。北京料理で有名な雅叙園は此処が本家で、其の名は東京名物の一つにさへ算《かぞ》へられてゐる。さうしてこの花柳街を取巻いてゐるところは梁瀬自動車株式会社芝浦工場、東京瓦斯株式会社芝製造所を始め各種工場を擁してゐる工場地帯であり、謂《い》はゞこゝは「花柳地と工場地」の街である。

ところで、この《芝浦》には花街の面影を現在に伝える貴重な遺産がある。それは、昭和十一（一九三六）年に建築された、印象的な唐《から》破《は》風《ふ》の玄関、百畳もの大広間、そしてそこに美しい陰影をあたえる窓ガラスを有する、近代和風建築の粋とでもいうべき検番である（写真2）。戦時中に港湾労働者の宿泊施設として転用されたことから「協働会館」と呼ばれ——正式な名称は「港湾労働者第二宿泊所」——、その役目を終えた現在は東京都の管理下におかれているが、近日中に解体が予定されているという。「協働会館」の保存と活用をめざして活動をつづけている「芝浦・協働会館を活かす会」によると、旧来の検番建築を現在にまで残しているのは東京都内では《芝浦》だけであり、歴史的な遺産として再活用の方途を——解体移築を前提に——確立することが緊急の課題である（『協働通信』第五三号）。

**写真2　通称「協働会館」**

この検番建築は、当時の三業組合長であった細川力蔵が寄付したものである。当時、細川は芝浦にあった自邸を改築して、北京料理を供する料亭「雅叙園」を経営していた。さらに昭和六年からは目黒にも「雅叙園」を建設している。その建設にあたったのが宮大工の棟梁である酒井久五郎で、《芝浦》の検番もまた酒井の手によるものであるという。

わたしにとって、外観を見ることはあっても、内部にまで足を踏み入れた検番は「協働会館」が最初で最後であるのだが、全国的に見てもこれほどの検番建築が残されているのは稀有な事例である。周囲には当時を偲ばせる飲食店があるものの、むしろ花街というには違和感をおぼえざるを得ないほどに風景は変容しつつある。東京の三業組織という特殊な形態を象徴するこの建築が、仮にこのまま解体されてしまうのであればまことに残念である。何とかならないものだろうか。

写真3　品川遊廓の貸座敷

**《品川》の移転問題**

東海道五十三次の最初の宿場町として江戸を旅立つ者は必ず立ち寄ったという品川には、古くから遊廓が形成されていた。その端緒は、慶長期（一六〇〇年前後）の「飯盛女《めしもりおんな》」であるという。幕末には伊藤博文や井上馨《かおる》らが遊んだことで知られるこの遊廓は、明治期以降も芸娼併置制を取っていたが、昭和初年の段階では芸妓屋二十六軒、妓楼四十三軒となっているので、どちらかといえば娼妓本位の（広義の）花街と言えるだろう。

松川二郎は品川の昭和の風景を次のように描写した。

狭い昔のまゝの街道（東海道）に面して商家と妓楼とが犇《ひし》と軒をつらねてゐる有様も、今日は田舎の町に行つても容易に見られる光景ではない。新宿遊廓が裏町へ移転して以後、東京近郊で街道筋に遊廓を残してゐるのは、おそらく品川ばかりであらう。板橋にも往来に面して妓楼があるやうだが、数の上から言つて算へる程しかない。単にその点だけから言つても品川は特色のある花街だと云へる。

（『全国花街めぐり』）

街道に面して妓楼が建ち並ぶ風景は（写真3）、やはり風紀の上で問題であったらしく、明治後期以降にたびたび移転が計画されていた。実際、明治末期には緒明菊次郎の所有した造船所の跡地に移転が決定していたというが実現にはいたらず、昭和初年にも埋立地である「八ツ山新地」へ自発的に移転を申請したが認められず、それではと東品川の東京府営の埋立地に再度移転を申し出たものの、これもまた許可されることはなかったのである。

一方、妓楼に交じって営業していた芸妓屋は昭和七（一九三二）年に東品川三丁目の埋立地――おそらく、妓楼側が再度申請した候補地――に三業地の許可を得て集団で移転している。妓楼が旧来の街道に面して取り残された一方、芸妓屋は移転先で「品川海岸三業株式会社」を組織し、三業地を建設した。これにより品川の花街は芸娼の分離を果たしたのだが、きちんと整備された埋立地の土地区画に芸妓屋が集団で移転し新たな花街が誕生したことを考えると、これもまた土地開発・発展の思惑が絡んでいたとも考えられなくはない。実際、もとの品川には芸妓屋が二十六軒しかなかったわけであるが、これらがすべて移転した上に東品川の指定地には新たに二十軒の待合茶屋が開業していたのである。

ちなみに、同社の取締役社長には前出の細川力蔵が就任していた（柏月山人『東京府品川埋立地大観』）。花柳界の顔役、といったところであろうか。

**《大森海岸》と《大井》《大森新地》**

品川区から大森区の沿岸には風光明媚な地の利を活かして、いくつもの花街が明治期以降に形成されていた。なかでも、八幡海岸に接する地域は交通機関の発達とともに栄えはじめ、磐井《いわい》神社の鳥居前に古くから立地していた茶屋が維新後には料亭となり、「花柳の巷」を形づくった。その直接のきっかけは、海水浴場の開設であったらしい。

元来、潮干狩りなど季節の行楽地として知られていた八幡海岸で明治二十四（一八九一）年に地元の名望家が海水浴場を開設したところ、交通の便のよい立地条件もさいわいし、八幡は近郊の海水浴場として一躍有名になった。当初は、小屋掛けの脱衣所しかない粗末な海水浴場であったというが、この土地が開けてゆくことをいち早く予測した東京市内の人物が、明治二十六年五月、八幡橋に隣接する土地に「伊勢源」という料理屋を開業し、これを皮切りに、日清戦争の好景気を追い風にして、「魚栄」「松浅」「八幡楼」などの料理屋が海浜部・磐井神社周辺につぎつぎと店を開いていく。特に海浜部の眺望のよい料理屋では、いずれも海にせり出す形で瀟洒《しょうしゃ》な「納涼台」を設置し、海水浴シーズン（七月一日から八月三十一日まで）には多くの海水浴客を集めた。さらに、大正三（一九一四）年には、海水浴に関係する料理屋を中心に営業組合が組織され、船競争、宝探し、花火、演芸などのさまざまな余興とともに海水浴を演出したのだった。明治中期に海水浴場として出発した八幡海岸は、近郊の行楽地として発展する過程で「大森海岸」と呼ばれるようになり、それは花街の名称ともなったのである。

先に明治二十六年頃から料理屋が立地するようになったと指摘しておいたが、それに少し遅れるかたちで芸妓屋もまた営業をはじめたようである。明治三十一年頃、地元の有力者数名が斡旋するかたちで、まず国道沿いに「三輪家」と称する店が開業し（後に「栄家」に併合）、日露戦争後には「鯉家」（明治三十九年）、「日の出屋」（同四十年）、「初鯉家」（同四十三年）、「立花家」（同四十四年）など、後にこの花街を代表することになる芸妓屋が営業を開始した。この過程で、芸妓屋の営業できる指定地域も確定したらしい。芸妓はいつしか「海岸芸妓」と呼ばれるようになり、「鯉家」が中心となって「海岸芸妓屋組合」も組織されている。芸妓の出先は大森町の内川を南限に、そして大井町の浜川を北限とし、比較的広範囲にわたっているると同時に、厳密な規定がないという点で、《大森海岸》は「慣例地」型の花街と言えるかもしれない。

料理屋（十一軒）・芸妓屋（四十九軒）のほかに、周辺には飲食店（百七十四軒）、「砂風呂」を名物とする料理旅館、映画館、ダンスホール、撞球《ビリヤード》場なども数多くあったといい、海水浴場のみならず大正期には娯楽施設の一大集積地に変じていたのである（以上は主として岩井和三郎『入新井町誌』に拠る）。

ちなみに、全国各地の花街をいく度となく特集した昭和初年の異色の雑誌『郷土風景』には、松川二郎、野口雨情、近藤飴ン坊、横山健堂、平山蘆江ら著名人が一堂に会した「諸国花街風景座談会」が掲載されているが、この座談会は《大森海岸》近傍の鳥料理屋「初音《はつね》」で開催されている。

ところで、《大森海岸》の発展ならびに芸妓の出先の広さは、周辺地域にも少なからず影響を及ぼしていたらしい。というのも、芸妓の広範な出先には料理屋が散在するのみならず、実のところそこには三業の指定地が二カ所も存在していたのである。一方は品川区の南端、つまり《大森海岸》に隣接する《大井》であり、他方は《大森海岸》南部の臨海部の区画整理された土地に開設された《大森新地》——《都新地》とも呼ばれた——である。《大井》については詳細はさだかでないが、明らかに《大森海岸》の勢力圏であり、花街化する素地は明治後期につくられていたのだろう。きれいに区画整理された三業地であり、事後的に地区が指定されたのかもしれない。松川二郎は「《大森海岸》といふが所在地は入新井町で《大井》とは事実上一つゞきの花街、……（中略）……砂風呂を中心に発達して後に二花街に分離したものである」という説を展開している(「大東京五十六花街」)。

もう一方の《大森新地》は大正十三(一九二四)年十二月に最初の芸妓屋が店開きをしたという新興の花街で、海にせり出した土地区画の形状からしても、まさしくウォーターフロントの名にふさわしい。

**高橋誠一郎「大森海岸」の舞台は《森ヶ崎》か?**

明治期から存在していた《大井》と《大森海岸》、そして新興の《大森新地》に加えて、大正後期には鉱泉で賑わっていた《森ヶ崎》にも新たな花街が誕生している。もともと芸妓はおらず、宴会には「お師匠さん」が呼ばれていたというが、鉱泉界隈の待合風の旅館の発展に合わせ、大正十一(一九二二)年五月に芸妓屋組合が組織された。福西隆『東都芸妓名鑑』では「森ヶ崎花街の沿革」として、《森ヶ崎》の近況を次のように紹介している。

近頃小説家等、行つて構想を練る人も多いと聞く。東京のお夕飯済んでから、浮世離れて恋を語るにもふさわしく、鉱泉にひたつて数日の労を慰するに足るもの、東京郊外随一である。

実際、永井荷風はこの地の料理旅館を『腕くらべ』(大正五年)の一場面で書き、また作品に残さないまでも「料理屋兼旅館のひとつ『大金』には、いまはなき芥川龍之介、久米正雄、堺利彦、十一谷義三郎、近松秋江、徳田秋声、広津和郎、尾崎士郎、そのほかいまなお（昭和四十六年の時点で）活躍している丹羽文雄、尾崎一雄、徳川夢声などの人びとが、執筆のためか、あるいは一夜の清遊にやってきた」（染谷孝哉『大田文学地図』）という。《大森海岸》とともに、東京湾を一望する海浜型リゾート、あるいは文士好みの隠れ家的な鉱泉旅館街といったところだろうか。

故・種村季弘《すえひろ》氏の街歩きの名著『江戸東京《奇想》徘徊記』（二〇〇三年）にこの《森ヶ崎》を（紙上）探訪する「森ヶ崎鉱泉探訪記」という章がある。わたしも鉱泉と花街の名残を求めてこの地を踏んだのだが、どうやら種村氏とはそもそもの出発点が違っていたようだ。わたしは（下準備の不足から）この地に花街の痕跡があるものと信じて疑わず、一方の種村氏は戦時中に「森ヶ崎鉱泉は全滅した」ことを前提に探訪しているのである。偶然にも数カ月とたがわない時期に森ヶ崎を訪れているのだが、同じように街の風景に痕跡を探っていても、ないと思っていて痕跡を発見するのと、あると思っていてわずかな痕跡や雰囲気しか感知できないのとでは、大きな違いがある。たとえば、種村氏は偶然に立ち寄った寺の境内に鉱泉湧出の由来を記した石碑を見つけ、周辺の街区を次のように観察する。

どうやらこのあたり一帯がかつての芸者町だったようだ。そう思ってあらためて町並みを見直すと、多少の面影がないこともない。今時こんな場末にはめずらしい呉服屋、帯屋があり、日本舞踊研究所の看板が出ていたりする。

（『江戸東京《奇想》徘徊記』）

わたしはといえば、あるはずもない芸妓屋や待合がどこかに残っているものと思い込み、呉服屋などを目にしても、さしたる感動もわかなかったのだった。

ところで、「森ヶ崎鉱泉探訪記」には、ある興味ぶかい指摘が含まれている。それは、慶應義塾の教授であった高橋誠一郎の随筆集『大磯箚記《さつき》』に収録された「大森海岸」という文章にまつわるものだ。高橋は、大正三（一九一四）年の春からゆえあって「大森海岸のM旅館の一室を借り」、この宿に「長逗留を続け」た時から、その後四半世紀にわたって折に触れて接点を持つことになるこのM旅館の盛衰を、経営者の親子二代にわたる物語を軸にして書きつづっている。

当初（つまり大正三年の春）は、

まだ此の海岸が埋め立てられる以前のことで、私の借りた座敷の縁下にはぢゃぼん、ぢゃぼんと波が打つてゐた。此の辺の旅館は、どこも皆んな料理屋兼業である。従つて芸者のはひることもある。

という大森海岸の料理旅館も、それから約二十五年後には「久しい以前に埋め立てを了《おわ》つた大森海岸の料亭では、縁側へ出ても、もう、石垣を打つ小波の音は聴かれなかつた」というような

変貌を遂げているのだが、種村氏はこの風景からM旅館が《森ヶ崎》にあったと判断したのである。すなわち、

浮世絵研究家の高橋誠一郎（当時慶應義塾経済学部教授）が大森海岸のM旅館で長逗留していた折の随筆を読んでいたら、どうも森ヶ崎と思《おぼ》しい土地が出てきた。正確な地名は伏せられて「大森の花柳界」とだけあるが、まず十中八九森ヶ崎の二業地のことだと思われる。

「『大森の花柳界』とだけ……」とあるのは誤りで、正確には「大森海岸の花柳界」である。実のところ、種村氏がなぜ「十中八九森ヶ崎の二業地」であると判断したのか、理由はさだかでない。根拠が示されていないのである。当時、「大森海岸の花柳界」といえば、一般的にはすでに紹介した《大森海岸》を指していた。高橋誠一郎の「大森海岸」をいくど読み返してみても、わたしにはそれが花街としての《大森海岸》に思えてならないのである。その根拠をいくつか示してみよう。

まず、このMには芸妓が入るものの「土地の芸者は断じて泊ることを許されなかった」といい、《森ヶ崎》に芸妓屋組合ができたのは大正十一（一九二二）年であることを考えれば、Mがどこに立地していようとも「土地の芸者」とは広い範囲を出先とする「海岸芸妓」、すなわち《大森海岸》の芸妓ということになる。さらに高橋は「特別の目的をもった客や芸者は、皆んな、早くこ

こを切り上げて鈴ヶ森辺の砂風呂へしけこんだ」と言葉を足しているが、「特別の目的」を有する男女が、「砂風呂」の集積する京浜電車沿線の鈴ヶ森・浜川・立会川方面にまで《森ヶ崎》から移動するというのは、遠すぎるのではないだろうか。《大森海岸》の方が利便であることは言うまでもない。

次いで、もうひとつの根拠となるのは、関東大震災で自宅を焼失した高橋が「再び大森辺の宿屋」を求めた際、彼はまず大森海岸から山手の方へ入った「望水楼ホテル」に当たりをつけていることである（「望水楼」は「望翠楼」の誤りだろう）。客室四十室、全室に風呂と便所を備えた「一切純洋式」のホテルゆえ、すでに「横浜の焼け出された外人でいッぱい」であったために、しかたなく高橋は「海岸のむかしの宿へ照会」し、七年ぶりにMに落ち着くところとなったのである。「望翠楼」とMの位置関係に関する高橋の記述は、《森ヶ崎》ではなく《大森海岸》を指しているように思われる。

写真４　大森海岸に残る料理屋風の建物

最後にもう一点だけ補っておこう。高橋は冒頭で長逗留することになる宿を「M旅館」と実名を伏せ、「此の辺の旅館は、どこも皆んな料理屋兼業」であるとし、芸妓が入ることを強調している。さらに、「大森海岸の料理旅籠屋」「料理屋兼旅館」と言い方をかえ、最終的には「土地一流の料理店」と位置づけるにいたった。「土地一流」と称されるほどの料理屋が建ち並ぶのは、この辺では《大森海岸》をおいてほかになかったのではないか。七年ぶりにMを訪れた高橋は、「其《そ》の立派さに驚かされ」、昔の面影はまったくなくなり「部屋数も三倍位にはふえたであらう」と推測した。そしてさらに十六年後に訪れた際には「座敷の数は前よりもまたふえ」、「景気は素晴らしく」よかったという。大正・昭和戦前期を通じて、かつての面影をとどめないほどにMが料理屋として発展(大規模化)していく様子がうかがわれるが、実のところこのMが《大森海岸》に立地する料理屋であるとなかば確信めいた印象をわたしに与えた一軒の巨大な建物が、今も大森海岸に残っている(写真4参照)。周囲の風景とは隔絶した、違和感をおぼえさせるほど大きなかつての料理屋とおぼしきその建築物を目の当たりにすると、高橋の投宿したMは、やはりこの《大森海岸》だったのだろうと思うのである。

## もうひとつのウォーターフロント

ここまで見てきた《芝浦》《品川海岸》《大井》《大森海岸》《大森新地》《森ヶ崎》さらに羽田の穴守稲荷神社周辺に形成されていた《穴守》まで加えれば、東京湾岸には今となっては想像することすら難しい花街の風景が展開していたことになる。それは、湾岸のもうひとつの顔であり、忘れられた都市型リゾートの祖型であるといっても過言ではないだろう。

このもうひとつのウォーターフロントを今歩いて気づかされるのは、羽田空港から芝浦埠頭につらなる人口の島と埠頭、南北に並行して走る第一京浜、京急、モノレール、首都高速など、交通にまつわる巨大な構造物がまるで景観の断層をなすかのように建っていることである。そして、まさしくその足元にかつての「花街」は位置しているのだ。

どの「花街」にも、今では高層マンションや一般の住宅、オフィスビル、あるいはラブホテルなどが建ち並ぶ。それでもやはり、街の歴史を知っていれば、ふと足をとめてしまうような洒落た飾り窓をもつ小料理屋が、どの花街にも点在している。しかし、残影がおぼろなのも事実である。特定の機能を担ってきた場所がその固有性を失い、都市空間の断片に埋もれてゆく過程の一端を示しているように思えて興味ぶかい。

## 六　警視総監の「置土産」——昭和初年——

### 警視総監の辞任と指定地の認可

昭和二（一九二七）年五月、東京では「花街」をめぐるあるスキャンダルが表面化していた。若槻礼次郎内閣の総辞職と田中義一内閣の成立にともない職を辞した前警視総監が、複数の二業地・三業地をこっそり認可していたことが明らかになったのである。指定地として許可されたのは、「蒲田、大井、大崎〔五反田〕、赤羽〔王子〕、玉川、小松川〔後の平井〕、淀橋〔十二社《じゅうにそう》〕の府下七ヶ所」であった（『東京朝日新聞』昭和二年五月六日夕刊）。

遊廓が内務省の訓令にもとづき各府県の取締規則を通じて「貸座敷」の営業地として明確に地区指定されるのに対して、待合、料理屋、芸妓屋に関する取締規則では、それぞれ所轄の警察署に営業の出願をして免許を受ければよいことになっていた。しかしながら、その運用に当たっては、料理屋と芸妓屋の二業をセットにして特定の地区での営業を認める、つまり二業地を指定するという方法がすでに見たとおり明治末年の《白山》指定以来の慣習になっており、しかも、土地に絡む「利権屋の運動」と、それを利用しようとする政治家の働きかけとを背景に、事実上、警視総監が直轄する事務となっていたのである。事実、「東京府下に芸者屋、待合、料理屋等の遊蕩地新設許可の実権は警視総監が握つており、ほとんど例外なしに歴代の総監は続々として新設を許可して来た」のであった（『東京朝日新聞』昭和二年十一月二十六日夕刊）。

だが、実際の指定となると、事は風俗問題であるだけに、有力者を除く地元の住民や学校関係者、あるいは廃娼運動をはじめとする社会運動家からの反発は必至であり、複数の地区を一度に指定することはそれまでなかった。ところが、この時は「蒲田」（後の《蒲田新地》）《玉川》「淀橋」（後の《十二社》）「小松川」（後の《平井》）の新設を許可すると同時に、《五反田》《王子》《大井》の拡張を認めるなど、これまでにない大規模な指定が行なわれたのである。それを可能にしたのが、警視総監の交代だった。自らの辞職に合わせて認可を極秘裏に通知することで、大規模な指定が可能となったのだ。「前警視総監が置土産的に許可した」と指摘されるゆえんである

（第六章で述べるように、この許可は大阪にも少なからず影響を及ぼしている）。

## 《白山》の拡張と鳩山一郎

ここで、またしても……ということになるのだが、『白山三業沿革史』が、メディアを通じて表面化することのなかった貴重な裏話を再現しているので、紹介しておくことにしたい。

明治四十五（一九一二）年、《白山》の指定運動で秋本鉄五郎を後押ししていた市会議員の鳩山和夫が死去したのにともない、息子の鳩山一郎が補欠選挙に立って当選する。この時、鉄五郎の命を受けて鳩山一郎の後援をしたのが、まだ当時は十代の秋本平十郎であった。鳩山一郎が大正四（一九一五）年に衆議院議員に当選した後も二人の付き合いはつづいたらしく、大正後期のある選挙戦のさなかに次のような会話が交わされたという。前置きとともに引用しておこう。

いつものように鳩山氏について各町の有志宅を訪問して「よろしくお願いします」と、挨拶廻りをやっているうちに、お昼になって秋本宅で弁当を喰べた。雑談にはいって、秋本は〔かねてから出願していて認可のおりなかった〕指定地拡張申請の話をした。すると鳩山氏は「そうか、いつも世話になっている、じゃアその許可地のことは僕が引受けてあげるよ」「そうですか、では新たに書類をこしらえます」

その場は別れた。二、三日すると鳩山邸から電話があり
「書類はできているか」

「はい、持参いたしますが」

「いや、僕がそっちへ行く」

しばらくすると自動車でやってき、一緒に書類をもって警視庁に行った。時の総監は赤池濃《あつし》氏だった〔太田政弘の誤りか〕。鳩山氏は赤池氏に頼んでくれた。ところが郡部をはじめ市中でも指定地拡張の申請が数十ヶ所あって、とても簡単に許可が降りそうもない。

大正の末期から昭和初期にかけての政界は立憲政友会と憲政会の対戦の白熱下にあって、三業地の許可どころの騒ぎではない。……昭和二年四月十九〔正しくは十七〕日、清浦〔若槻の誤りか〕内閣が倒壊し翌二十日田中内閣の誕生となった。ところがその前日、警視庁へ呼びだしがあり、秋本は大井玄洞氏と警視庁へ行った。すると、赤池総監から指ヶ谷町一三三番地を許可する、それを富坂警察署へ伝達するから、営業出願しても許可になる、という答えだった。


四月十七日に若槻内閣が総辞職し、二十日に田中内閣が発足するまでの混乱のさなか、鉄五郎のあとを受けて白山三業株式会社の社長に就任していた平十郎にとっては念願の指定地拡張が許可されたのである。ちなみに発足した田中内閣には、鳩山一郎が内閣書記官長として初入閣した。

両者の悲願が達成されたのは、はたしてたんなる偶然だったのだろうか。

## 《蒲田新地》の地区指定

《白山》のように強力な政治的パイプをもたない地区においても、指定のかなり以前から、水面下で準備が進められていたようである。蒲田の場合についてみると（菊地政雄編『蒲田区概観全』）、大正十（一九二一）年、地元の地主が京急蒲田駅前の八幡神社周辺に芸妓屋を設置する許可願いを出したところ、われもわれもと、たちまちのうちに蒲田周辺だけで五カ所もの出願があり競合する結果となった。しかしながら、「大正の末期から昭和初期にかけての政界は……三業地の許可どころの騒ぎでは」なかったせいか、音沙汰もなく数年がたったという。その間、地元にもたらされた「確実なる方面」からの情報により、五つも競合しているような状態では絶対に許可することはできない、という警視庁の方針が明らかになる。

そこで大正十三年十二月に町長が仲裁に入り、出願者との折衝を重ねた結果、「五箇所中、其筋に於て、最も適当なりと認むる処へ一箇所、許可ありたき旨」を記した願書を警視庁にあらためて提出したところ、それから二年後の昭和二年四月十九日――平十郎が警視庁に呼び出された翌日――に許可がおりたのである。許可後すみやかに区画整理がなされ、当初は検番を立てて運営していたが、昭和七年十二月に「蒲田新地株式会社」を創立、芸妓屋二十四軒、待合二十一軒と小規模な花街を形成した。「蒲田の花柳界の為めに作られた」という十一番からなる「蒲田音頭」には、いかにも蒲田らしい風景が詠まれている。そのなかから二つだけ引いておこう。

八　ロケの帰りか額に汗が／蒲田新地の角で見た／スボンタブ〳〵靴音高く／それが厭なら
　　断然モチヨ

九　工場ぢゃ煙と機械の音よ／蒲田新地は三味の音／共に笑顔で懸命にかせぐ／勇気ある人
　　断然モチヨ

## 地区指定の実際

以上、昭和初年、「花街」の設置をめぐる警察の関わり方を示す二つの事例を見たが、指定をする警視庁側の内規としては、学校、神社、仏閣からは一定の距離があること――「慣例地」とは大きく異なるこの内規によって《大塚》と《蒲田新地》が神社とは反対の位置に指定されたものと思われる――、町内会・青年団・在郷軍人などの有力団体が反対しないこと、東京市以外の場合、一町村の人口が五万人以上で既存の指定地のないことなどが定められていたが、それらが必ずしも遵守されたわけではない。

実際、翌昭和三（一九二八）年八月には、中野町の「雑色」（後の《中野新橋》）、《池袋》、荏原町の「小山」（後の《西小山》）、そして立川町に二業地が新設されているが（加えて《南千住》と《王子》の二業地が三業地に変更）、《池袋》の場合は指定地と付近の小学校の距離が二二〇メートルほどしかなく、立川の人口は二万にも満たなかったのである。当然、いずれの地区でも猛烈な反対運動が起こる。そうした世論を押し切ってまで地区が指定される背景には、土地をめぐる利権、それと癒着した政治家の暗躍があった。

たとえば、昭和二年の指定後には、「置土産の指定地に果然、醜聞現れ来る」と『東京朝日新聞』紙上で報道されたように、《大井》の料理店に出入りし前総監に働きかけをしていた人物が検挙されるなどの事件が起こっている（実際には前総監の名を騙《かた》っていただけのようであるが）。《大井》反対運動に携わる者の一人はその当初から、「今回の指定地許可は、悪地主が地価を引き上げるために、町村の財源を豊富にするために、または営業者達が暴利をむさぼるために猛運動をやつた結果」（『東京朝日新聞』昭和二年五月六日夕刊）であると、その意図を看破していた。

また、「小松川の指定地の如きは認可になる数年前までは坪七、八円でも買手がなかつた原ッパが指定地になると同時に坪五十円から五十五円で羽が生えて飛んでゐる」、「大井なども認可になる前日二千坪から買取つて一挙に数万金をつかんだが一体どうして許可の前日にこれを知つたのか明かに警視庁あたりからもれたらしいと問題になつた」、あるいは「蒲田などでは二万円からの運動費が出たといひ、ある者はうまく機に乗じて一万円ほどまうけたまゝ雲がくれしたものもあつた」などと伝えられ、翌昭和三年の《池袋》の指定に際しても、「指定地のこれまでの地価は坪七十円から八十円見当だつたが指定地となつてからは一躍二百円台ととなへられ、従つてこの地域約三十坪から浮いてくる金の額はザット約四十万円からになる、だから指定地認可の運動に五万や十万を使ふことはなんでもない訳である」(『東京朝日新聞』)と報道されている。

このように花街の創設は、土地の利権に絡む思惑に左右された面を強くもっていた(昭和三年の指定前には、府下四十七カ所から願書が出された)。その背後で「某府会議員が警視庁幹部との交渉方を一手に引受け、それに東京府選出の代議士が尻押しをし」ていたことは言うまでもない。

それにしても、この都市に創出された「花街」はあまりにも多い。昭和の東京に存在した花街を待合・料理屋数とともにまとめると、表7のようになる。視野をひろげれば、戦後十年間つまり昭和三十年を前後する時期にいたるまで、(「赤線」や「青線」、あるいは「特飲街」などといった区別をあえてせずに言えば)数多くの「遊廓」がいたるところで新規に指定されている。江戸的なるものとは無縁のこの空間について考えるとき、大正期以降の地区開発のあり方が祖型となっているように思えてならない。この点については、稿をあらためて論じる必要がある。

それはさておき、本章で論じたのは東京の花街——二業地・三業地——の来し方であった。その後、これらの花街はどうなっているのだろう。わたしのこれまでの探訪から言えるのは、各花街には往時の雰囲気——種村氏が述べる「多少の面影」——だけでなく、建築物も思いのほか残っているということである。少なくとも、大阪などとは比べものにならない。関心のある読者には本章で論じた来し方を想起しつつ、探訪していただければと思う。

表7　東京の花街　―昭和期―

| 現区 | 旧区 | 花街 | 待合・料亭組合員数 | | | | |
|---|---|---|---|---|---|---|---|
| | | | 1943 | 1950 | 1955 | 1960 | 1972 |
| 千代田 | 麹　町 | 九　段 | 100 | 83 | 70 | 61 | 34 |
| | 神　田 | 神　田 | 12 | 34 | 34 | 30 | 15 |
| 中　央 | 日本橋 | 日本橋 | 32 | − | 23 | − | 5 |
| | | 葭　町 | 117 | 69 | 87 | − | 70 |
| | 京　橋 | 新　川 | 19 | 28 | 4 | − | − |
| | | 新富築地 | 46 | 17 | 17 | 17 | 7 |
| | | 新橋南地 | 110 | − | 78 | 66 | 90 |
| 港 | 芝 | 新　橋 | 61 | 47 | 38 | 17 | − |
| | | 芝神明 | 40 | 43 | 45 | 25 | 16 |
| | | 芝　浦 | 43 | 17 | 18 | 7 | 3 |
| | 麻　布 | 麻　布 | 45 | 14 | 32 | 18 | 12 |
| | 赤　坂 | 赤　坂 | 73 | − | 67 | 54 | 33 |
| 新　宿 | 四　谷 | 四　谷 | 57 | 35 | 44 | 35 | 20 |
| | | 大木戸 | 27 | 14 | 12 | 10 | 6 |
| | 牛　込 | 牛　込 | 126 | 74 | 73 | 73 | 48 |
| | 淀　橋 | 十二社 | 48 | 31 | 31 | 24 | 18 |
| 文　京 | 小石川 | 白　山 | 78 | 47 | 39 | 29 | 22 |
| | 本　郷 | 駒　込 | 59 | 33 | 33 | 20 | 9 |
| | | 湯島天神 | 21 | 11 | 13 | 10 | 3 |
| 台　東 | 下　谷 | 下谷本郷同志会 | 88 | 19 | 10 | 4 | 2 |
| | | 根　岸 | 27 | 23 | 30 | 21 | 13 |
| | 浅　草 | 浅　草 | 206 | 127 | 112 | 82 | − |
| | | 柳　橋 | 68 | − | 73 | 57 | 19 |
| 江　東 | 深　川 | 深川仲町 | 31 | 41 | 33 | 24 | 15 |
| 墨　田 | 本　所 | 向　島 | 202 | 90 | 121 | 97 | − |
| 江　東 | 城　東 | 城　東 | 68 | 47 | 38 | 28 | 16 |
| 江戸川 | 江戸川 | 平　井 | 33 | 14 | 19 | 16 | 4 |

| 現区 | 旧区 | 花街 | 待合・料亭組合員数 | | | | |
|---|---|---|---|---|---|---|---|
| | | | 1943 | 1950 | 1955 | 1960 | 1972 |
| 荒　川 | 荒　川 | 尾　　久 | 33 | 32 | 27 | 25 | 18 |
| | | 南　千　住 | 9 | – | – | – | – |
| 北 | 王　子 | 王　　子 | 15 | 24 | 27 | 22 | 10 |
| 豊　島 | 豊　島 | 大　　塚 | 77 | 50 | 66 | 57 | 39 |
| | | 池　　袋 | 31 | 38 | 39 | 31 | 21 |
| 中　野 | 中　野 | 新　　井 | 29 | 30 | 26 | 15 | 11 |
| | | 中野新橋 | 27 | 29 | 40 | 39 | – |
| 渋　谷 | 渋　谷 | 渋　　谷 | 178 | 126 | 121 | 84 | 58 |
| 目　黒 | 目　黒 | 目　　黒 | 18 | – | 8 | 6 | – |
| 品　川 | 荏　原 | 西　小　山 | 31 | 5 | 9 | 17 | 18 |
| | 品　川 | 五　反　田 | 71 | 37 | 52 | 35 | 11 |
| | | 品川海岸 | 20 | 27 | 18 | 8 | 2 |
| | | 大　　井 | 52 | 29 | 35 | 29 | 15 |
| 大　田 | 大　森 | 大森海岸 | 28 | 16 | 23 | 14 | 6 |
| | | 大森新地 | 67 | 27 | 41 | 41 | 33 |
| | | 森　ヶ　崎 | – | – | – | – | – |
| | 蒲　田 | 蒲田新地 | 23 | 19 | 19 | 15 | 2 |
| | | 穴　　守 | 16 | – | – | – | – |
| 世田谷 | 世田谷 | 玉　　川 | 7 | 7 | 12 | 6 | – |

※1943年は待合組合、それ以降は料亭組合の加入者数である。

# 第五章　遊蕩のミナト――神戸の近代花街史――

# 一　新興都市・神戸

## 「大神戸新八景」

昭和七（一九三二）年七月十五日から八月五日にかけて、神戸の新聞社、神戸又新《ゆうしん》日報社が「大神戸新八景」と銘打った市民による人気投票を実施した。ミナト神戸にふさわしい風景を新たに選定しようというイベントである。「新八景」とはいっても、無作為に八つの風景を選出するというわけではなく、「山水美、海浜、展望地、住宅街、繁華街、花街、遊園地、構造美」という八つの部門ごとに最高点を得た場所を「新八景」として選出する仕組みである。このなかで興味をひくのは、「山水美」や「海浜」といった自然の風景ばかりでなく、「住宅街」や「構造美」（建築）などの文化的な風景を取り入れ、しかも「繁華街」や「遊園地」とならんで「花街」をも対象としていることだろう。

当初はどの項目も日々順位が変動していたが、「花街」部門では最初リードしていた《花隈》を途中で逆転した《福原》が、結果的には二位以下を寄せ付けない圧倒的な得票数で「新八景」のひとつに選出された（表8）。

表8　「花街」部門の得票順位

| 花　街 | 得票数 |
|---|---|
| 福　原 | 4,638 |
| 花　隈 | 3,015 |
| 新　川 | 1,556 |
| 敏　馬 | 699 |
| 柳　原 | 402 |
| 三　宮 | 45 |
| 二　宮 | 19 |
| 新柳原 | 2 |

もちろん組織票の可能性は高く、投票者も男性に偏っていたと推測されるが、得票数の上位五花街は、市民にとっては馴染みの深い存在であったにちがいない。

### ミナト神戸の成り立ち

幕末に欧米の強国から開国を迫られ、港と居留地を新設したところから都市としての歴史がはじまる神戸は、城下町都市にくらべれば新興の都市である。本来ならば都市の中心は、旧来の港町である兵庫になるはずであったが、開港をきっかけとした近代的な都市形成の舞台は居留地とその周辺——雑居地と呼ばれた——に移ったのだった。

居留地を核として市街地が形成される過程で、その西側には貿易関係の会社や銀行が建ち並び、もっとも交通量の多かった旧西国街道は元町商店街となり、周辺には小規模な工場も立地していく。明治中期以降には、川崎造船所、三菱造船所、そして鐘ヶ淵紡績などの大工場が進出し、港湾都市であると同時に工業都市としての性格も強めながら、市街地は東西へと拡張した。つまり、ほとんどゼロから出発したといっても過言ではない近代神戸の市街地形成の過程で、兵庫に立地する《柳原》を除くその他の花街すべてが成立したのである。

では、このミナト神戸の都市空間で、花街はいつ、どこに、そしてどのようにしてその場を占めるにいたったのか。以下では、各花街の立地、分裂、移動という制度的・地理的な側面に注目しつつ、神戸の近代花街史をたどってみたい。おそらくそれは、風俗営業としての花街を取り締まる都市政策の変遷とも密接に関わることになるはずだ。

## 二　新設・分裂・移動——明治初期の花街——

### 開港元年の遊廓

東京の《新吉原》、京都の《島原》とともに「さんばら」と並び称される《福原》は、開港都市の遊廓であるだけに、前二者にくらべればその成立は新しい。とはいえ、その歴史をひもとくと、さまざまな出来事に彩られた多彩な相貌が浮かび上がってくる。

歴史が浅いとはいえ、《福原》の起源は明治初年にまでさかのぼる。幕末期の混乱のさなか、徳川二百六十年のタガが緩んだのだろうか。開港後、旧来の核である兵庫と居留地側の神戸に在住する有力者たちは、相次いで劇場や遊廓の設置を出願した。そして早くも明治元（一八六八）年二月十九日、遊廓の開設が許可される。これは、維新政府のもとで東京に最初に設置された《新島原遊廓》、そして神戸と同じく開港した大阪の《松島遊廓》にも匹敵する早期の決定である。

現在は暗渠《あんきょ》になっている宇治川の河口付近（右岸）に土地を求め、同年三月一日から工事を開始し、間口三間・奥行七間の五軒長屋を向かい合わせるかたちで二棟を建設、着工からわずか二カ月の五月一日には開業にこぎつけた——十一月から十二月にかけてという説もある——そして、平清盛の遷都にちなみ《福原遊廓》と命名される。この年、兵庫県の初代知事（県令）に就任したのは、各地の花街に浮名を流す、あの伊藤俊介（博文）であった。翌年までには、大小の妓楼が新たに二十軒ほど建ち並び《新吉原》にならって事務所を設置するなど、廓内の整備も進められる。

　ところが、明治三年六月、大阪－神戸間の鉄道敷設にともなう神戸停車場の用地に、《福原》を含む地区が選ばれる。停車場の決定に合わせて《福原》は、代替地としてあてがわれた「湊川《みなとがわ》堤防の東手、西国街道の北手数町を離れたる荒涼の地」への移転が命じられた。開設以来、わずか二年目の出来事である。

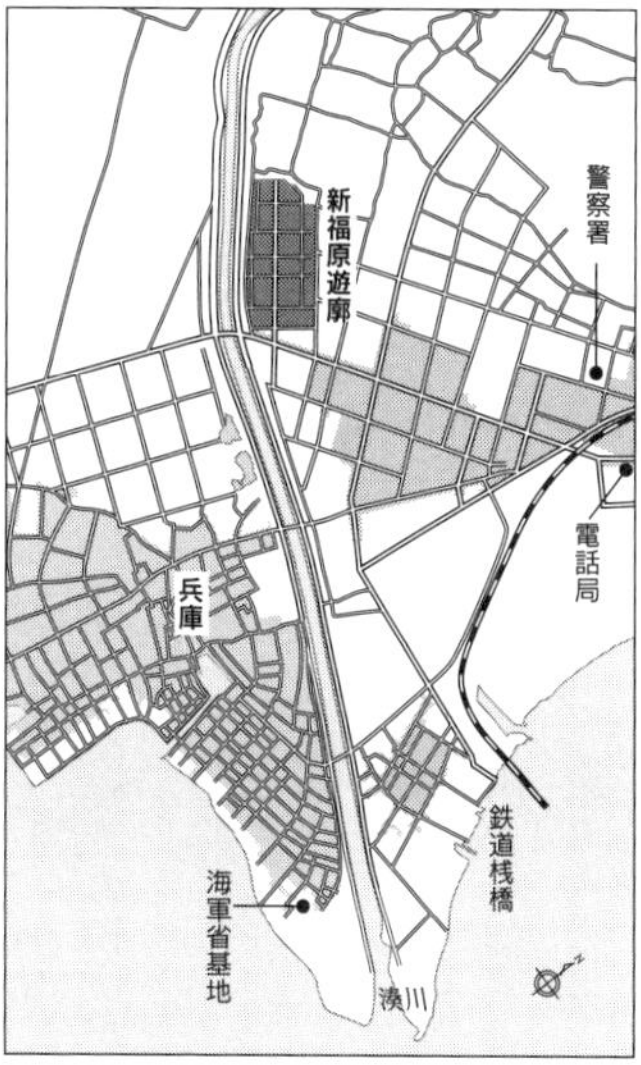

図20　移転後の《新福原》

　そして、翌年の五月中に妓楼が「湊川の土堤下の新福原町」に移転した結果、もとは一面田んぼであった場所に花街が出現した（図20）。明治五年、マリア・ルス号事件に端を発する「遊女（娼妓）解放令」（娼妓の年季奉公廃止を命令）が出された際には、「不夜城」を誇る《新福原》の花街もいったんはその盛観を失ったというが、翌年には「貸座敷」として営業が認められたことで遊廓は存続する。だがその後、現在の常識では考えられないような政策の転換が強行される。

### 廓《くるわ》政策の転換――「集娼」から「散娼」へ――

翌明治六（一八七三）年六月十六日、ときの県令・神田孝平は、兵庫・神戸にはびこる私娼を「一掃」するためには、「貸座敷渡世の者を偏隅《へんぐう》の一廓に集合せしめておくよりは、寧《むし》ろ之等《これら》を市中に散在させるに限る」（須田菊二『福原遊廓沿革誌』）と考え、今後は兵庫・神戸の市街地であればどこでも営業してよいという旨の通達を出し、市街地における貸座敷の営業を認めた。これは日本の都市史上まれに見る「集娼方式」から「散娼方式」への転換である。これによって中心市街地の三宮、元町、栄町などに妓楼を開く者が続出し、それらに客をとられた《新福原》の貸座敷は七軒にまで落ち込んだという。このとき、遊廓の創設時から取締役を務めてきた藤田泰蔵は、あまりの不運続きにたまりかねて姫路へと去るが、そこでまたもや懲りずに市街地北東部の梅ヶ坪に遊廓を開設した。後の《梅ヶ枝遊廓》である。《新福原》と《梅ヶ枝》がこのような関係にあったとは、意外な事実である。

余談はさておき、明治十年に制定された「貸席（貸座敷）・娼妓・芸妓の取締規則」によって、営業地の制限がいくぶん強化される。すなわち、貸席の営業は神戸側では依然として無制限とされたものの、旧市街地である兵庫側では西柳原・東柳原・北逆瀬川・神明・佐比江の各町に限定された。とはいえ、「無制限」とされた神戸側においても、貸席が全域に散在していたというわけではない。それらは元町一丁目（八軒）、元町三丁目（二十四軒）、元町四丁目（二軒）、元町五丁目（一軒）、元町六丁目（九軒）、栄町一丁目（三軒）、栄町二丁目（一軒）、栄町三丁目（四軒）、栄町五丁目（一軒）、栄町六丁目（十軒）と、隣接する元町・栄町に立地していた。そして翌明治十一年五月七日、貸席営業の取締規則が改正されて新規の営業は《新福原》に限定され、さらに同年七月十七日には十二月二十五日を期限とする《新福原》への移転命令が市街に散在する貸席に対して出された。神田の散娼政策から数えて五年の後、「散娼」から「集娼」へと再び取り締まりの方針が転換されたのである（『神戸開港三十年史』）。

なお、芸妓の営業地は制限されておらず、「市中全般」となっていた。さらに明治十一年五月の芸妓・娼妓取締規則においては、芸妓・娼妓を兼業する場合には娼妓取締規則を遵守することが定められたことでいわゆる「二枚鑑札」が認められたものの、同十三年十二月には禁止される。《新福原》は最盛期で九十軒前後の貸座敷が立地する遊廓であると同時に、廓内とその周辺には日本最大と謳われた〈共立検〉を中心に、芸妓置屋（約百五十軒）、席貸（約二百七十軒）、料理屋（約三十軒）、飲食店（約五十軒）、カフェー・喫茶店（約百軒）などから構成される複合花街である。隣接する盛り場「湊川新開地」には〈共立検〉と取り引き関係のある「新開地料理屋組合」が組織されるなど、盛り場と遊廓の近接性に依拠した一大歓楽街が形成された。六大都市——東京・横浜・名古屋・京都・大阪・神戸——において、このように雑多な要素を含む花街は《新福原》だけではないだろうか。

## 分裂する花街——《柳原》と《新川》——

すでに述べたように、兵庫津は港町として古くから市街地化していただけに、天明年間には「夕べに朱竹《ママ》管絃の音を聞かざらんや」と謳われたごとく、花街もまた古くから形成されていた。しかし、幕末の文久三（一八六三）年、「遊廓まがひの花街取潰しの御布令」があり、散在していた妓楼は「柳原」に移転し宿屋への転業が強制される。ところが、またしても「いつとはなしに……芸者と遊女」とが出現、それに合わせて転業していた宿屋までもが芸妓を招く宿屋と遊女を専門に招く宿屋とに分立した結果、《柳原》は再度、花街化したのである。

「その昔明治維新の頃、伊藤博文兵庫県知事が多くの元勲とともにこの街に遊んでは大勢を論じ、また美妓と綾なしたる艶話は今もつきず……」と語り継がれるように、県令の伊藤が遊んだ時分には地区内で芸妓置屋と妓楼の区別が明確になり、「福原芸妓と盛衰を競ふ」と言われるほどに花街は発展していた。伝えられるところによれば、芸妓置屋と妓楼が混在する《柳原》では、前者が「芸」という文字や三味を象徴する「撥《ばち》」を、そして後者は「飯盛女《めしもりおんな》」を意味する「飯」という文字を表の格子戸に掲げて目印にしていたという（太田毎文「扇港花街襍録」）。

この近世来の花街《柳原》にも転機が訪れる。明治十三(一八八〇)年四月、港湾部の新川開削に携わっていた人物が自ら開発した土地の「繁昌」を目的として「新遊廓設置の出願」をした結果、《福原》以来の許可がおり《新川遊廓》が誕生した。当初は十三軒の妓楼で出発したというが、明治十五年一月には兵庫の旧来の花街――《佐比江》《柳原》――における二枚鑑札が禁止され、芸妓と娼妓が厳密に分離されたため、混在していた妓楼が《新川》へと移転した一方、取り残された芸妓置屋はそのまま《柳原》で営業をつづけることとなった。結果として、《福原》のような混合花街の形態を取らず、芸妓の営業地と娼妓の営業地を空間的に分離することで、狭義の「花街」としての《柳原》と遊廓としての《新川》が成立したのである(『神戸開港三十年史』)。

以後、神戸市において遊廓の新設が認められることはなく、《新川》が最後の遊廓、そして神戸の花街史としては最初で最後の芸妓・娼妓の分離となった。

**移動する花街――元町と《花隈》――**

開港にともなう市街地の形成過程で、兵庫側に《新川》の遊廓と《柳原》の検番が成立した一方、居留地側の新しい市街地には、すでにみた《新福原》(〈共立検〉)に加え、《花隈》に〈中検〉、元町六丁目に〈西検〉という検番が成立している。つまり、明治初期の神戸には二つの遊廓、そして三つの「花街」が存在した。

〈西検〉のある元町といえば、明治・大正期を通じてミナト神戸の発展と歩みをともにした商店街であるが、江戸時代までは参勤交代の大名が行き来していた西国街道であった。維新後、旧市街の兵庫と一定の距離をおいて居留地が建設されたことで、おのずと両者の間に位置する土地が都市開発の焦点となり、なかでも東西に走る旧西国街道は、都市の幹線として大きな役割を果たすことになる。

しかし、昭和初期に発行されたガイドブックをみると、当時の風景はいかにも物寂しい。

旧西国街道は今の元町通にして京大阪へ往《ゆ》くも山陽九州方面への旅も、必らず此街道筋に拠りたるものなり、新神戸の草分けとなりし神戸元町通（一、二丁目）二ツ茶屋（同三丁目辺）走水（同五丁目）の三村は、何れも此街道に沿ひて点在せる頗《すこぶ》る寂しき在所なりしなり、今日は神戸部目貫《めぬき》の往還たり。

（安治博道編『神戸付近　名勝案内』）

……僅か道幅二間〔約三・六メートル〕に充たざる街道の両側は藁　葺《わらかやぶき》家屋建ち並び安宿、駄菓子屋、草鞋《わらじ》を店頭につるせる茶店等、其の間処々に酒庫交り建ち二階造りの家は僅に屈指し得るに過ぎず。二ツ茶屋を除きては街道の両側に面し表側一通りの茅屋並ぶのみにて裏側は総《すべ》て田園打ち続きたり。

（神戸市観光協会『神戸観光要覧』）

「安宿、駄菓子屋、茶店、酒庫」がまばらにしかない街道、それが元町の原風景である。街道から商店街へと発展する過程で街の花が芽吹いたということか。すでに見たとおり、神田県令の散娼政策によって、元町には多数の妓楼が建ち並ぶとともに、芸妓の営業地は制限されていなかったことから、かなり早い段階で街道の一部が花街と化していたようだ。集娼に転じた後の明治十二（一八七九）年には〈西検〉の存在が確認されていることから、妓楼が移転して芸妓・娼妓の分離が強制的になされた後に検番が組織され、元町に狭義の「花街」が成立したのだろう。

その後——特に明治二十年以降——、元町は純粋な小売商店街となっていくことから、「花街」としての特色は徐々にうすれていったものと思われる。〈西検〉も明治三十（一八九七）年までは追跡できるものの、その後は不明である。今となっては、元町に花街があったなどと聞かれることはほとんどなく、歴史的に花街の存在そのものが忘れ去られてしまった感も否めない。ここでは、その存在を裏付ける貴重な証言を引用しておくことにしたい。東西に緩やかな曲線を描く元町には（昭和初年の段階で）、山（北）側に三十二本、そして海（南）側に二十八本の小路があり、それら小路の裏通りには「スケベ・バー」などと称される飲み屋街が形成されていた。そうした飲み屋街の端緒として、「花街」の存在が語られるのである。

下町風情の漲《みなぎ》るところは元町六丁目です、いま閉店してゐる小橋屋附近にはずつと昔には元検といふ検番があつたんです、元町小路《こうじ》に残る宿屋待合はその時代の遺物なんです、ここ六丁目の小路は九本あるんです、それがみなゆかしい名前がつけられてゐます、南側では東から志津馬小路、桂馬小路、松葉小路、会話小路、名誉小路といひ、北側ではさくら小路、同心小路、ひさご小路、寿美小路となつてゐます、同町の写真館の御隠居さんなどの昔の風流人がなづけたさうです……。

（『神戸又新日報』昭和六年三月二十四日）

〈西検〉が〈元検〉と改称していたのだろうか。少なくとも、検番の所在地は変わっていないので、元町通六丁目付近が「花街」だったことはどうやら間違いなさそうだ。もはや今日では、花街を偲《しの》ばせるような小路を見いだすことはできないのだが……。

この元町通六丁目にあった旧〈元検〉の北側（元町通四・五丁目の山側）に位置するのが、戦後にいたるまで神戸では一流とされた《花隈》の「花街」である。「神戸の上層階級の慰安の巷《ちまた》」と称されるだけに、市民一般に馴染みがあったというわけではないだろうが、「大神戸新八景」の投票では、第二位に入っていた。

一般的には、「花隈」の町域が花街として認識されているものの、実際には周囲の下山手通五・六丁目と北長狭通五・六丁目を含んでいた。しかし、「花隈」の町域外に立地する兼業を含む料理屋・席貸約百十軒は別個に「中央料理席貸組合」を組織している上に、「花隈」の〈中検〉から分裂した〈新中検〉が北長狭通六丁目に事務所を構えて「中央料理席貸組合」と取り引きしていたので、花隈とその周辺は、隣接しながらもそれぞれ別の「花街」と考えるべきだろう。検番の呼び名そのものが花街を指すことが多く、同一地区内に複数の検番が組織されることのなかった神戸では（福原内部においては離合集散が繰り返されたが、最終的には〈共立検〉に統一された）、逆に〈検番〉のある街区を独立した「花街」と見なすこともできる。たとえば、〈中検〉や〈東検〉は検番の名前であると同時に「花街」のある街区をも指していた（このように検番の名称と花街の名称が一致する場合、〈 〉で示している）。

勾配のある土地にまさしく「狭斜の巷」をなすように立地する《花隈》も、最初から「花街」だったわけではない。もともとこの地には伊藤博文が住み込んでいたというある人物の別邸があり、伊藤が兵庫県を離れた後、そこは料亭（鳴松亭）になった。この料亭の開業をきっかけにして、それまで元町に密集していたという置屋や料理屋までもがこの地に移転してくる。つまり、「花街はだんだん元町から花隈に移って来た」のだ（『神戸又新日報』昭和八年十二月九日）。そして、ついには元町（六丁目）の「花街」が消滅し、逆に《花隈》は市内随一の「花街」に発展する。

元町が純粋な小売商店街に変わっていくにつれ、そこから転出した置屋と料理屋が《花隈》に一廓を形成したのである。《花隈》の起源が元町にあったことは、地元でもほとんど知られていない意外な事実である。

## 三　寺社周辺の花街——明治後期以降の立地——

昭和初期の神戸のガイドブックから芸妓の共同事務所をひろってみると、柳原の〈柳原検〉、福原の〈共立検〉、そして花隈の〈中検〉〈新中検〉という旧来の花街に加えて、新たに〈東検〉〈二宮検〉〈敏馬《みるめ》検〉〈西検〉〈須磨検〉を挙げることができる。〈西検〉は元町のそれではなく第三章で論じた「西新開地」の検番であり、「大神戸新八景」に入選していないこの〈西検〉や〈須磨検〉を含めて、少なくとも明治後期以降、新たに五つの「花街」が形成されていた。それらは、市街地の拡大とともに創出された芸妓本位の「花街」であり、そのほとんどが（まるで東京の「慣例地」のごとく）寺社周辺に立地していたところに神戸の特色がある。

### 中心部の「花街」——三宮神社界隈——

すぎし名残の居留地、其北三宮神社の裏、社内の盛り場に隣りしてある花街。東検に擁する芸妓の数百四十三。福原の殷盛《いんせい》、花隈の静雅なく、神社の裏の辺りに三絃の音もかすかなり。

（太田毎文「扇港花街襍録」）

現在の神戸市の中心は三宮である。駅名としては「三ノ宮」などと表記されることもあるが、文字通り三宮に立地する三宮神社に由来した名称だ。神社は、ちょうど旧居留地北西端にある大丸百貨店東側入口の対面に位置することから、つねに人通りが絶えない。しかし、地元の人が三宮と聞けば、駅周辺や繁華な商店街である「三宮センター街」の界隈を想起するにちがいない。逆に、かつてこの地の賑わいの中心が、実は三宮神社にあったということはあまり知られていないのではないだろうか。今では交通量の多い街路に囲まれ、かなり狭く感じられる境内、まさしく都心の片隅にたたずむ風情の三宮神社は、かつてまったく別の顔をもっていた。

神戸の盛り場といえば、とかく湊川の廃川地を再開発してできた「湊川新開地」を思い浮かべがちである。しかし、新開地が神戸の盛り場の西の横綱であるならば、東の横綱というべきはまさしく三宮神社界隈であった。たとえば、戦前のガイドブックには、三宮は神社というよりも、むしろ盛り場として紹介されているのである。

> 「三の宮神社」　県社の三の宮神社は、元居留地の北方、三の宮町二丁目にあり、生田神社の末社にして、裔神湍津《すえがみたきつ》姫《ひめ》を祭る、境内広かれざれども、昼夜各種の露店に賑はされ、また歌舞伎座以下の活動写真常設館、浪花節、玉突場、料理店、飲食店、商品陳列館等、狭路を挟みて客を迎へ、神戸区東部の一熱鬧《ねっとう》地として、行人踵《きびす》を接し肩を摩するの雑踏を呈《ていママ》るり

（『神戸付近　名勝案内』）

さほどひろくはないという境内には、露店（夜店）、映画館（活動写真館）、寄席、玉突場、飲食店、さらには、喫茶店やカフェーなども所狭しと建ち並び、周辺にもやはり寄席、浄瑠璃席、浪花節席、映画館が集まっていたという。今となっては想像もつかないが、三宮神社は歴とした盛り場であった。ここで、ある日の三宮神社の盛り場風景を垣間見てみよう。

この三宮境内に夜通しの飲みやは数軒、コーヒ屋もそれ位ゐある、主に夜を稼ぎの時とするモーロー自動車の運転手、助手にポン引なんかのアブレタのが多い。その外ではカフェーを追ひ出された飲み足らん連中が
「おもろない、何んで日本では夜通おもろうに飲ますとこがないねんやろ、チエッ」
なんてちょっと、外国のその夜通し「おもろう」飲ますところで遊んで来たことでもあるやうに、ぼやきながら流れ込む。なかにはチョイチョイ怪しげな女を連れたりしてゐるのがある、三宮神社の神サンもなかなか気を利かしとる
（「暁は白むまで、おでんや酔中語、コップ酒に憂さを晴らす三宮境内の歓楽境」『神戸又新日報』昭和八年十二月十一日より）

盛り場らしく、ある種のいかがわしさを感じさせる光景である。ここには「怪しげな女」が登場しているが、より一般的にこの地は、すでに見たとおり〈東検〉の所在地、すなわち「花街」として知られる場所でもあった。先に引いたガイドブックには同じく「三の宮神社」の項目に「神社の付近にはまた東検番芸妓ありて、遊客の招きに応じ一箇の歌吹《かすい》境を現出せり」とあり、《福原》や《花隈》にくらべれば「神社の裏の辺りに三絃《さんげん》（三味線）の音もかすかなり」というくらいこぢんまりとした下級の「花街」であったものの、都市中心にあって盛り場としての三宮を彩る重要な要素であった。

明治三十年前後まで、この地（三宮町一丁目）には大規模な製紙工場が立地しており、その周囲には「チャラ」ないし「惣嫁《そうか》」と呼ばれる、港湾労働者などを相手とする私娼が出没していた。もともとそのような場所であったためか、製紙工場が移転した跡地に〈東検〉が設立されたのである。必然的に、周囲には料理屋や貸席が集積し、「毎夜三味線太鼓の音で喧噪《やかま》しく大繁盛」するところとなった（井上春治『春翁漫筆3　神戸三宮町の懐古』）。

この「花街」を立地条件からみると、当初から繁華な地となることが約束されていたのかもしれない。西側には元町商店街が延び、南側は居留地に接する。そして、明治初年に開通した鉄道の停留所のひとつである三宮（現・JR元町駅）の近傍ということになると、おのずと雑踏の巷となったにちがいない。そうであるからこそ、早くから「チャラ」が出没したのであろうし、またその賑わいを当て込んで〈東検〉も設立されたのだろう。

〈東検〉に属する芸妓の出先となる「貸席」は、鉄道（現在のJR高架線）を挟んだ北長狭通一丁目と三宮町一丁目・二丁目とに集積していた。三宮町一丁目は現在の繁華の中心であり、花街の痕跡などありそうもない。しかし、JR・阪急の高架線北側の北長狭通一丁目の路地にはファッションヘルスを中心とする風俗産業が集まり、そのせいもあろうが防犯カメラ、兵庫県内初の「スーパー防犯灯」（「街頭緊急通報システム」。通報ボタンを押すと赤色灯が回転、周囲の映像・音声を警察に送る）が設置されるなど、現代的な歓楽街の風景を現出している。ここであえて場所の系譜などという野暮な言い方をする必要もないのだろうが、おそらくこれが花街としての三宮の残影である（とはいえ、ここには別の素地もあったのだが、この点については後述する）。

**東郊の花街――敏馬神社界隈――**

神戸には三宮を含めて、一から八までの神社がある。いずれも生田神社の裔宮《えいぐう》（つながりのある神社）とされているが、三宮と同じく二宮神社界隈にも「花街」があり、〈二宮検〉が設置されていた（琴緒町二丁目）。〈東検〉ともども市街地の中心にあって神社周辺の花街ということになるのだが、東西に延びる市街地の両端に目を向けると、そこにもやはり寺社を中心に花街が形成されていた。まず、市街地の東端、敏馬《みるめ》神社界隈から見ておくことにしよう（敏馬は正式には「みぬめ」であるが、地元では「みるめ」と呼ばれることが多い）。

今では神戸製鋼所岩屋工場の跡地に建設された高層住宅、国道四十三号線、そして阪神高速三号神戸線に分断されて海岸は遠のき、その海も摩耶《まや》埠頭と呼ばれる巨大な突堤三本を備えた埋立地になっていることから、とうてい往時の風景を想像することなどかなわないが、花街が賑わったころ（明治後期）の敏馬神社の前景には「清麗」な海が広がり、遠く紀州半島を望むこともできたという。

元来、「敏馬神社の前の海は神戸市に隣接する唯一の漁場」（竹原生「敏馬花街の由来記」）であったというが、摩耶山と海とに挟まれたこの地には、開港以後、清遊に訪れる人が四季を通じて絶えることはなく、ことに夏季になると海水浴場として非常に賑わったという。そしてこの賑わいを当て込んだ地元の有志者が発起して明治三十（一八九七）年に「花街」を建設、「歓楽街の出現を見るに至った」（竹原生「敏馬花街の由来記」）。当初はもっぱら夏季の遊客を目当てにした小規模経営だったようであるが、阪神国道の開通（現・国道四十三号線）、そして工業化の波にあわれるとともに、近郊名所の「花街」としての性格はうすめられていった。実際、「前に神戸港をひかえ、東部の工業地帯を背にしてたつ所、其偏在こそ反《かえ》つて奇を求むる人々に歓迎され、かすかに残る野趣を色彩とし、神戸東端に介在する一花街として郊外人の需要にも一重要性を有している（「敏馬花街の由来記」）、あるいは「主としてこの付近は工場地帯であつた丈《だ》けに鍛冶屋のお親《や》つさん達が茲《ここ》を利用したものであらう」と回想されている（正田圭之助『神戸回想五十年』）。

小高い場所に位置している神社からは、もはや海を見ることもできないが、周囲の地形には高低差があり、往時は文字通り「狭斜」の巷をかたちづくっていたのだろう。すっかり住宅地に変貌した界隈に、もはや残影を見いだすことはできない。

### 西郊の花街――須磨寺界隈――

東郊の敏馬神社と対蹠的に、西郊に位置するのが須磨寺である。山本周五郎の文壇出世作「須磨寺附近」(『文藝春秋』大正十五年四月)は神戸滞在時に執筆されたもので、その題名のとおりこの地を舞台とした作品であった。その冒頭に「須磨は秋であった」という一文がある。友人の嫂《あによめ》にこころ惹かれてゆく主人公の心情をしっとりとつづるには、須磨寺という舞台に加えて「秋」という時季が必要だったのかもしれない。というのも、須磨寺の付近には、山本周五郎の作中には描かれないもうひとつの顔があったからである。

須磨寺の西側には、花見名所として京阪地方にもひろく知られた遊園地があった。戦前に神戸市が発行していたガイドブックには、次のような紹介を見ることができる。

「須磨寺遊園地」 須磨寺東にあり、七千坪余の大池を繞《めぐ》つて、桜、楓、楊柳《やなぎ》が交植されてゐる。殊に古くより桜の名所として聞え、春は万朶《ばんだ》の花を池畔《ちはん》に映じ、雪洞《ぼんぼり》、旗亭《きてい》、ボート等に須磨における一大歓楽境を現出する。夏の納涼、秋の月見と何れも佳ならざるはなく、四時行楽の人を絶たない。園内に小動物園がある。亦《また》遊園地東北の須磨花人形館には、演芸の大舞台と、小児運動場を設け、余興其他に賑ひを呈してゐる。

（神戸市観光課『神戸　観光の栞』）

須磨寺に隣接して設営されたことから「須磨寺遊園地」と呼ばれ、「桜の名所」であるとともに、動物園、花人形館、池畔にせり出した「旗亭」などもあり、まさしく「一大歓楽境を現出」していた。

須磨区役所まちづくり推進課が編纂《へんさん》した『須磨の近代史』によると、この遊園地は明治前期から段階的に整備されている。まず明治十六（一八八三）年頃に暴風雨で被害を受けた須磨寺付近を復旧するために、寺が桜の木の植樹を呼びかけたところ、多くの寄付が集まり付近一帯に桜が植えられた。須磨寺のホームページには、明治二十四年に「若木の桜にちなんで寺内桜の名所となり、須磨寺を中心とした大遊園地ができる」とあり、この頃、遊園地が建設されたのであろうか。しかし、明治二十五年の『大阪朝日新聞』（四月十九日）には、「須磨寺の堂宇及遊園地の起工式は予記の如く去十六、十七の両日を以て行ひたり」とあることから時期には前後があるかもしれない。桜を植樹した場所は「新吉野」と名づけられ、新たな近郊名所に成長する。

それから十年後の明治三十五（一九〇二）年末には、翌年大阪で開催される第五回内国勧業博覧会を控え、「須磨の有志者は須磨寺と協議し博覧会に対して境外の荒蕪地を墾《ひら》きて一大遊園を設けんと発起した」（『大阪朝日新聞』明治三十五年十二月十日）。この時には「梅林」「泉水」「築山」「蓮池」「草花園」「運動場」の造営を予定しており、「新吉野」に近接する大池周辺を開発する計画であった。この事業がどの程度実現したかはさだかでないが、明治四十三（一九一〇）年に兵庫‐須磨間を結ぶ兵庫電気軌道（現・山陽電鉄）が開通したのをきっかけに、同社が須磨寺と連携して大池周辺の遊園地の整備に本格的に着手しているところをみると、不充分ながらもすでに手が入れられていたのだろう。そしてできあがったのが、大池を囲む「須磨寺遊園地」であった。このころになると、「桜はすっかり根づき、西神戸一の桜の名所となり、シーズンには夜となく昼となく、ぼんぼりと桜の下を人出が続き、繁華街にも劣らぬにぎわいであった」（『須磨の近代史』）という。山本周五郎が自身の経験にもとづき執筆した「須磨寺附近」の情景は、やはり春ではなく秋こそふさわしい。

こうした「繁華街にも劣らぬにぎわい」に誘われるように、「桜花の頃、人出十万二十万、京阪神の花見の場所。こゝこそ実に春の花街にして、だんごと酒の作る一時的の箱切れ現象〔芸妓が足りなくなること〕を毎年くりかへしつゝあり」というように、この地にはいつしか「花街」も形成されていたのである。新聞には「郊外の遊楽地である須磨方面、須磨寺前に本陣を構へて居る花柳界」（『神戸新聞』大正十一年十一月五日）と紹介されるように、須磨はまさしく門前‐花街であった。大正十（一九二一）年の段階で、置屋九軒、そして「須磨芸妓共同組合」に属する芸妓は百十名ほどいたようである。

「春の花街」と揶揄（?）されるように、桜の季節の客入りはひとしおだったのだろう。その時期になると地元紙には毎年のように須磨の観桜を特集した広告が掲載され、そこには必ずといっていいほど芸妓共同組合と代表的な芸妓が名をつらねた。またその広告から明らかになるのは、大池の周囲を中心に遊園地の内外に立地する十四、五軒の料亭が「須磨寺遊園地桜組合」なる料理屋組合を組織していたことである。置屋（と芸妓）が芸妓共同組合を組織し〈須磨検〉を設置していたことを考えると、同一地内に料理屋組合があったということは、おそらく〈須磨検〉に属する芸妓の出先が「桜組合」所属の料理屋であったとみてよい。興味ぶかいことに、この「桜組合」は、年によっては「新吉野」とだけ書いた広告を打ってもいる。花の名所の代名詞とでもいうべき「新吉野」が、「花街」の名称として使われるようになったということか。

二〇〇五年四月、同地を訪れるとＮＨＫ大河ドラマによる義経ブーム（?）もあってか、参道の商店街から境内にかけての賑わいはなかなかのものである。境内から東へそれて歩を進めると、当時にくらべればだいぶ縮小したものの大池がある。池の周囲に「桜組合」所属の料理屋は跡形もないが、池畔の料理屋「延命軒」をしのばせる名を含む二軒のホテルが建っており、かろうじてこの場所の系譜を今に伝えている。

## 四「新地」の形成——風俗取り締まりの帰結として——

### 東新開地

「西新開地」の花街についてはすでに第三章で概観したが、神戸にはもうひとつの新開地があった。それは、市中心部を挟んで、西新開地とはちょうど反対側、旧市街地の東部に位置する春日《かすが》野道《のみち》商店街の界隈である。春日野道は、この地域一帯の工業化、ことに神戸製鋼所、ダンロップ、川崎造船所葺合《ふきあい》工場といった大規模工場の立地に牽引されるかたちで形成され、北側には阪急電鉄、南側には阪神電鉄が通っていることから、交通の面でも利便性の高い地区として、大正期以降に急速な発展をみた商店街である。

西新開地ほどの商業集積はなかったとはいえ、春日野道商店街と並行して南北に走る小売商店街「大安《おおやす》亭市場」（組合は大正六年五月設立）、そして春日野道北部（阪急神戸線の北側）を東西にはしる「大日《だいにち》商店街」など、現在に連なる商業地区が形成され、活気を呈したのもこの時期のことだ。とくに大日商店街とその北側に位置する上筒井通とは、阪急の当時の終点（上筒井）に近く、近傍には関西学院（現・関西学院大学）も立地していたことから、大正後期には非常な賑わいをみせ、「神戸の道頓堀」という異名をとっていたほどである。「赤い灯、青い灯、道頓堀の、川面にあつまる恋の灯に、なんでカフェーが忘らりよか」（「道頓堀行進曲」）と世に歌われた時代のこと、この街もまたカフェー街と化していたのだ。

この「神戸の道頓堀」に負けず劣らず発展していたのが、前述の春日野道商店街である。六間道界隈と比較されたのだろうか、この地もまた大正十（一九二一）年を前後する時期には、東の新開地として知られるところとなっていたのだが、やはり新開の街には花がつきものなのか、地区の発展とともに集積していった料理屋・飲食店では――《柳原》や《福原》から芸妓を招いていた西新開地と同じく――、〈二宮検〉と〈敏馬検〉の中間に位置する地の利をいかして、両「花街」から芸妓を呼んでいたのだという。

しかしながら、商店街の発展とともに独自の花街を建設する気運が高まり、地元警察署の元署長の肝いりで昭和十（一九三五）年二月、「春日野道雇仲居《やとな》倶楽部」を組織した。雇仲居倶楽部の結成に合わせて、地元の料理屋・席貸（約二十軒）が「春日野新地会」を起こし、これまで協力関係にあった〈二宮検〉〈敏馬検〉との関係を断ち切り（つまり芸妓の出入りを一切認めない）、雇仲居だけが出入りする奇妙な花街が誕生したのである。

……生活のオアシスたる歓楽境として春日、山新の両映画館、柳暗花明の一画春日新地には料亭、席貸廿余戸、床しの軒灯をつらねて春日野道雇仲居倶楽部の美形が出つ入りつ何時も箱切?の盛況さを続けてゐる等盛んなるかな春日野道、はつらつたるよ春日野道商店街、全く一小都を形成するの観がある。

（『神戸又新日報』昭和十一年十月九日）

西新開地に遅れること十五年、ここ東新開地は、「紅灯の巷にふさはしい丹塗《にぬり》の雪洞廿五基を建設し」た、「絢爛情緒纏綿《てんめん》たる花街」を創出した（同前）。
《春日野新地》には神戸特有の検番が置かれていないとはいえ、地元の有力者が一体となって雇仲居倶楽部を設置したうえに、「新地」の地区内を整備しているという点からしても、これは寺社周辺の花街建設とは明らかに性格を異にする、実質的には官民協同の建設であった。
神戸の近代花街史をたどると、どうやらこの《春日野新地》が公に認可された最後の「花街」ということになる。しかしながらきわめて異例な都市政策が実行に移されるにおよび、一般に知られているとは言いがたいもうひとつの新地が誕生していたことを見過ごすわけにはいかない。

**幻の花街――《花町新地》――**

神戸の近代史に関する回想録を繰っていたとき、聞きなれない花街をめぐる語りに出合った。

……妙法寺川左岸の花町新地……〔としか書かれていない〕　（正田圭之助『神戸回想五十年』）

戦前妙法寺川東の古川町あたりにあった「花街新地《ママ》」というのは検番とは全く関係がないけ

れども、そこはまた別のファンがいて評判だった。

花街新地は鍵の手に家が二十軒ぐらい建っていて、思い出すと「久のや」「一力」「しょうき」「十八」等の家号の館がすべて二階建で並んでいてよくはやっていたようである。現在の地形は当時と全く一変してどこに「花街新地」があったのかわからない。

幻の「花街新地」として胸に覚えのある方々のみの思い出の地であろう。


（須磨区役所まちづくり推進課『須磨の近代史』）


妙法寺川左岸に昭和十（一九三五）年前後に成立し、しかも戦後はその姿を消してしまった《花町新地》。「そこはまた別のファンがいて評判だった」というのだが、存続した期間が短かったため、市民一般（あるいは他地区の花街）には知られていなかった可能性が高い。実際、《新福原》の置屋に生まれ育った年配の女性にお話をうかがったところ、これまで取り上げた花街のうち《春日野新地》とここ《花町新地》は耳にしたことがないとのことであった。

昭和十年以降に、市街地の片隅に「検番とは全く関係がない」という語りは、「そこはまた別のファンがいて……」とともに、《花町新地》が私娼窟に近い状態であったことを暗に示している。調べてみると、この花街が誕生した背景には、やはりそれなりの理由、すなわち警察当局のある思惑が存在した。

## 「ミナト名物」をめぐる警察活動

昭和初年の神戸を紙上探訪していると、ときおり出合う言葉に「ミナト名物」がある。それは、明治初期以来「夜の神戸に咲く悪の華」を意味していた。

> ……〔近ごろ〕異常の活気を帯びて来たのは神戸名物のひとつに算《かぞ》へられ所謂《いわゆる》「鉄道側」代名詞によつて代表される北長狭通高架省線附近一帯に展開される私娼街である、この地帯で脂粉《おしろい》臭いエロ女を抱へる浮かれ男たちの財布を搾《しぼ》つてゐる所謂「ちゃぶ屋」と称する魔の家は昨今では三百軒を超えそこで灰色の奴隷生活にあまんじてゐる私娼は千数百名の多きに上つてゐる……
>
> （『神戸又新日報』昭和八年一月二十日）

この記事に報じられている「ちゃぶ屋」（卓袱屋。開港以降に横浜や神戸にできた小料理屋）の本拠地、すなわち「私娼街」は、あの〈東検〉の北部――現在、風俗産業の点在する地区――と重なっているのだろう。もともとは旧三宮駅（現・元町駅）付近に集まっていたというが、高架化と三宮駅の現在の位置への移転にともない、都心部同様、私娼街も東へ東へと移動したのである。これら私娼街のなかには、置屋制度を採用する「睦保健組合」（北長狭通）、あるいはポン引きを使用して客を勧誘する「山友会」（中山手通）のように、（警察がピストルを携帯して取り締まりにあたらねばならないほどの）その道に通じた有力者が組合を設立し、表面的には〝花街〟の形態を取りながら組織的な売春を行なっていた（その他に神戸駅前の相生橋付近にも組合があったとされる）。売春が取り締まりの対象となるのは当然である。しかしながら、「保健組合」という名に如実に示されるごとく、それらの組合は警察官の立ち会いのもとで従業する女性の「検黴《けんばい》」（梅毒検査）を週一回実施していた。要するに、組合の存在（そして売春）はなかば公然と認められていないながらも、取り締まりの対象になるという矛盾した状況が生じていたのである。そしてこのような当局の方針は、次のような事態を導く。

……〔内務省が〕私娼を公認あるひは黙認何れの態度を執るにしろ、私娼居住地を一定場所に集中する方針なので早くもその移転先に将来の土地繁栄を見込んで電鉄会社、土地会社、神戸の金貸で有名な富豪を始め各資本家、政客、利権屋などの食指が動き入り……俄然移転先とともにその運動自体も注目されるに至つた……

（『神戸又新日報』昭和九年七月五日）

どうやらこの時期、廃娼（あるいは遊廓の廃止）問題と連動するかたちで、私娼の取り扱いが議論されていたようである。そして、当局から漏れ聞こえてくる情報を報道した記事によれば、私娼を一カ所に集めて遊廓に代わる地区（それは遊廓となんらかわらないはずなのだが）を新たに創出することが画策されていたのだ。その際、有力な移転先の候補地として名のあがったのは、かつてのカフェー街であった。

かつては東のカフェー街を誇った上筒井も最近はみじめなものとなった。まず関学〔関西学院大学〕の仁川移転〔昭和四年〕に灯の街の没落史は始まり、次いで神商大〔現・神戸大学〕の六甲移転に更に深刻となったが、決定的なものは阪急終点を三宮にとられたことである。市電を挟んで軒並みのカフェーは文字通り算を乱して閉店し、全く火の消えたような淋しさだ。

〔『神戸又新日報』昭和十二年一月五日〕

「神戸の道頓堀」とまで言われた上筒井通は、関学、神商大、そして阪急の終点の移転にともない、「灯の消えた街」となっていた。そして当時、この街を〔横浜のチャブ屋街にならって〕「本牧化」することが「上筒井甦生《そせい》の策」として考えられていたのである。上筒井に「チャブ屋」街を新設するという風説をめぐって報道は過熱していくが、それらは少しばかり先走り過ぎた。神戸の警察当局はもっと巧妙な手口で私娼の排除と囲い込みを実行したのである。

上筒井をめぐる報道から半年後、警察当局は三宮署長の号令のもとに「清浄港都の理想」を実現すべく「全市の魔窟大掃蕩《そうとう》」にとりかかる。それは、「三宮署のみの検挙では何ら効果がないからこの際全市各署一斉に呼応して私娼街を掃蕩」するという三宮署長の訴えに各署が呼応した活動であった。「掃蕩」の開始とともに報じられた日刊紙の記事には、「潰滅の山手街」「私娼たちは風を喰つて消ゆ」「空家は日々に続出」などという言葉が並ぶ。
しかし、この全署挙げての活動には、ある意図が隠されていた。すなわち、

> 三宮鉄道側を中心とする所謂低級の部類は妙法寺川尻中心に移動せしめんとするらしく、それかあらぬか全市各署一斉検挙に拘らず独り須磨署のみは何等私娼退治の非常手段を執らず至極平穏、この方面を開けて全市の彼女らを西に移さんとする内意があるやうである。
> （『神戸又新日報』昭和十二年六月十三日）

当局は「彼女らのパンの道を一時に奪つて了《しま》ふことも出来ない」との考えから——これも新花街を設立する際の常套句である——、その「捌《は》け口」を市街地西部の妙法寺川の河口部に求めたのだ。いうまでもなく、そこには《花町新地》があった。全署が連携して掃蕩活動を開始するとともに、何ら動きを見せない須磨署管内の花町新地一帯では、それまであった空家がほとんどふさがり、市内に散在していた私娼街の衰退ぶりに反して「絃歌《げんか》さんざめく殷盛ぶりを見せ」るところとなった。つまり警察は、《花町新地》を核として効率的に私娼を囲い込んだのである。

戦後、この新地は「幻の……」として語られることになるが、その背後に風俗を取り締まる警察の活動があったという事実は強調しておきたい。それは、短期間であるとはいえ、非公認の遊廓を存続させたからである。

ミナト神戸という響きから、以上に概観した花街が想起されることはまずない。だが、三宮も元町も、二宮・敏馬神社、そして須磨寺付近も、あるいは湊川新開地のみならず東西の新開地も元は花街であった。昭和三十七（一九六二）年の『全国芸妓屋名簿』をみると、「福原共立会」「須磨芸妓共同事務所」「神戸西検番」「花隈芸妓組合」が掲載されており、戦後二十年近くを経た後にも、複数の検番が存続していたことがわかる。しかしこれらとて、特異な転形を示している《福原》や、一流どころとして知られた《花隈》を除けば、歴史としても地理としても語られることはほとんどないだろう。

しかし花街史をふりかえれば、開港後の都市建設、市街地の拡大、郊外開発、国際港都化の各段階で、新たな花街が創出されてきた。しかもそれらのなかには、土地開発の核として利用された事例さえ含まれている。もはや残影すらおぼろになり、歴史を語る上でもその存在は不明瞭になりつつあるなかで、花街を歴史に穿たれた穴としてミナト神戸を垣間見れば、まったくちがった都市像が浮かび上がるかもしれない。それは、戦後の（赤線というよりはむしろ）青線の成り立ちまでをも含めて考えるべき今後の課題である。

# 第六章　遊所から新地へ——大阪の近代花街史——

# 一　岸本水府の「大阪の花街」案内

川柳作家・岸本水府の人生をその時代、そして彼の生きた大阪とともに、豊かな歴史的・地理的想像力と軽やかな筆致で描き出したのは、田辺聖子氏の傑作『道頓堀の雨に別れて以来なり――川柳作家・岸本水府とその時代――』であった。その主人公である水府が、自ら率いた「番傘」同人の川柳を随所に織り交ぜながら、京阪神の盛り場、そして花街を大々的に紹介していることはあまり知られていない。今で言えばガイドブックに相当する酒井眞人との共著『三都盛り場風景』なるその一書のなかで、水府は田辺氏の実家の近傍にあり、当時「北の心斎橋」として知られた浄正橋筋についても触れているのだが、あれほど丹念に水府の人生を追跡した田辺氏でさえ同書への言及がないのだから、一般に知られていないのはむしろ当然だろうか。

同書で水府は「近松以来情緒纏綿たる氛《ママ》囲気を蓄積し

表9　大阪の花街（岸本水府による一覧）

| 名　称 | 創設年代 | 茶屋軒数 | 芸娼妓数 |
|---|---|---|---|
| 新町遊廓 | 元和・寛永頃 | 166 | 900 |
| 堀江遊廓 | 宝永年間 | 156 | 500 |
| 曾根崎新地組合 | 天和年間 | 161 | 530 |
| 南地五花街 | 徳川末期頃 | 500 | 2,100 |
| 松島遊廓 | 明治初年 | 257 | 3,500 |
| 飛田遊廓 | 大正初年 | 230 | 2,800 |
| 住吉同盟組合 | 大正10年 | 130 | 380 |
| 南陽組合 | 大正11年 | 172 | 500 |
| 今里新地組合 | 昭和４年 | 100 | 280 |

て来た大阪の遊廓だから、本書としても、これに若干の頁を費すのが妥当であらう」とし、「大阪の花街」に一章を割いている。そして「無粋」ではあるが……と断りを入れつつ、「大阪に散在する遊廓」を表9のように列挙してみせた。

　歴史的に消滅した遊廓、そして彼の執筆当時にまさに形成されつつあった「新地」は抜け落ちているものの（この点については後述する）、注目すべきはその他の大都市にくらべて数が少ないことである。「創設年代」が明治期となっているのは明治元年に成立した《松島遊廓》のみであり、その後五十年間にわたって花街はまったく形成されなかった。このことは、都市の規模から考えても特異であり興味ぶかいが、ここではまず制度上の特徴について水府の説明に耳を傾けておこう。

## 「送り込み」と「居稼《てらし》」

〔上記九花街のうち〕新町は芸妓と娼妓の二部があり、娼妓にも「送り込み」と「てらし」の二部に分れてゐるし、堀江と南地は芸妓と「送り込み」娼妓だけで「てらし」娼妓はなく、松島と飛田は「てらし」専門で、その他は芸妓専門といふ風に区別されてゐる。

　芸妓の方は別段説明の要はないが、娼妓に「送り込み」と「てらし」の別があるのは「送り込み」といふのは芸妓と同様に、平常は家形《やかた》にゐて、客の招聘に応じて茶屋へ出かけて行く種類のもので「てらし」とは妓楼に住み自分の部屋を与へられてゐて、客の方から出向いて来る種類のものである。

本章の冒頭で、「大阪の花街」という項目において水府が「大阪の遊廓」を説明している点を、あえて傍点をふって強調しておいた。このように彼が「花街」と「遊廓」を混用する背景には、ここに説明された――各所の歴史的な成り立ちを背景とする――大阪独自の制度がある。

まず、筆頭に挙げられた《新町遊廓》であるが、彼自身が指摘するように、廓内は娼妓を主とする東側と芸妓を主とする西側とに分化していた。さらに、その東側にあっても芸妓と同様の「送り込み」制の娼妓が主流であるとはいえ、「居稼」専門の茶屋が建ち並ぶ「吉原」と俗称される一画も存在したのである。第一章でも指摘しておいたように、「居稼」とは娼妓が妓楼（貸座敷）で営業することであり、各地の遊廓にみられる営業形態である。逆に言えば、大阪の花街の特色は、娼妓が各自それぞれの「家形」を持ち、「貸席《おちやや》」に招かれて営業をする「送り込み」にあったと言えよう。芸妓ともどもこの制度を有しているのが、《堀江》と《新町》であった。《松島》と《飛田》は「居稼専門《てらし》」、すなわち「貸座敷」の集合地帯――各地と共通する遊廓――である。この二つを除くその他の花街を水府が「芸妓の遊廓」と位置づけるのは、芸妓を本位としながらも歴史的な形成過程において娼妓と共在する遊廓が一般的だったからにほかならない。

江戸期以来の歴史を有する《新町》《堀江》《曾根崎》《南地》が通常の「芸妓の遊廓」であるのに対して、《松島》《飛田》は言わば大阪における近代的な遊廓であり、さらに大正後期から昭和初期にかけて新しく設置された《南陽新地（新世界）》《住吉新地》《今里新地》《港新地》はまったく異なるタイプの「花街」であったと位置づけることができる。

このように整理すると、近代の都市空間において並存する「芸妓の遊廓」－「遊廓」－「新地」という三種の花街は、成立した時期にほぼ対応しているものと考えられる。実は、明治期以降の各段階で、「芸妓の遊廓」における芸妓と娼妓の分離が進み、芸妓を主とする純粋な「花街」化が進行する一方、娼妓を本位とする「居稼」の遊廓、さらに娼妓をおかない芸妓のみの二業地とが成立していくのである。以下では、新規開発の「花街」を中心に成立の経緯を概観し、固有の制度を有する花街が並立するにいたった背景を考えてみたい。

## 二「遊所」の再編——江戸から明治へ——

### 「遊所」の立地と《松島遊廓》

時代が江戸から明治へと移り変わるとき、都市の統治に携わる者たちがまず着手したのは、市街地の改造であった。改造といっても、体系的な都市計画法が確立される以前のことであるから、施設の移転・整理を中心に市街地を部分的に改変することで、都市空間を整備しようとしたのである。そのために大阪府は、維新後の数年間、既成市街地に散在するさまざまな施設の取り払いや移転を命じる府令を集中的に発布したのだった。興味ぶかいことに、それらの府令にみられる市街地改造の標的は、街路整備とともに、いわゆる「悪所《あくしょ》」に定められていた（詳細は拙著『大阪のスラムと盛り場』の第一章を参照）。

たとえば、「茶屋置屋業株許可ノ件」（明治二年八月）、「遊所ノ制限並ニ二十分一税徴収ノ件」（明治四年三月）、「芝居興行許可ノ件」（明治四年四月）は、それぞれ「泊《とまり》茶屋」（遊女屋のこと。「貸座敷」の前身）、「遊所」、「芝居興行」をいったんは課税の対象とすることで、その所在地を具体的に認定する。その後、「八ヶ所ノ芝居興行禁止」（明治四年八月）、「泊茶屋営業ノ禁止及移転」（明治四年十月）、「所定箇所以外ノ遊所禁止ノ件」（明治五年十月）で、「芝居興行」と「泊茶屋」に対して、既存の場所における営業を禁ずる一方、《松島遊廓》内へ移転した場合に限り営業の継続を許可し、同じく「遊所」に対しても新規の営業を禁止して《松島遊廓》への移転を促したのである。要するに、《松島遊廓》に移転しない限り営業を継続することができないわけで、府のねらいはまさに「泊茶屋」や「芝居小屋」を整理し、「悪所」を統合することにあった。

では、「遊所ノ制限並ニ二十分一税徴収ノ件」において「制限」された「遊所」とは、そもそもどのような場所だったのだろうか。同府令は、「遊所」の問題を以下のように説明する。

花街を設置して「妓娼」を集め、人びとを遊蕩淫惰に導き、家産を食いつぶさせ、身を滅ぼさせ、将来にわたって計り知れない苦しみを与えていることは、文明の世にあってその業が禁じられるべきであることは論を待たない。ましてや「花街」から梅毒が伝染し……ていることは嘆かわしいことである。大阪には商人と遊蕩客ばかりが集まり、人の道を説く者はほとんどおらず、「花街」は日を追って繁盛し、今日にいたっては十数カ所にもおよんでいる。このように社会に害悪を与える〔花街が数多くある〕ところは、他にはない。しかしながら、「花街」の業者はこれまでそのように害悪を与える業種であるということには気づかず営業を続けてきており、数千におよぶ業者の生活がかかっていることを考えると、すぐさま営業を禁止することは難しいだろう。だからといって、このまま放置するわけにもゆかない。そこでよく検討した結果、少しずつ転業を促して「花街」の業者数を減らし、最終的には三カ所に集めて遊蕩淫惰の習慣を制限し風俗を改良する基盤とすることにした。……後略……

〔現代文に改めた。なお、この引用文中の「花街」は本書でいう狭義の花街とは関係がない〕

要するに、文中で「花街」と説明される「遊所」とは遊廓のことであり、この府令は遊廓の立地を制限するものであったのだ。そして具体的な方策が以下のように示された。

一、免許地・遊女屋・泊茶屋は現在の数を定数とし、以後、増加は認めない。ただし、転業は自由であるが、転業した後、再びもとの業種を興すことは認めない。

一、遊女もまた現今の人数を定数とし、以後、増加は認めない。ただし、人数が減るのは自由である。

一、場所によっては松島へ移転することができる。松島に限って「遊女屋」と「遊女」の増加を認めるほか、当面の間は納税を免除する。ただし、松島に移転した茶屋は「遊女屋」を名乗ること。

写真5　松島遊廓の風景

府令に示された「三カ所」の花街は明示されないものの、業者・遊女ともに新規の営業を認めず、そのうえ存続を許された既存の業者も一代限りという条件が付けられている。仮にこの府令が（行政ともども）遵守されたのであれば、《松島》（上の写真5）を除く花街は早晩、大阪の旧市街地から消滅したにちがいない——実際には、そうはならなかったのであるが。それにしても、開港に合わせて新設された《松島遊廓》の優遇が目に付く。《松島》へ移転すれば営業の存続が認められるばかりか、税制面においても有利になるのであれば、業者はこぞって移転するのではないのか。

それから一年後、大阪府は「所定箇所以外ノ遊所禁止ノ件」をもって明確に「遊所」の許可地を制限するにいたった。「所定箇所」として認定されたのは、以下の通りである。

道頓堀櫓《やぐら》町、九郎右衛門町、南阪町、難波新地一〜四番町
新町北通一〜二丁目、新町通一〜二丁目、新町南通一〜二丁目、裏新町
北堀江上通二〜三丁目、北堀江下通二〜三丁目
松島廓
曾根崎新地一〜三丁目
安治川一〜二丁目

このうち、「道頓堀櫓町、九郎右衛門町、南阪町、難波新地一〜四番町」は宗右衛門町を加えて《南地五花街》、「新町北通一〜二丁目、新町通一〜二丁目、新町南通一〜二丁目、裏新町」は《新町遊廓》、「北堀江上通二〜三丁目、北堀江下通二〜三丁目」は《堀江遊廓》、「松島廓」は言わずもがな《松島遊廓》、「曾根崎新地一〜三丁目」は《曾根崎遊廓》(《北新地》とも呼ばれる)、そして「安治川一〜二丁目」は《新堀遊廓》と、いずれも近代大阪を代表する花街である。では逆に、この府令によって営業を禁じられたのは、どの「遊所」だったのか。

## 「(泊)茶屋」の集合地帯

安治川の《新堀》が明治二十九(一八九六)年に廃止となるのを例外として、「所定箇所」として認定された花街は明治期を通じて異同がなく、これら花街の存在は、現在でも知られている。しかしながら、「所定箇所以外ノ遊所禁止ノ件」をもって禁止された「遊所」については、とんとさだかでない。それは、この府令の効果が強力だったことの裏返しとも言えるのだろうが、はたして禁止された「遊所」はどこに立地していたのか。その手がかりは、「遊所ノ制限並ニ二十分一税徴収ノ件」と「所定箇所以外ノ遊所禁止ノ件」に先がけて発布されていた「茶屋置屋業株許可ノ件」にある。

業態は後述することとし、まず「茶屋置屋業」の「株」(営業)が許可された場所を確認しておこう。

西高津新地六丁目　本町橋詰　玉木町　新瓦屋町　古川二丁目
徳井町　西高津村　馬場先町　北平野町一丁目　北平野町六丁目
天王寺村中小路町　曾根崎村　北野村　上福島村　吉右衛門肝煎《きもいり》地

ここに書き上げられた場所は当時すでに市街地化していたとはいえ、いずれも旧市街地のほぼ

周縁部にあたっている。そして問題は営業の内容である。「茶屋置屋業株許可ノ件」は、ずばりその中身を指摘する。すなわち、

前書ノ場所ニ於テ種々名目ヲ拵《こしらへ》候得共、全ク茶屋揚屋遊女屋渡世候テ、芸子遊女体ノ者日々相増……

要するに、営業の名目は好き勝手にいろいろと付けているが、やっていることは「茶屋・揚屋・遊女屋」となんら変わりなく、最近つとに芸妓や遊女のような身なりをした者たちが増えているではないか……と指摘しているのだ。「遊所」ほどの規模はないにせよ、これは一種の茶屋街＝小遊廓と見なしてよい。この段階では、あくまで「許可ノ件」であるゆえ、さきに列挙した場所での営業を認める代わりにその他の地域で同様の営業を認めないという、地区の制限にとどめている。

ところが、それから二年後に発布された「泊茶屋営業ノ禁止及移転」では、「茶屋置屋業株許可ノ件」で営業の存続が認められた十五カ所以外に「北平野町七丁目、天満天神社地、生玉《いくたま》社地、湊町、幸町二丁目、幸町五丁目、崎吉町」を加えた計二十二カ所における「泊茶屋」の営業が、わずか一カ月の期限をもって禁止された。そして、但し書きには「これまでの稼業を続けたい者は、出願次第、松島への移転を許可する」とあり、「古川二丁目」にいたっては、有無を言わさ

ず《松島》への移転が決定された。

すでに見たように、その後に発布される「所定箇所以外ノ遊所禁止ノ件」では、《南地五花街》《新町遊廓》《堀江遊廓》《松島遊廓》《北新地》《新堀遊廓》以外の「遊所」が禁止されている。そしてそこにもまた、「泊茶屋や席貸などの営業を続けたい者が松島へ移転するのは勝手である」という但し書きがあった。

このように見てくれば明らかなとおり、《松島》は大阪の開港に際して創設された近代最初の遊廓であるものの、その実態は江戸時代以来市街地に散在していた「泊茶屋」などの「遊所」を整理し統合する役目を担う空間だったのである。

### 禁止された遊所のその後

この一連の府令が出てから十年、あるいは二十年後に、以下のような報道が散見される。

府下東成郡新清水坂の辺なるシヨマン〔勝鬘《しょうまん》〕と云ふ遊所は先年廃止の沙汰となりしが此頃同所の……が発起にて再び以前の如き遊所を開かんと本日府庁へ出願するよし

（『大阪朝日新聞』明治十三年十月十日）

府下西成郡天王寺村字シヨマン〔勝鬘《ママ》〕へ町芸者の券番を設けたしと同所の者より出願に及びたり

（『大阪朝日新聞』明治十四年六月二十八日）

府下東成郡馬場先の旧席貸業が連印にて従来の如く花街を開きたしとて過般其筋へ出願せしが此程聞届難しとの指令あり

（『大阪朝日新聞』明治十四年三月二十五日）

「遊廓再設の出願」 生国魂《いくくにたま》神社前にて東成郡天王寺村、西高津村、東平野村の三町村に跨れる馬場先と云ふ所は従前一の遊廓のありたる所なりしも維新後は悉く取払ひとなりて今は只待合茶屋のあるのみなるが今回右三町村の者等協議の上同所に遊廓再設の儀を願出る事となり

（『大阪朝日新聞』明治二十二年五月十日）

本町橋詰町……（中略）……のごとき昔時遊廓のありし所は取払以来すでに数十年を経るもなおその辺には密売淫の他よりも盛んに行われ……

（『大阪朝日新聞』明治二十三年二月八日）

これらの記事から、明治初年の府令によって「（泊）茶屋街」とでもいうべき小規模な「遊所」（報道にしたがえば「遊廓」）が取り払われていたことがわかる。「泊茶屋営業ノ禁止及移転」は相当な効力を持っていたと考えてよい。

さらに、

当地六遊廓の内新堀の遊廓は近年著しく衰微し今は僅々五六軒の青楼あるのみにて将来繁華を回復すべき見込なしと嘆息し居たる折柄東成郡天王寺村字勝蔓（逢阪の近傍）の地主中市街に在る何れかの遊廓を此地の最寄に引移らしめんとの計画あるを聞き終《つい》に之を協議の上新堀遊廓を爰《ここ》に移転することに決し頃日双方連署にて右の趣警察部保安課に出願したり

（『大阪朝日新聞』明治二十六年一月十日）

というように、「所定箇所」として認定されていた《新堀》が衰微しつつあることから、明治初年に禁止されていた「遊所」の跡地である「勝蔓」（前出の「勝鬘」の異字）に《新堀》を移そうという計画まで持ち上がっている（実現はしない）――これに先立って《新堀》では、逆に市内の遊廓を近傍に移転させる計画を持っていた（『大阪朝日新聞』明治二十五年九月二十日）。

結果的に、廃止された「遊所」が復活をみることはなく、水府の一覧にある《新町遊廓》《堀江遊廓》《曾根崎新地組合》《南地五花街》《松島遊廓》は、明治初年の再編を経て存続した花街だったと言える。明治十年代以降、《新堀》が廃止になるのを除けば花街をめぐる動向は沈静化していたものの、都市計画的な観点から移転をめぐる議論は絶えることがなく、特に明治二十年代には、実現することがなかったとはいえ市内に散在する花街を市外に移転（時には新設）する案がたびたび提出されていた。こうした明治中期の動向は、表向きには都市計画の観点を装っていたが、実際には土地開発や地価の高騰を目的とした地主による発案であり、花街をめぐるそうした思惑は、明治末年以降に実現に向けて動き出す。

しかし、東京の「岡場所」に相当する泊茶屋街（小遊廓）が廃止に追い込まれた事実にかんがみると、実のところ大阪は風俗営業の取り締まりにおいて先進的な都市であったと言えるのではないか。実際、東京をはじめとする都市では続々と新しい花街が成立した一方、大阪ではすでに述べたように江戸時代の残滓である泊茶屋を整理して《松島》に囲い込んでからおよそ五十年間にわたって花街の新設を見ることはなかった。大正後期以降の風俗産業を大阪がつねにリードしたことを考えると、意外な事実というほかはない。

**「居稼店」の衰退**

ところで、衰退著しい《新堀》についてはすでに見たとおりだが、その背景には花街内部の構成の変化が存在していた。すなわち、

「北の新地の照らし店」　東京にて店付きと云ひ、大阪にて照らし店と云ふは遊女が雛人形然と店先きに陳列せるものを指して云ふなり、されば松島は言ふに及ばず、難波新地の阪町

に於ける、新町の葭原町《よしわら》に於ける、皆な置屋の外に百有余の照らし店あり、然るに其昔全盛の新堀は今日は全く萎靡《いび》して旧容を保たず唯だ櫓声《ろせい》汽笛の間に一軒の照らし店を存し僅かに其〔の〕俤《おもかげ》をしのばしむるのみ、然るに北の新地の如きも置屋其他付随のお茶屋なるもの檐《のき》を連ぬるの全盛に引交え、彼の照らし店の如きは新堀と同じく只だ稲田と云へるが一軒あるのみなれば何となく孤立の姿にて物寂しく見受けるを、稲田はいやだと自ら喞《かこ》つやうに聞ゆるも可笑《をか》し

（『商業資料』明治二十九年九月十日）

とあるように、明治中期以降、旧来の花街のなかで「居稼店」が減少していたのである。その典型が《新堀》であり、《北新地》も明治二十九（一八九六）年の時点でわずか一軒しかなかった。この店も早晩なくなる運命にあったのだろうが、そこにはまだ「送り込み」制を採用している貸座敷が存在していた。そして、この後、ある出来事をきっかけとして制度的に両者の切り離し——完全な芸娼分離——がはかられることになる。

## 曾根崎遊廓の廃止——最初の芸娼分離——

近代大阪の花街をめぐる問題は、東京と歩調を合わせるかのごとく、明治末期から大正期にかけて大きく舵を切ることになる。大阪でそのきっかけをつくったのが、市街地北部に大きな被害

をもたらした明治四十二（一九〇九）年七月三十一日の火災——通称「北の大火」——であった。この大火で、大阪駅の近傍にあって現在では夜の繁華街として知られる《北新地》（曾根崎遊廓）を含む一帯が焼失し、遊廓の復興をめぐる問題が世間の耳目を集めるところとなる。

火災後にいく度となく催された市民の集会では、遊廓の移転が声高に主張された。ちょうどその頃は、廃娼運動が盛り上がりを見せていた時期に重なるが、ともかく駅前にある遊廓をどこか別の場所へ移すことが先決との判断から、廃娼よりも実現の見込みのある「移転」が選ばれたのである。

ところが、それに対して府のくだした決断は、当の市民も驚く遊廓の廃止であった——風俗営業取り締まりの先進性は、少なくともこの時期までは受け継がれていたのである。その結果、大阪府の統計書にある「花街概況」を見ると、明治四十二年中の「北ノ新地」における「貸座敷」の廃業は百五十三軒にのぼり、以後、この項目から「北ノ新地」は削除されている。とはいえ、この決定は多数存続していた「送り込み」制の貸座敷の営業を禁止、つまり完全な「廃娼」が実施されたのであって、芸妓までもが禁じられたわけではない。

松川二郎が「もとは本廓であったが、例の大火後娼妓扱席は全部他の廓へ移転を強要されて、今日は全くの町芸妓街」になったと指摘するように（『全国花街めぐり』）、芸娼混合という大阪特有の遊廓の跡地に再建されたのは、永楽席（六十二）、津川席（二十六）、寿席（四十四）、平田席（百五十九）、大西屋（百七十五）、古沢席（百二十八）、いてふ席（二十八）、伊勢屋席（三十四）、魚住席（十三）という九軒の「芸妓取扱席」（括弧内は芸妓数）、そして百軒を超える「貸席」からなる狭義の「花街」――「北陽新地」と呼ばれることもある《北新地》――である（豊島康世編『花柳界便覧　萬華　大阪版』）。それはまた、大阪において「芸妓」と「娼妓」を制度的に分離する最初の出来事であった。現在につらなる夜の街の系譜は、この一連の出来事までさかのぼると言えよう。

話が前後するが、市民が「移転」を唱えていた頃、この運動に便乗する地主が随所にあらわれ、場合によっては廃止の決定後にいたるまで、市域周縁の自らの地所へ遊廓を誘致しようと、移転先の候補地として名乗りを挙げていた。抜け目のない地主たちは、遊廓の移転によって土地の用途転換をはかり、所有する土地の値段をつりあげようと目論んでいたのである。このときから土地の開発・発展・繁栄という明確な目的を有した「新地」の開発計画が活発化したことは、大阪の都市政治のなかでひとつの転機となったといってよい。次にみる《飛田《とびた》遊廓》誕生の下地は、すでにつくられていたのである。

## 三《飛田遊廓》の誕生

### 「南の大火」

遊楽館をはじめ東へ難波新地三、四、五番町の全部は俗に居稼店と称する貸座敷にして娼妓の数は二千以上あり、悲鳴を揚げて二階、三階、四階の部屋より褻衣《せつい》〔ふだん着〕の儘《まま》にて飛び出すものなど、襠《まち》の儘長煙管《ながきせる》を持ちて飛出すものなど、千態万様にて大騒動を演じたるが、多くは浪花座、南地五花街事務所および南海鉄道難波駅前の電車軌道附近に避難したるが、市内の者は大抵実家に逃げ帰りしもの、如し。午後になりて娼妓多勢新川附近の素人家の二階を借り、多きは一戸に数十人の女を詰込み、下通る客を呼び止めて御馳走をねだりゐるものなどあり、中にも気早き楼主は逸早く松島廓の貸座敷に渡りをつけて、一時移転の手続きして直様《すぐさま》営業に取掛らんとするもの多し

（『大阪朝日新聞』明治四十五年一月十七日）

明治四十五（一九一二）年一月十六日午前一時、難波新地四番町の一角にある「檜皮葺御殿《ひわだぶき》風」の三階建の「居稼店《てらしみせ》」、すなわち貸座敷である「遊楽館」から出た火は、風速にして一七・七メートルあったと言われる「烈風」にあおられ、たちまちのうちに「高楼」の建ち並ぶ四番町と三番町を舐め尽くし、隣接する大阪の代表的な盛り場「千日前」をも焼失させ、十一時間以上にわたって付近一帯を焼き尽くした。

この火災、いわゆる「南の大火」は、その火元となった大阪の伝統的な花街である《難波新地》に甚大な被害を及ぼし、《北新地》に引き続いて遊廓の廃止ないし移転をめぐる議論が、業

者・府・市民の間に巻き起こったのである。火災の直後から、《難波新地》の貸座敷業者を市街地南部の「阿倍野」に移転させて新しい遊廓の開設を認可するという「風説」が起こり、天王寺村に土地を有する土地建物会社の株が暴騰したこともあった。「土地建物会社」とは、土地を整地して住宅を提供する、あるいは運河の開鑿《かいさく》などを目的とすることを建前に、実のところは「欲深い地主が土地を持ち寄つて結束し、大資本の結合力によつて地価を昂騰せしめ、比較的短時日の間にボロい儲けをしやうと企て」(東洋経済新報社編『関西　百七十会社の解剖』)る会社である。

とはいえ結局のところ、土地建物会社による新遊廓の開設は風説のままに終わり、《北新地》と同じく《難波新地》の貸座敷もまた、いったんは廃止が決定された。ところが、それから四年後、事態は大きく動く。

**遊廓新設の言い分**

昨十五日突然大阪府告示百七号を以て貸座敷免許地として指定されたる府下東成郡天王寺村大字天王寺東松田西松田、稲谷、堺田の各一部二万坪、即ち通称飛田は嘗《かつ》て明治四十四年一月難波新地遊廓が、南区大火の一炬《いっきょ》に付されし際、其筋は同所に貸座敷の再置を許さずとの事に、失業せし同業者は元より当時土地熱の旺《さかん》なりし折とて、株屋其他の所謂事業家達が、先づ以て此飛田を移転地として着目し、猛烈なる暗中飛躍を行ひし処にて、五年前の其頃阿倍野墓地と南陽館を南北に控へたのみにて、全くつまらなさうな同所の地価が連日暴騰し、界隈の土地ブローカー連得たり賢しと此処をうろつき、天王寺の登記所と村役場は帳簿の閲覧者で埋まった位の大景気なりしが、府当局はてんやわんやの連の悪運動を怖れて全然移転請願に取り合はず断呼《ママ》として運動の不可能を覚らしめたる……然るに今度愈々遊廓地と指定されたるにより、本日の如きは難波新地の焼出され連達、我先きに恰好の処を相して地の利を占めんと巻尺に間竿《けんざお》を携へてうろつき廻るあり、例の土地ブローカー連も早速出張して村役場の土地台帳いぢりに此一帯ざわめき渡りて……（後略）

（『大阪毎日新聞』大正五年四月十六日夕刊）

大正五（一九一六）年四月十五日、大阪府は突如として「貸座敷」の営業を許可する地区として、府下東成郡天王寺村の大字天王寺東、松田西、松田、稲谷、堺田の各一部の約二万坪の土地、すなわち通称「飛田」を指定した。四年前の「南の大火」直後に風説にのぼった「阿倍野」の一角とは、どうやらこの「飛田」が想定されていたらしい。

府側の説明によると、新たに遊廓を開設する理由は以下のとおりである（飛田遊廓反対同盟会『飛田遊廓反対意見』）。

①飛田遊廓は、明治四十五年一月の火災によって廃止となった難波新地の遊廓の代替地であり、罹災した貸座敷業者のために他に土地を選んで与えようとした当時の警察部長の厚意を代々引き継ぎ、ようやくそれを実現するものである。

②失業した元の貸座敷業者は、代替地がいつ与えられるのかと待ち望んでおり、ことあるごとに陳情をしてきた。この点において、今回の指定は元の業者の救済をも意味している。

③大阪の遊廓は市街地に散在しており、それらの立地は決して適当というわけではない。したがって、機会を待ち、漸次移転させる方針である。難波新地の焼失区域は七千坪、飛田の指定地は約二万坪であるから、そのうちの七千坪は元業者にあてがい、残りの約一万三千坪は他の遊廓から移転を希望するもの、あるいは火災などが起こった場合に業者の移転用地として確保しておくものである。すなわち、今回の指定は、市街地の遊廓の整理統合に資するものである。

④飛田の近傍に位置する新世界は、東京の浅草のような「大魔窟」であり、これまでそこに巣食う「私娼」を取り締まることは非常に難しかった。飛田に「公娼」を置くことによって「私娼」を制限することも目的のひとつである。

⑤四年も経た後に今回指定するにいたったのは、火災直後は政治家、土地投機を目論む者、その他に遊廓新設を目論む者が暗躍していたからであり、そのような弊害がなくなるのを待っていたのである。

この説明によると、《飛田遊廓》の新設は、「南の大火」で焼け出された貸座敷業者の救済、市内に散在する遊廓の整理統合、そして私娼の排除が（あくまで便宜的に）目的とされている。これに対し、遊廓の新設に反対して組織された「飛田遊廓反対同盟会」は、「然れども是等の理由なるものも実は寧《むし》ろ世論の反対に対して組み立てられたものと見るを至当とし、事実の真相は土地投機業者に駆られて、大阪市民を犠牲とするに至ったものである事は、既に全く明瞭となって了《しま》って居る」と、当局の後付けのロジックを看破したのだった。廃娼運動が活発化していた時期であるだけに新設に対する反対運動は盛り上がりを見せたものの実を結ぶことはなく、大正七（一九一八）年十二月二十九日、飛田の一部で貸座敷の営業が開始された。

写真６　市電の通る《新町》

その後、大阪府警は市電の敷設にあたって、《新町》の二十三軒、《松島》の十三軒、そして九郎右衛門町の二軒に対して貸座敷の免許地を解除することによって（大正十一年四月四日）飛田への移転を命じた。これによって、「古来浪花の名所とまでいわれた（新町遊廓の）『塀の側』は跡形もなく滅ぶ事」となったのであるが（写真６）、これらとすべて合わせても三十八軒にとどまり、とても「市内に散在して居」る遊廓を「将来機会を待って漸次移転せし」めたとは言いがたい。それどころか、府は逆に新たな指定地（二業地）をつぎつぎに認可していくのである。花街の開発・経営を土地経営としてみた場合、《飛田遊廓》の成功が、後続の新地開発を惹起したといっても過言ではない。

### 土地建物会社の経営

《飛田遊廓》を経営したのは、当初は開発のために組織された阪南土地会社であった。その後、大正十五（一九二六）年六月に同社は大阪土地建物会社と対等条件で合併し、《飛田遊廓》の家屋賃貸経営は大阪土地建物会社に引き継がれる。大阪土地建物会社は明治四十四（一九一一）年に創立されたいわゆるディベロッパーで、第五回内国勧業博覧会の会場跡地を再開発してできた「新世界」に、劇場・寄席・料理店・旅館などを建設、これらを賃貸あるいは自社で経営したことでも知られており、後述するように花街経営には一方ならぬ関心をいだいていた。

とはいえ、同社の経営は必ずしも順調ではなく、昭和初期には経営不振におちいっていた。そのような状況下にあって、手に入れた《飛田遊廓》の土地・建物の賃貸だけは大きな収益をあげる優良物件であった。というのも、《飛田》では間口に応じた「権利金」が得られるばかりか、旧来の貸家も新築の貸家も希望者が絶えることはなく、空家となる心配がほとんどなかったからである。当時の経済誌の論評記事を掲げておこう。

営業はすこぶる多岐にわたっている。飛田遊廓の土地並びに建物を賃貸するほか、東区の本野町、舟橋町、下味原などにも地所、家屋を持ち、新世界においても家屋の分譲をやっている。また通天閣の経営もやれば、有価証券投資や、資金の賃貸などにも手をのばしてきた。がしかし、飛田遊廓地帯の経営を除けば、いずれも一向ふるわなくなってきた。当社近時の業績が……不振に赴いた原因はここにある。すなわち賃貸料を除けば建物の売却金はいうまでもなく、賃貸金利息、所有有価証券配当金などを含む雑収入も恐ろしく減少してきた。もっとも通天閣だけではいまだどうにか収入減を免れているが、その金額は知れたものだ。而して賃貸料のみがかく漸増してきたのは、その大部分を占める飛田遊廓地の賃貸収入が、不況にもかかわらず次第に増えてくる結果であって、他の土地会社にはまったく見られぬ現象だ。

（東洋経済新報社編『会社かがみ　昭和六年版』）

**経営上の特質**

大阪土地建物会社の経営する貸座敷数の変遷をみると、大正九（一九二〇）年末には百二十一軒と倍増、大正十三年末には百六十六軒、そして昭和八（一九三三）年以降は二百三十四軒のまま推移している。いま手元に昭和十五年前後に発行されたとおぼしき「飛田遊廓貸座敷業者一覧表」があるのでその内訳をみると、桜木町に三十三軒、山吹町に五十七軒、中央の大門通に三十九軒、弥生町に四十七軒、そして若菜町に五十八軒の貸座敷が立地していたほか、廓内には「飛田診療院」「飛田遊廓組合事務所」「庭球倶楽部コート」などの施設も整備されていた。大阪土地建物会社の社屋があったことは言うまでもない。

ところが昭和十一（一九三六）年十一月、大阪府警保安課は新たな規制策をうち出す。府下の九つの遊廓に対して、廃娼への布石となる「娼妓待遇改善案」を提示、同案が翌年三月に実施された結果、各遊廓は経済的な打撃を受けるところとなったのだ（逆に言えば、それだけ搾取していたことになる）。

なかでも、その影響を強烈に受けたのが《飛田》である。というのも、《松島》をはじめとするその他の遊廓では、貸座敷のほとんどが個人経営者の所有する物件である上に主に自己資金で操業していたのに対して、《飛田》の場合は土地・建物のことごとくが大阪土地建物会社から賃借しているものであり、営業も融資によってどうにか続けている状態の貸座敷が多かったからである（大隈末廣『飛田遊廓借家紛議の実際及び一般業者への資料として』）。この府警の命令に端を発して「飛田家賃値下期成同盟会」が組織され、大阪土地建物会社との間に借家争議が起こった。土地開発によって特定の街全体（この場合は遊廓）を経営するという、きわめて特異なあり方の問題が噴出したとも言えよう。

とはいえ、これはあくまで事後的な見方であり、大正中期に開発された《飛田》の経営上の成功によって、当時の業者の目には遊廓の経営がきわめて魅力的な事業と映ったにちがいない。以後、土地経営の核として「新地」の開発が土地建物会社によって進められていくのである。

## 新遊廓の風景

芸妓主体の花街である《南地五花街》や《新町》《堀江》とは異なり、《松島》と並ぶ大阪市内の「本廓」である《飛田》は、明治期以降《松島》に次いで二番目に開発されたもっとも新しい（そして結局、戦前では最後となった）遊廓であることから、両廓はとかく比較されがちであるのだが、その歴史には半世紀以上の違いがあり、評価も自《おの》ずと異なっていたようだ。たとえば、岸本水府は「飛田遊廓は松島よりは、ずっと新しいだけに、何となくその情緒も濃《こま》やかではない……正面のコンクリートの柱を立てた大門からして柔か味がない」としつつも、「貧弱ではあるが見返り柳もあり、中央桜の植込みも松島のよりは広々としてゐるし、大門通りに立ちならぶ妓楼の構へも仲々立派で、この点は松島に比して明るい感じを与へる」（「京阪神盛り場風景」）と評している。

松川二郎も『全国花街めぐり』で《松島》と《飛田》を合わせて紹介するなかで、《松島》が

「家並は大小さまざま新旧またとりどり、その間には小料理屋、飲食店、八百屋まで介在してるといふ具合で、混然又雑然、甚だしく花街としての美観を欠いてゐる」のに対して、《飛田》については次のように紹介した。

大門を入つた中央大通りを中心に、街道碁盤の目のごとく縦横に通じ、家に多少の大小はあるが、いづれも同じやうな和洋折衷の二階造りで、入口は両開きのドアになつてゐて、それを押してはいると写真がズラリと並んでゐる。さすがに新設の遊廓だけあつて、一望整然として心持がよい。

大通の突当りの左手に「長谷川」「右手」に「御園楼」といふ家がある、これが当廓の双璧らしい。

いかにも計画的に開発された遊廓の風景というべきであろう。「和洋折衷」とあるように、市内にさきがけてダンスホール、ダブルベッド、テーマルーム、カフェー調のファサードをいち早く取り入れたのもこの《飛田》である。

## 四　大正期の新地開発

《飛田》の開設に引き続き、大正十一（一九二二）年五月には住吉公園と新世界に「芸妓居住地」が指定された。「大正芸妓」と呼ばれた新世界の「雇仲居《やとな》」と住吉公園付近の「雇仲居」は従来、「酌人営業取締規則」の「酌人鑑札」を受けて営業していたが、この二つの地区では「芸妓」との区別がままならないことから、同規則の一部を改正することで、両地区を「芸妓居住地」として改めて指定したのである。

一方は住吉神社の参詣客を相手に賑わいを見せてきた住吉公園、他方は明治三十六（一九〇三）年に開催された大阪初の内国勧業博覧会の会場を再開発して一大娯楽街と化した新世界。どちらも大阪にあっては賑わいの中心であるという点で、「芸妓居住地」――すなわち、狭義の「花街」――に指定されたところで、当然で自然なことと片付けられてしまいそうなところであるが、すでに述べたように、新世界を経営していたのが後に《飛田》をも手中に収める大阪土地建物株式会社ということになると、この指定は看過しがたいものとなる。実際、同社は用意周到であった。

南陽は新世界の発達に伴つて生れたもので、その始めは「大正芸妓」など、呼ばれて、安値の代名詞のやうに思はれてゐたものであつたが、遂に市内四遊廓同様に演舞場まで作らうといふことになり、同廓の東北端に工費二十万円で五百人を容れ得る近世復興式のものを新築し、昭和五年十二月にその披露温習会《おんしゅう》〔芸妓の技芸発表会〕を催した。

（岸本水府「京阪神盛り場風景」）

岸本水府は《飛田》につづいて新設された《南陽新地》の発展を、このように紹介している。後述するように、大阪では大正期以降に《飛田》を含む五つの新地が開発されるのだが、このうち《南陽新地》の成立過程はやや特異であったと言えるかもしれない。というのも、他の新地がすべて土地建物会社の所有する地所をわざわざ開発して建設した花街であるのに対して、《南陽新地》は大阪を代表する歓楽の巷「新世界」という既存の街区に誕生した「花街」だからである。以下では、大阪土地建物会社の社史ともいうべき徳尾野有成『新世界興隆史』を参照しながら、「花街」化する新世界の歴史をたどってみたい。

新世界といえば、「大阪の総てを近代都市に移しかえた」（水府の言葉）というほどに大きなインパクトをもった第五回内国勧業博覧会の会場跡地を再開発して誕生した歓楽街であり、中央部には現在でも大阪を象徴する建造物のひとつ、通天閣がそびえたつ（写真7）。会場跡地を再開発するにあたり、当時大阪随一の盛り場であった千日前にちなんで「第二の千日前」にするべく手をあげたのが、あの大阪土地建物株式会社である。千日前に勝るとも劣らない歓楽街をつくる、そのために設定されたのが「天王寺公園柵外市有地ヲ賃借シ劇場寄席及料理店、旅館等ヲ建設シ之レヲ賃貸スルモノトス、但シ必要ノ場合ニハ土地及建物ノ売買ヲナスコトヲ得」という方針であった。そもそもの初めから劇場・寄席のみならず、料理店・旅館の建設までをも視野に入れていたことは、その後の成り行きを見定めていたのかもしれない。

写真7　新世界のシンボル、通天閣

**「大正芸妓」の登場**

明治四十五（一九一二）年七月三日に開業した新世界は、当初、劇場や寄席を中心とする興行街としての色合いが濃かった。しかしながら、第二期の計画として組まれていた通天閣より北側に位置する街区——通称「新市街」――の工事にあたっては、主として売店・飲食店向けの建物が建設され、驚くべきことにそのなかには「待合風の料理店」も数多く含まれていた。実のところ、この待合風料理店という建築様式は、新世界に芸妓を置こうとする会社側の秘密裡の計画にもとづくものであったのだが、当局の顔色がさえないことから尻込みしていたところ、大正四（一九一五）年七月、地区内に雇仲居《やとな》倶楽部の設置が認められたのである。

写真8　「紅街」化した新世界

　雇仲居倶楽部とは、前章でも登場した芸妓よりも格下とされる雇仲居（酌婦）を派遣する事務所であるが、この新世界に出現した倶楽部所属の雇仲居は、「芸妓そのままの営業を始めたという。そして、「各料理店等が争ふて招聘するので忽ちに妓数も増加し、新奇を欣ぶ遊客が真昼間から押寄せると云ふ珍風景を展開した」のである。これこそ、岸本水府も言及していた大阪流の「大正芸妓」の登場である――東京葭町の「大正芸妓」が範になっていることは言うまでもない。

　こうなると、街全体が「紅街（＝花街）化」するのは必然で、所轄署の調査によれば、この年の末時点で酌婦五十七名、置屋二軒、そして料理屋は六十一軒にのぼった。このように手際のよい経営は、後述するように大阪土地建物会社の社員が「東京千束町の魔街をも視察」し、「女力開発の妙策案出に傾倒した」結果にほかならない。
翌大正五年の十月になると、酌婦三百四十七人、置屋十八軒、そして料理屋は約二百軒にふくれあがり、擬似的な検番制度も取り入れられるようになる。大正芸妓の興隆は、「席貸風家屋の需要」を高め、すでに建設されていた洋風の家屋までもが続々と格子窓の和風建築に改装されたという。その結果、「全街殆んど花柳風景」を呈するにいたった（写真8）。

## 《南陽新地》の誕生

会社側にしてみれば、こうした既成事実の積み重ねが功を奏したというべきだろうか。すでに述べたように、大正十一（一九二二）年四月の府令によって「芸妓酌人取締規則」が改められ、翌五月に新世界の一部が「芸妓居住指定地域」となった。これを受けて「大阪土地」は、置屋と料理屋から構成される「南陽組合」を迅速に組織し、同地はその内実においても花街《南陽新地》に生まれ変わったのである。

「町勢」新世界のシンボルたる高塔通天閣の前には小公園あり、噴水を繞《めぐ》りて泉池芝園を設け、俗塵《ぞくじん》中によく雅興をよぶ。之より北部に放射線状を為す街区は其の最大の商店街を恵比須通と云ひて関門を扼《やく》し、其の東、春日灯籠の居並ぶは春日通（玉水通）と云ひ次を合邦

> 通、又た次なるを東の町と呼び、何れも花街の中軸をなす、之を東西に横断するものは北より数へて稲荷町、北の町、通天閣である。いろは小路、若葉小路、花見小路、見返小路等狭斜の巷此間に散在し、西の町（魚菜市場）は恵比須通西裏に続き通天閣以南の興行街は東西仲の町に岐《わ》かたれ、其の西には桜の町、柳の町、南部に南の町ありて飲食店櫛比《しつぴ》し、最南端なるは弁天町と云ひ純然たる青楼街をなし、大衆歓楽の珍境石見町より飛田へ通じているのである。
>
> 外廓天王寺公園に沿ふは公園通であつて、旅館、ホテル多く北面して逢坂に臨める商店街は逢坂通と云ひ、西側に長く延べるは霞通と云ふ住宅街である。

「町勢」として『新世界興隆史』に記されるように、新世界は商店街・興行街・花街という三つの要素から構成される特異な街区となった。このうち、「公園通東之町、若葉小路、合邦通、花見小路、玉水通、見返小路、いろは小路、弁天町、霞通（阪堺裏）、稲荷町東部、北の町、桜の町、柳の町、南之町、通天通に渉《わた》る大地域」が、「昼夜絃歌の音を絶た」ない「柳暗花明の巷」で、全盛期には置屋二十七軒、料理屋二百数十軒が建ち並んでいた。

ところで、『新世界興隆史』には「南陽綺話」なるコラムが掲載されている。それによると、「新世界が花柳街となる地史的理由があつた」というのだ。少しばかり、《南陽》の縁起をめぐる語りに耳を傾けてみよう。

「南陽綺話」によれば、新世界が花街となったのは、「沿革上奇縁がないでもない」という。というのも、幕末の大阪には三十数カ所にわたって「岡場所」とでもいうべき「私娼街」と「町芸妓」とが存在していた。「町芸妓」とは、廓外にいた芸妓である。「岡場所」という言い方は大阪ではあまりなされなかったが、いわゆる「私娼街」はたしかに存在していた。すでにみたあの泊茶屋街、明治初年に《松島》への移転が命じられ、廃止の憂き目にあった小規模な遊廓である。この「泊茶屋」が、後に内国勧業博覧会の会場となる地区の近傍に複数立地していた。たとえば、「ボンヤ」（連れ込み宿の祖型とでもいうべきもの）や「煮売屋」が両側に軒を並べていたという愛染坂の勝鬘院付近、少し下級の「泊茶屋」街であったという月江寺《げっこう》付近、天王寺の別院「秋の坊」（伶人町《れいじん》）や安井などである。特に勝鬘院付近の旧泊茶屋街は、すでにみたように明治中期まで「遊廓」としての復活を何度も出願している。こうした「地史的理由」を背景にして、「云はゞ新世界は町芸者の復活者として大阪花柳史に特筆されてよい」というのがコラムの言い分である。

いささかこじつけに過ぎる感は否めないが、そうした歴史性を都合よく引用するあたりに経営主体のずる賢さが垣間見えるというべきだろう。だがそれ以上に驚かされるのは、「大阪土地」

のあこぎな経営努力（?）である。同社は、新世界の建設過程において、すでにふれたように花街経営のノウハウを東京の裏町に求めていたのだ。すなわち、

> ……大土地では一時町芸妓の再現運動困難と見て私娼街を設けんとし、庄川氏の如きは内命を受けて東京千束町の〔魔街をも〕視察にさへ行つた事がある。見返小路の恵比須通裏は其の目的で建てられたもので未だ建方に其の俤《おもかげ》を偲ぶ事が出来る。

「私娼街を設け」るために東京・千束町の「魔街」をも視察した――花街経営に対するすさまじいこだわりが知られるエピソードである。ちなみに、前述のとおり《飛田遊廓》を経営していたのは阪南土地会社であったが、大正十五（一九二六）年に同社を対等条件で合併し、遊廓の家屋賃貸経営を引き継いだ会社こそ、この「私娼街」建設を企てた大阪土地建物会社にほかならない。

### 新地開発の失敗――松島遊廓移転疑獄事件――

《新世界》《住吉》の芸妓居住地指定のあと、花街をめぐる動きはいったん沈静化したかに見えたが、表に見えないところである計画が進行していた。花街の利権をめぐる業者・地主・政治家の癒着は東京の事例にも見たが、この計画をめぐっては癒着の強度が頂点に達し露呈することに

なる。世に言う「松島遊廓移転疑獄事件」である。この事件については篠崎昌美「大阪松島遊廓・移転疑獄事件」ならびに都築七郎「歪んだ秤――松島遊廓移転疑獄事件――」において詳細に報告されているので、ここでは両者に依拠して要点のみを整理しておこう。

明治初年に開設されていた《松島遊廓》は当初、三方を川に囲まれた市街地の周縁に位置する陸の孤島であった。しかしながら、明治期以降の市街地化によって大正期には都市空間に包摂されている。すでに指摘したように、《飛田遊廓》の開設にあたっては、あり余る用地をその他の遊廓の移転先としてあてがうというのが大阪府（警察）の立場であり、この頃から《松島遊廓》の移転問題もくすぶりはじめたようだ。そこにきて松島の業者側もまた、廓内の手狭な土地はいかんともしがたく、より広い土地を求めて水面下で運動を開始していた。大正七（一九一八）年のことである。

松島側は、まず移転地を確保するために大東土地株式会社を創立した。社長には当時の市議会の副議長が、そして専務には業者の代表が就任している。遊廓の移転地が決まれば、その地所と周辺の地価が跳ね上がるのは必至で、その利権をめぐって別の土地業者と政治家がまたぞろ動き出す。地元の侠客《きょうかく》を巻き込みながら、「大東」を含む三つの土地会社がそれぞれ運動を開始し、大正十三（一九二四）年六月に成立した加藤高明内閣を支える憲政会・政友会・政友本党に所属する代議士への働きかけも活発化したのだった。

問題は、その過程で運動資金が各政党関係者に流れたことにある。後に明らかになるところによれば、憲政会の長老である箕浦勝人《みのうらかつと》には「第一次若槻礼次郎内閣時に若槻首相から松島の移転を了解する旨の言明を得るためにその資金として五万円」が、また高見之通代議士には「移転に際して政友本党が妨害しないという了解を政友本党総裁の床次《とこなみ》竹二郎から得るために三万円」が、さらに当時の大阪府知事・中川望と同窓であるという政友会幹部の岩崎勲には「移転に際して政友会は反対しないという党議をまとめる運動資金として四十万円」が受け渡されたというのだ。

こうした事実が露見した背景には、特定の人物による工作があったというが、いずれにしても事は表ざたになり、先ほどの三名を含む関係者数名が起訴されるにいたった。さらに予審のなかで箕浦が内閣総理大臣若槻礼次郎を偽証罪で告訴したことから、内閣までをも巻き込んだ一大スキャンダルに発展したのである。結局、不可解ながらもこの裁判（控訴審も含む）において、箕浦らは無罪となり、また若槻の偽証罪も認められることはなかったが、このように中央政界をも巻き込む事件に発展したのは、遊廓や芸妓居住指定地の許可権を府知事が有していたためである。府知事は、今のような公選制とは異なり、内務省の管轄下におかれたいわば地方長官とでもいうべき存在であった。その府知事から内務大臣に上申されて、はじめて遊廓の新設ないし移転の許可がおりる。つまり、疑獄事件にまで発展した《松島遊廓》の移転問題は、この仕組みに付け込み、政府与党に直接働きかければすんなりと許可がおりると考えた業者の思惑に端を発していたのだ。

そして、この疑獄事件のほとぼりがいまださめやらぬなか、（警視総監のように）「置土産」をして中央へと栄転していった府知事がいた。昭和二（一九二七）年末、またしても突如として市街地近郊の二カ所に芸妓居住地が指定されたのである。この出来事は、「松島遊廓移転疑獄事件」の後始末として位置づけられなければならない。

## 五　《今里新地》の開発と発展

### 芸妓居住指定地の許可

……またまた芸妓居住区域の指定がしかも二ヶ所市内に許可された。その黒幕に政友会代議士連が活躍していると伝えられている。許可された指定地は市内港区東西田中町一丁目の約一万余坪で、……もう一ヶ所は市内東成区片江町（ただし大阪軌道以北を除く）同町隣接中川町（ただし猪飼野《いかいの》町より中川町を経て原見町に通ずる道路以南を除く）で面積約六万余坪、……許可になったのは二十七日付けである。明春からは直に前記の地域内に料亭が櫛比し検番が新設され、近いうちに不夜城が現出することとなろう。しかも市内のみでなく、明年郡部から出馬せんと計画している政友会系の策士連は郊外の地点にそれぞれこうしたものを設けんと血眼になっている、府当局の許可理由にいわく、「東京では今春、現在の芸妓地域を拡張したのみか五ヶ所に新設することを許可した。大阪は現在では少ないから少しは増加してもよい」というのである。

（『大阪朝日新聞』昭和二年十二月二十九日）

「松島遊廓移転疑獄事件」の余燼《よじん》がいまだくすぶる昭和二（一九二七）年末、一度に二カ所もの芸妓居住地――「花街」の営業許可地――が指定された。このとき認可された芸妓居住指定地は、どちらも以前からいく度か出願されていたが、「営利を目的とする土地会社関係の一部少数者の利益のために、付近の風教、風致を害し、市民の良俗をきずつけ、都市の品格をおとすに忍びずとして、歴代知事の断じて許さなかったところであった」（『大阪朝日新聞』昭和三年一月七日）という。「東京では今春、現在の芸妓地域を拡張したのみか五ヶ所に新設することを許可した。大阪は現在では少ないから少しは増加してもよい」という当局の説明は、いかにも官僚主義的な言い訳である。

芸妓居住地を指定したのは、当時の内務大臣・鈴木喜三郎と姻戚関係にあった大阪府知事の田辺治通であった。田辺が鈴木の任命で着任していたことを考えると、内務省との太いパイプを利用して一度に二カ所もの指定が実現したものと思われる。翌昭和三年、田辺は鈴木の辞職に殉じて自らも府知事を辞任し大阪を去ったことから、『今里新地十年史』は芸妓居住地指定を「置土産の一つ」と賞賛している。

「指定地を疾風迅雷的に許可した大阪府当局の措置」が、翌日の株式市場に大きな影響を及ぼしたというように（『大阪朝日新聞』昭和二年十二月二十九日）、この地区指定は花街の経営を目的とした土地開発に乗り出そうとする開発業者に便宜をはかろうとしたものであった（結果的にもそうなった）。実際、東田中町一〜二丁目と西田中町一〜二丁目は、安治川土地株式会社の経営する地所であり、当時の経済誌は次のように評価しているのである。

殊に西田中町付近は芸妓指定地になつたから、前途発展の可能性は十分にある。指定地付近は坪百五十円から二百円見当らしく、地価はまだ上らうが当社では平均百七、八十円位で売地に応じてゐる。これは他の所有土地を騰貴せしめる為には、なるべく早く指定地の発展を計る事が得策だからだ。（東洋経済新報社編『関西　百七十会社の解剖』）

また、「政友会系の策士連は郊外の地点にそれぞれこうしたものを設けん」とする動きが伝えられているように、この市内二カ所の芸妓居住地指定をきっかけにして、他地域にも具体的な指定地出願の動きを引き起こした。たとえば、「府下有数の遊覧地」で周辺に多くの料理屋が集積していた「浜寺」と「淡輪《たんのわ》」では、芸妓を置けないために「不便を感じていた」関係者が府会議員とともに政友会系の代議士と協力して運動を起こす。またこれとはべつに、大阪電気軌道沿線の瓢簞山《ひょうたん》では、料亭・旅館営業者約二十名が芸妓居住地指定を出願した。これらはいずれも、政界と連動した郊外の遊覧地を核とする運動である。

では、もう一方の指定地である片江・中川はどうであったのか。

## 「松島遊廓移転疑獄事件」の後始末

田中町と同時に指定を受けた片江と中川は、大阪電気軌道株式会社（以下、大軌と略）の沿線に土地を所有する大東土地株式会社の地所であったが、指定の直後に大軌に売却されている。同社は昭和三（一九二八）年八月に「今里土地株式会社」を設立し、区画整理をした上で花街の建設に着手した。大東土地から大軌が取得した約八万坪の土地には、府会議員、市会議員、そして衆議院議員を歴任し、大軌をはじめ多くの会社の取締役などとして活躍した三谷軌秀《みたにのりひで》が出資し、そのまま筆頭株主として社長に就任した。

ところで、大軌が買収した地所の元の所有者である大東土地という名に聞き覚えがないだろうか。そう、この会社は前項で述べたように《松島》の移転を画策して大正七（一九一八）年十月に資本金六百万円（払込額二百十万円）で設立され、大軌沿線に十八万五千坪の田畑・原野を有していたあの土地建物会社にほかならない。疑獄事件に発展したことから移転は実現しなかったゆえ、大東土地が取得した地所は宙に浮いたままになっていた。そこに着任した府知事の田辺が中央政界との太いパイプを活かして芸妓居住地を指定したのである。遊廓がだめなら花街を、などという思惑があったのかはさだかでないが、土地会社の性格、そして「黒幕」として政友会系の議員が動いていたことにかんがみれば、少なくとも、《松島》の移転計画とその頓挫、そして新たな芸妓居住地の指定は一連の出来事であったと見なすべきであろう。

安治川土地株式会社によって建設された花街は《港新地》として、今里土地株式会社によって建設された花街は《今里新地》として、いずれも戦後にいたるまで繁栄することになる。ちなみに、十周年を記念して編纂された『今里新地十年史』（昭和十五年）の冒頭には、生みの親とでもいうべき田辺治通の写真が何の註釈もなく掲げられている。

## 《今里新地》の開発と発展

今里土地株式会社は会社設立後の十一月に「御大典記念割引土地予約売出」を行なって好評を博したが、家屋建築に取りかかろうとする段になって区画整理の規格が変更されたために、建築線指定の申請が認められず、売却は一時凍結された。つまり、まだこの時点では、太公望が釣り糸を垂らすのどかな「葦蘆《いろ》茂る湿潤地」だったわけである。

区画整理組合は昭和四（一九二九）年十二月二十四日付けで認可され、翌年一月の創立総会開催をもって正式に成立した。昭和五年五月の大阪府の告示をもって事業が開始され昭和八年三月に竣工する。六間、五間、四間、三間の四通りに道路は施工され、中央部には公園が設けられるなど、開発色の濃い「花街」が出現した。

表10　今里新地の発展

| 年度 | 戸数 | 料理屋 | 置屋 | 芸妓数 | 歳入 | 歳出 |
|---|---|---|---|---|---|---|
| 昭和４年 | 31 | 10 | 4 | 13 | | |
| 昭和５年 | 191 | 78 | 24 | 258 | 17,588 | 17,557 |
| 昭和６年 | 409 | 152 | 45 | 590 | 34,069 | 24,476 |
| 昭和７年 | 835 | 203 | 78 | 984 | 54,163 | 52,383 |
| 昭和８年 | 1,095 | 243 | 80 | 1,254 | 75,478 | 75,330 |
| 昭和９年 | 1,474 | 285 | 91 | 1,331 | 91,205 | 90,390 |
| 昭和10年 | 1,675 | 349 | 97 | 1,864 | 108,433 | 102,522 |
| 昭和11年 | 1,853 | 391 | 100 | 2,050 | 117,650 | 107,730 |
| 昭和12年 | 1,950 | 432 | 103 | 2,535 | 127,235 | 116,446 |
| 昭和13年 | 2,032 | 435 | 104 | 2,379 | 129,031 | 128,327 |
| 昭和14年 | − | 435 | 104 | 2,494 | 150,774 | 148,867 |
| 昭和15年 | − | 436 | 104 | − | − | − |

この間、今里土地は「試験的」に「花街見本用」の貸家建設を急ぎ、昭和四年末には開業にこぎつけた。貸家三十軒に十軒の料理屋と四軒の置屋が入り、芸妓はわずか十三人であった。年が明けて昭和五年一月には、開業したばかりの業者十四名が統制機関としての組合を設立するために、連署して「今里新地芸妓組合規約認可願」を所轄の鶴橋警察署長に提出した。

岸本水府は「今里新地は、大阪の東端今里に新設されたものといふよりも目下新設中のもので、まだそこいらに鉋屑《てつくず》が散らばつてゐたり『近日開業』の貼札が所々に見られたりする程度」と記したが（昭和七年のことである）、《今里新地》の発展、そして組合活動の飛躍は、表10からもうかがうことができる。昭和四（一九二九）年十二月に開業した《今里新地》の芸妓置屋・料理屋は、その後順調に増加してゆき、昭和十年を過ぎる頃には、市内で随一の規模を誇る花街を形成していた。そして、そこにはいかにも「新地」らしい景観が現出することになる。

今里新地の町並みは新興街だけに区画整然として見た眼に清々しい感じを与へる。料亭の表には、柳、桜さては松樫、槙などの常磐木《ときわぎ》を配し、春日灯籠や踏み石も苔むして風流があり、街そのものが緑化されているから生き生きとして何となく明るい。殊に料亭は普通の家を改造したのではなく、最初からお茶屋向きに建築されたものばかりだから、奥行きが深く、たいていの家には離れがあり、風雅を旨とした料亭建築のいきとすいを競い、いわゆる独特の「今里新地情緒」をたたえている。

（『今里新地十年史』）

**《今里新地》の風景**

大正期以降に新設された《飛田》を除く四つの新地――《住吉》《南陽》《今里》《港》――は、いずれも「芸妓居住指定地」である。制度的に言えば、この指定地は芸妓が居住し営業できる範囲を限定すると同時に、「料理屋飲食店取締規則」にもとづいて「特殊料理屋」の営業が許可されていた。当然のことながら指定地に娼妓は存在せず、芸妓置屋と「料理屋」から構成される狭義の「花街」――いわば二業地――ということになるのだが、奇妙にもそこには東京の二業地とはまったく異なる風景が広がっていたのである。すなわち、料理屋というのは、もちろん青楼〔妓楼〕、待合のことだ。ただこういう名目が許されないためで、割烹という看板を掲げたのが、いわゆる料理屋である。だから、ここでは板場《いたば》のない料理屋がズラリと軒を並べている。思い思いの門構えに、前庭後庭の空き地、さては街路にまで緑濃き樹木をもって彩られている状は、確かに異色である。

ここは女の世界、どの横辻から出て来るのも、女、女、女だ。さざめきも艶めかしい。お湯へ、稽古場へ、髪結いに、さては買い物に、彼女たちの往来は昼間の交通を浚《さら》ってゆく。弦歌の音、太鼓の響きも早くも街並みに漂う。開けた硝子戸から着付けの模様が見える。見通せる実の彼方此方に色っぽい姿も見えれば、湯上がりの若やかな肌さえ覗かれる。

（小松一郎「近代色を加へた遊境今里新地」）

ずらりと軒を並べた「板場のない料理屋」こそ、大阪の新地を象徴する風景というべきだろうか。要するに、それは、実質的には（東京には例のない）「料理屋」と名乗る待合茶屋と芸妓置屋からなる、特殊な二業地だったことになる（なお、《住吉新地》だけがこの制度をとっていない）。新地内には「花街」に関係する料理屋・仕出屋、各種飲食店、洋食店、喫茶店、美容院、撞球《ビリヤード》場、写真店、紹介業、医院、各流派の師匠、その他の商店も立地していた。

# 六　新地の開発史

……遊廓整理なるものは、浪花三郷〔大阪を南組・北組・天満組の三区に分け、それぞれに町奉行を置いた江戸時代の行政施策〕以来繰返された都市政策の一つで、現に松島遊廓の如きもその開設当時（明治元年）は、市内より遠く離れた桑田（西成郡寺島村）であつたが、いつのころか市内と握手して西大阪繁華の中枢をなせるが如き、また飛田遊廓が二十五年前免許せられたる当時は、あの辺一帯は……中略……南は阿倍野墓地に接し、鬼哭啾々《きこくしゅうしゅう》、野狐《やこ》月に嘯《うそ》ぶき、人ツ子一人通らぬ……中略……ところであつたが、一夜に変る歓楽不夜の桃源郷は、その触手を北は新世界へ、南は天下茶屋へと伸ばして、瞬く裡《うち》に新市街を醸成し、南大阪発展の温床となりたる如き、花街は常に土地発展のお乳母役を勤むること歴史の徴するところで、都市政策の理想とされてゐる。

（『今里新地十年史』）

大阪の花街の近代史をひもとけば、明治初年の再編にともなう《松島》の創設を除いて、明治末期まで大きな変化はなかった。しかし、その過程で旧来の花街である「遊所」においては、ゆるやかに芸娼の分離が進んでいたものと考えられる。そして、北・南の大火をきっかけとして

《北新地》と《難波新地》における廃娼が断行されたのだった。

しかし、世論を押し切るかたちで、《松島》の開廓以来五十年の歳月を経て新しい遊廓《飛田》が開設される。大正期以降、遊廓の移転は全国の各都市で行なわれているが、新設となるとあまり例をみない。《松島》の移転が頓挫したことにより、戦前の大阪では《飛田》が最後の遊廓の設置となった。その後は、近郊の土地開発の色合いを強めながら、土地建物会社の地所に「芸妓居住指定地」（二業地）の設置が進められていく。大阪土地建物会社の《南陽新地》と《飛田》、今里土地株式会社の《今里新地》、安治川土地株式会社の《港新地》などである。《南陽新地》と同時に許可された《住吉新地》は、当初住吉公園南側の浜口町一帯を指定地とし、大正十四（一九二五）年には芸妓扱席十五軒、貸席六十八軒が立地していたというが（白井伊之助編『住吉界隈いま・むかし』）、その後大阪府は公園付近一帯の地域に芸妓の出入りできる料理屋の建設を許可するなどの布石を打ち――指定地の範囲の事実上の解除――（『大阪毎日新聞』市内版昭和三年七月十二日）、昭和十一（一九三六）年に日泉土地株式会社の所有する「菖蒲園」への移転が命じられた。結局、《住吉新地》もまた新地特有の立地を示すことになったのである。

このように近郊に新地が開発された結果、旧来の花街、そして純粋な「遊廓」、さらには狭義の「花街」という三種類の花街が、昭和戦前期の大阪の都市空間に並存したのである。二つの遊廓の規模は特異であるものの、全体としては芸妓を本位とする「花街」への移行を見て取ることができる。しかし、ここで想起しておきたいのは、戦後の状況である。《南陽新地》を除く新地

（住吉、今里、港）と二つの遊廓がことごとく赤線に移行したのに対して、旧来の花街はその規模を著しく縮小させながら都市空間の後景へと退いていく。《松島》が焼失にともない移転、《港新地》にいたっては二度にわたって移転しながらも存続したのとはあまりに対照的であった。さらに驚くべきは、昭和二十七（一九五二）年にまったく新しい新地が誕生していたことである。もはやこれらを花街と呼ぶことはできないが、土地を（再）開発し新地と呼ばれる空間を創出する手法には大正期以来の連続性があると言えるだろう。

大正期に確立された手法は、戦後にいたるまで引き継がれたのである。

# 第七章　謎の赤線を追って――鹿児島近郊の近代史――

## 一 消えた遊廓、そして謎の赤線

俳優の殿山泰司氏（故人）が「昭和四十六年から四十七年にかけ、ニッポンのアチラコチラに残されている旧遊郭がどうなっているか」を探訪した見聞録『三文役者のニッポンひとり旅』のなかに、ある都市の旧遊廓を再訪したときの印象を記した次のような箇所がある。

……それからもスタコラと歩いて歩いて、真ん中にフェニックスのグリーンベルトのある広い道路の向う側にやっと沖の村はあった。そしてオレは暗い沖の村を歩いた。……暗い町には小さな旅館が点々とあり、厚化粧をしたオンナがいる赤い電灯の小さな飲み屋が二軒ばかりあったけど、それはなにも沖の村の特色ではなさそうである。普通の町である。沖の村は消えてしまったのだ。

旧時の面影をほとんど残さず「普通の町」に転じた《沖の村》。ここは南国の旧城下町・鹿児島にあって、かつて《洲崎遊廓》あるいは《常盤遊廓》と呼ばれた一街区である。《沖の村》が消えた最大の要因は、言うまでもなく、昭和三十三（一九五八）年四月から全面的に適用された売春防止法にある。鹿児島県では同法の実施に先がけて業者に対し転廃業の指示を発したので、同年三月十日には、「消えた花街の〝赤い灯〟」と報じられたごとく（『南日本新聞』昭和三十三年三月十一日）、およそ六十年にわたる《沖の村遊廓》の歴史は幕を閉じたのだった。

旧遊廓（戦後の赤線地区）に関する紀行文は、あまり多くはないのだが、殿山氏の再訪より十五年以上も前に鹿児島を訪れた渡辺寛は、「芸者は山之口町界隈に七十名ほどいるが、遊びは何といっても沖の村遊廓。赤煉瓦作りの古い建物が二十三軒。舗装していない泥んこ道にならんでいる」（『全国女性街・ガイド』）、と「沖の村」の様子を記している。「赤煉瓦作りの古い建物」二十数棟が十五年の歳月を経るなかでまったくなくなってしまったとはにわかに信じがたいのだが、たしかに「沖の村は消えて」いた。

渡辺の記述には続きがある。それは、「ほかに『いしきはらら』の唄の文句に出てくる伊敷にも赤線があり、ここも気分がいい」というものだ。前出の引用をふまえて言えば、当時の鹿児島には、市街中心部の山之口界隈に「花街」が、市街地南端の沖の村に遊廓（すなわち、赤線）が、そして郊外の「伊敷にも赤線」が存在したことになる。一般的に赤線地区は、（各地に例外があるとはいえ）旧遊廓であると考えてよい。すると、伊敷と呼ばれる地区にも古くから遊廓があり、そこが戦後になって「赤線」と呼ばれるようになったのだろうか。

《沖の村遊廓》の場合は、殿山氏の紀行文にもあるとおりあまりに有名であり、地元でも広く知られた存在である。だが、伊敷の赤線（旧遊廓？）となると、関係すると思われる資料には少なからず目を通してきたものの、結果的に上記の引用以外にその存在を指摘したものはなく、ここ数年来、わたしにとってはひとつの謎であった。
さいわいなことに、わたしには鹿児島市出身の知人が数名おり、伊敷の遊廓に関心がある旨を伝えていたところ、そのなかの一人Nさんから思わぬ情報をEメールでいただいた。その内容の一部を紹介してみよう。

祖母〔Aさん〕は昭和九〔一九三四〕年から伊敷に程近い原良《はらら》町に住んでおり、この近辺のことは詳しいだろうとふんでいたのですが、遊廓の存在は記憶にないとのことでした。しかし、後日、祖母が友人の九十歳の女性に伊敷の遊廓を尋ねたところ、原良町と隣接する現在の永《なが》吉《よし》町に遊廓があったということがわかりました。場所は、現在の鹿児島アリーナ付近〔鹿児島刑務所があった場所〕です。……当時この近辺は永吉塩屋と呼ばれており、その頃の塩屋という地名は、遊廓のある場所を指していたそうです。……しかし、場所的には伊敷ではないよなぁと思ったのですが、かつては、永吉やその川向こうの草牟田《そうむた》も「下伊敷」という名でひとくくりに呼ばれていたそうです。だとすると、伊敷の遊廓は、永吉塩屋でほぼ間違いないのでは、と思われます。
（二〇〇二年八月二十三日付けの私信より、許可を得て転載）

この明断な地理的説明は、遊廓の存在を確証するに足る説得力を持っているように、わたしには思えた。実際、歴史ガイドである下堂園純治編『かごしま歴史散歩』を開いてみると、鹿児島

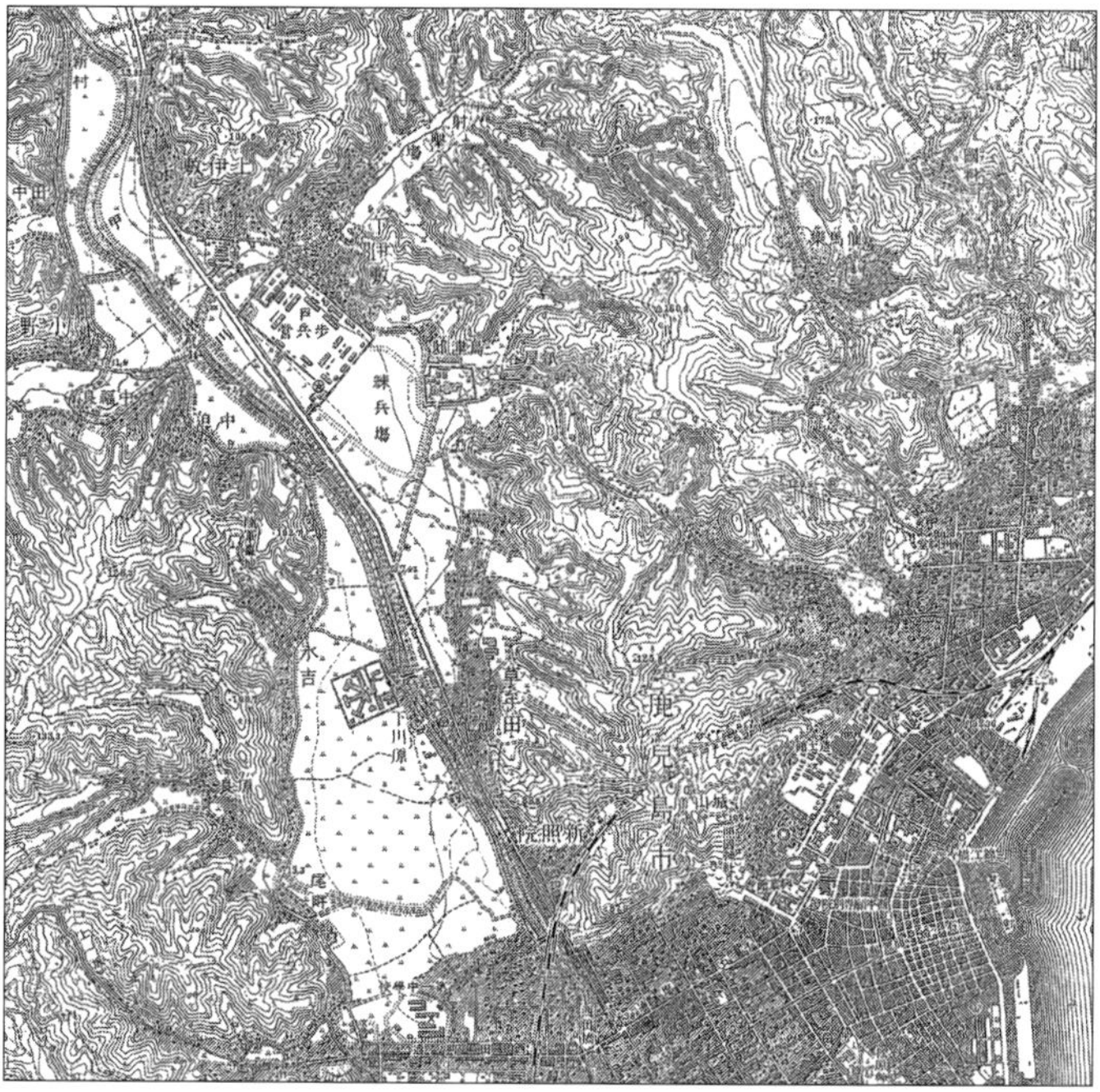

※原図を50%に縮小

図21　鹿児島の近郊（1918年）

おはら（小原良）節にある「雨の降らんのに草牟田川にごる　伊敷・原良のオハラハア化粧の水」という一節を引きながら、著者はここに「明治の中頃まで遊女宿があった」という説を展開している。この説は、Nさんのメールにある九十歳の女性の説と同一のものと考えられる。遊女たちの「化粧の水」によって、「草牟田川」（甲突川《こうつき》）が「にごる」というわけだ。言うまでもなく、前述の「『いしきはらら』の唄」とは、おはら節を指す。

ところが、この地域には遊廓など存在しなかった、という説があることも判明した。たとえば、鹿児島の遊廓史の総論とでもいうべき『かごしま・くるわ物語』で著者の芳即正氏は、伊敷や原良の女性たちが農作業で汚れた手足を洗ってにごった水を、おはら節はおもしろおかしく洒落て歌っているのだと説く。また、『古地図に見るかごしまの町』の著者である豊増哲雄氏は、伊敷・原良、そして永吉は鹿児島の近郊農村であり、これらの地区から市街地への出稼ぎや蔬菜《そさい》（青菜）の供給がある一方、市街地で排出される下肥がこの地域へ運ばれて利用されていたことから、田んぼへ投入された肥やしが流れ出て川の水がにごったさまを詠ったとする解釈をご披露くださった。どちらも、遊廓の存在を否定する説だと言ってよい。さらにまた、遊廓の存在を肯定する『かごしま歴史散歩』にしても、「監獄署」の建設地に選定されたことから（後に「刑務所」、明治四十二年にこの地に移転）、貸座敷は沖の村の開設に合わせて明治三十二（一八九九）年に塩屋町へ移転したとしている。つまり、いずれにしても、明治末期には遊廓が存在しなかったことになる。

では、「伊敷にも赤線」があるという昭和三十年の記述はいったい何を意味するのだろうか。Nさんの貴重な情報は謎をいっそう深めると同時に、わたしを鹿児島へといざなった。

## 二　鹿児島の近郊

### 近郊の近代

本章の舞台となるのは、鹿児島の旧城下町の近郊、かつて併称ないし総称された「伊敷・原良」に、伊敷の遊廓が存在したという永吉を加えた地域である（二八三ページの図21）。むろん現在は、城下町であった旧市街地と連続して一様に市街地化している上に、未曾有の豪雨災害となった一九九三年の八・六水害以降の甲突川両岸の復興事業によって、景観が大きく変わったであろうことは想像に難くなく、周辺を散策していても歴史を垣間見せてくれるような痕跡はほとんど見当たらない。けれども、戦前に発行されたガイドブックには、貴重な手がかりがいくつも残されていた。そして、この地域を近代の都市史のなかで観察してみる時、そこはじつに興味ぶかい空間として浮かび上がってきたのである。

そもそも「藩政時代から明治三十年頃までは……ほとんど田んぼであった」（『古地図に見るかごしまの町』）と指摘されるように、伊敷から永吉・原良にかけての甲突川両岸の地域は、明治三十（一八九七）年に伊敷に兵営が設置されていたとはいえ、基本的には旧市街地に近接する農村地帯であった。そして、この田園地帯にも近代化の波が押し寄せることになる。

その端緒は、市内にあった監獄署の移設地に永吉が決定したことであった。これを皮切りに、明治四十年代以降、永吉・原良地区を中心に官民双方の新しい施設がつぎつぎに移設・新設されていく（紀野健一郎「市制施行以後の鹿児島」）。それは、もともと旧市街地周辺に配置されていた避病院、刑務所、墓地などの諸施設が都市の近代化にともなって、いまだ水田の広がる郊外に再配置されてゆく過程であった。そして、諸施設の新設・移転につづいて、耕地整理事業、市電路線の延長、その他の教育機関の開設に具体的に表されるインフラの整備が進められた。「耕地」を整理するとは名ばかりの土地区画整理事業は市街地の外延を見越して無作為に住宅が建ち並んでゆくのを予防するための基盤整備であり、市電の延長は近郊から中心部への、また逆に中心部から近郊へのアクセスを高めることで、まさしく伊敷・原良・永吉を近代都市・鹿児島の近郊として取り込む役割を果たしたのである。実際、永吉と原良は、大正九（一九二〇）年十月一日、伊敷への市電の開通と時を同じくして、鹿児島市に編入されたのだった。

### 遊蕩のトポス

同年十一月二十八日、「名にし負ふ原良田圃」に建設された薩摩製糸工場の敷地で、鹿児島市への編入を祝う祝賀会が催された。この祝賀会に合わせて『鹿児島新聞』は、「昔の盛時に復《かえ》らん／原良の繁華町」と題し「由緒深き原良永吉」の歴史を紹介している。その記事は、驚くべきことに、「永吉の遊廓」説とは異なる、もうひとつの「遊蕩空間」説を展開する内容であった。

……明治維新の名士小松帯刀《たてわき》翁の下屋敷原良山麓の形勝の地を占め、今猶《なお》瀟洒たる当時の家屋が昔の名残を語つて存する事は皆人の知る処であるが、小松家の下屋敷の右側の一角の地には、明治維新前大久保甲東翁の些やかな下屋敷の家が建つて、西郷吉之助、伊地知正治翁の如き勤皇志士は人目を避くる為め、此の甲東翁の別宅に会合し国事を密議した。即ち甲東翁別邸は鹿谷的の密会に充てられたと云ふことである、之を百余年前に遡れば、原良一帯の地は旗亭軒を連ね傾城町と云ふべき脂粉の地で、鹿児島城下の遊坊娯楽場所となり繁華を極めたのである。現に明治初年頃までは原良の尾畔《おぐろ》に霊験あらた〔か〕なる米良菊地家のお稲荷様ありて、其附近には料理屋軒を並べ人の往来櫛の歯を引くが如く糸竹《しちく》〔音楽〕の絶ゆるまなきほどの繁盛を呈したそうであるが、今や原良永吉地方は市街計画に基く耕地整理を遂行して鹿児島市に編入され、大規模の薩摩製糸工場の如き其地に建設され、漸次人家戸を連ね、大いに将来発展の気象を呈しつゝあり

（『鹿児島新聞』大正九年十一月二十九日）

小松帯刀や大久保甲東（利通）らが活躍した幕末・維新期をさかのぼること百年、田んぼばか

りと評される原良には、旗亭が軒を連ねる狭斜の町があったという。そして、薩摩の名所図会《ずえ》である『三国名勝図会』にも描かれた江戸時代からの景勝の地として知られる尾畔《おぐろ》に明治の初年まで料理屋があったのは、その名残であるというのだ。

この説を検証する材料は、残念ながら今はない。しかし、草牟田川をにごらせた源は、あるいはこの「脂粉《しふん》の地」であったのではないか、とわたしたちの想像力を掻き立てる興味ぶかい語りである。とりあえずここでは、原良がたんなる田園地帯ではなく、このような「遊蕩」の物語を生成する場所《トポス》であることに留意しておきたい。

さて、永吉・原良の鹿児島市への編入から数年後、このような（歴史）物語を知ってか知らずか、市域に編入された原良町に対して時の行政者たちは、その物語に新たな一ページを加えようとしていた。おそらく鹿児島の都市史年表に明記されることはないであろうその出来事を、助役（後に市長）であった勝目清は「秘話」として次のように回顧している。

塩屋町の遊郭を、原良町の谷間に移転しようとしたことがある。……〔大正十四年〕六月十一日には遊郭移転候補地の一つとして、原良町の各所を視察した。当時は新上橋を渡ると、わずかの人家があるだけで、原良の山下まで田んぼばかりだったから、全く市内から隔絶した隠れ家のようなところであった。そのうえ外部からは全く見えない点が、最適の条件として第一候補地にあがったのである。

（『鹿児島市秘話　勝目清回顧録』）

市街地から「隔絶」した「田んぼばかり」の原良へ、塩屋町の遊廓、すなわち《沖の村遊廓》を移転する計画があったというのである。勝目によると、墓地などを含めた移転の費用を捻出するために起債が可能であるか内務省に打診したところ、遊廓についての見通しはまったく立たず、この計画は「サタやみ」になったという。勝目は「もしあのとき起債の見通しがあったら、いまの原良町一帯は全然変ったところになっていたとおもわれる」と述懐したのだった。

たとえ実現しなかったにせよ、「伊敷・原良のオハラハア」と唄われた原良に遊廓を移転する計画があったという事実はとても興味ぶかい。しかし依然として、そこに存在したという遊廓―赤線にはたどりつくことができない。

## 三　近郊の名所

### 櫨木馬場《はぜのきばば》温泉

ここまで、「ほかに『いしきはらら』の唄の文句に出てくる伊敷にも赤線があり……」と記された謎の「赤線」を追って、その起源をかつて永吉に存在したという遊廓に求めるべく、周辺地域の近代史をたどってきた。だが、遊蕩にまつわるさまざまな語りが存在しているにもかかわらず、両者の間には深い歴史の断層が横たわっているかのように、そのつながりを見いだすことができない。戦後の商工案内を参照しても、「貸席」や「特殊料理屋」に類する営業は、旧《沖の村遊廓》以外には認められない。また、売春防止法の施行にともなう一連の新聞報道をみても、「伊敷」について報じられた形跡はない。このような状況をかんがみるとき、少なくとも現段階においては「伊敷」に「赤線」はなかったと結論するのが妥当であろう（ちなみに二〇〇二年九月にNさんの取り計らいで、この地区に生まれ育ったAさんのお宅にSさんとKさんにお集まりいただき、この点についてお話をうかがう機会を得た。遊廓の存在は誰も記憶になく、戦後の赤線についてもまったく聞いたことがないとのことである。「永吉塩屋」という小字《こあざ》と遊廓の関係も不明のままだ）。

だが、これによって原良の遊蕩空間の系譜をたどる糸が切れてしまったかといえば、そうでもない。実のところ原良には、もうひとつの顔があった。それは「近郊の名所」としての永吉である。

わたしが鹿児島を訪問した際に持参した昭和五（一九三〇）年発行の『鹿児島市街地図』（大淵善吉編）の裏面には、「鹿児島遊覧案内」と題する名所案内が印刷されている。このコンパクトに折り畳まれた地図／遊覧案内の九ページ目には、「西郷南洲の誕生地」や「大久保利通誕生の地」とならんで、次のような「名勝」が紹介されていた。

甲突川の上流に遡り市の西郊なる伊敷村永吉に至れば、櫨木馬温泉あり、泉質は硫黄泉にして付近に数軒の旗亭設け、其眺矚《ちようしよく》又た佳《か》なれば四時入浴者少からず、此の北方に刑務所あり、其前面の一橋を東に越えて一路北方に辿れば県社鹿児島神社、一路を挟んで西方に歩兵第四十五連隊練兵場あり、尚も北すれば島津家の別邸、玉里邸に達す……

市の西郊の永吉、かつて遊廓があったと語られるその場所に存在した名勝「櫨木馬温泉《はぜのきば》」。正式には「櫨木馬場」(はぜのきばば)温泉」と表記される冷泉で、地元では「ハイノバァ」などと発音されることから、「鹿児島遊覧案内」の記述からは「場」が抜け落ちたものと思われる。「馬場」とは広い通りを指し、かつて甲突川の堤防に沿って櫨の木が植えられていたことから、この名がついたとされている。つまり、「櫨木馬場」に位置する冷泉(とその入浴施設)を指して、「櫨木馬場温泉」と呼んでいたのである。

「一軒の浴棟に数軒の料亭」があるという「郊外著名の冷泉場」(堅山春村『鹿児島案内記』)は、当時のガイドブックには必ずといっていいほど紹介される名所であった。いずれも、効用のほかに、田園(「伊敷田圃」、「原良田圃」)を眺望する風光明媚な場所であること、付近には二、三の料亭のあることなどが(中村京嵐『新鹿児島遊覧案内』)、なかば定型的に記されている。

その位置に関しては、「伊敷村永吉」「市内永吉」「城西原良町」というような異同があるものの、大正九(一九二〇)年の市電開通以降は、交通の便のよい「市内」の温泉場として親しまれたようである。堅山正義編『鹿児島県温泉誌』(大正四年)によると、市電の開通以前も「車馬」

があって交通の便がよく、浴客は年間で一万五千人ほどあったという。また、冷泉の湧いたこの場所は市街地と歩兵第四十五連隊の連兵場とのほぼ中間に位置することから、後には軍の関係者も姿を見せたようである。そして付近にあったという数軒の「料亭」ないし「旗亭」もまた、永吉の名所を彩る大切な要素であった。

**「永吉の料亭」**

地元の市立原良小学校の創立十五周年を記念して編まれた『郷土はらら』には、「杮之木馬場《はいのつば》」という項目が設けられている。ところが、そこでは「冷泉」に対する言及は一切ない。そのかわりに「永吉料亭」という項目があり、刑務所南側の一角に、「三光亭」「新福亭」、そして「偕楽園」という料亭のあったことが記されている。また、四元幸夫『甲突河畔の歴史』にも同じ「永吉料亭」という項目がある。奇妙にも両書ともにそのものズバリ「永吉料亭」という料亭(?)の存在にはまったく触れていないのだが、『郷土はらら』の付録「原良小学校区略地図」には、その位置が記されていた。また、同書には「新福亭」および「偕楽園」の跡地に残された石門の写真が掲載されている。付近に設けられていたという「数軒の旗亭」とは、これらを指していたのだろう。特に「偕楽園」は、なかなかに大きな料亭であったようだ。

偕楽園には大きな橋がかかった池がありました。夏になると、スイレンやホテイアオイの花が咲き、大きなこいが、つき山の木かげをすいすいと群をなして泳いでいました。こいの料理を食べようと、町の人々は、わざわざ出かけて来ました。町内の花見、結婚式、ウグイスの競鳴会や忘年会はもちろん、町の人たちのいろいろな会合の会場に使われて、いつもしゃみせんの音はたえませんでした。

同書によると、「満州事変後、天文館のネオンが消え、繁華街がさびしくなると同時に、人々の出入りも少なく」なったとされているが、Aさんらにうかがった話によるとそれ以降も「偕楽園」では宴会が行なわれており、実際に鯉料理を食する機会もあったという。逆に温泉施設――「櫨木湯」と呼んでいたという――と「偕楽園」以外の料亭の記憶はないとのことであった。しかしながら、『鹿児島県電話番号簿』（昭和十四年）には、「永吉」の料理屋として「新福亭」が記載されている。また、『鹿児島市商工人名録』（昭和五年）に記載された「原良町」の料理屋の経営者は『電話番号簿』における「新福亭」の登録者と同一人物であったので、少なくとも「新福亭」は確実に存在したものと思われる。ちなみに、前掲の堅山正義編『鹿児島県温泉誌』によると、「数軒」の「料亭」を除いて付近に旅館などの宿泊施設はない。

「櫨木馬場温泉――伊敷村永吉にある。甲突川の沿岸にあり　鹿児島監獄署の下手に方《あた》り、前には伊敷田圃を望み付近には数軒の料亭もある」（下園三州児『新鹿児島』）という立地の特徴を考えると、「永吉の遊廓」とは、あるいはここを指していたのではないのかとも思われたが、遊廓という感じはまったくしなかったらしく、また実際のところ、遊廓は制度的に厳しく取り締まられるのでその可能性は少ないだろう。

とはいえ、先ほどの「偕楽園」に関する引用文中の末尾にある「三味線の音が絶えない」、という文言は気にかかる。というのも、「緑酒《りょくしゅ》」（名酒）や「紅灯」（繁華街の風雅な灯）とならんで「絃歌の音絶えず」という言い回しは、花街を象徴する定型句であるからだ。つまり、最後の一文は、永吉の「料亭」が芸妓を抱えていた、あるいは少なくとも芸妓の出入りがあったという事実を言外に示しているとも考えられるのである。すると、この永吉の「櫨木馬場温泉」界隈は、近郊の花街ということになるのではないか。この可能性を支持する事実を、いくつか提示しておこう。

たとえば、大正六（一九一七）年に出版された『新鹿児島』には「花柳界」という項目が設けられ、鹿児島の花街の来歴と現況が説明されている。そこでは二つの券番（西券・南券）に属する市街地の料亭に加えて、「山下町二の丸の内に鶴鳴館本店、磯田の浦に風景楼の二大料理屋を始め、田の浦に田の浦亭、酔月亭、城山公園に浩然亭、柳月亭、櫨木馬場に玉水軒等がある」と紹介された。注目すべきは、これら近郊・郊外の料亭が「花柳界」の項に記されていることだろう。つまり、この記述は櫨木馬場の料亭「玉水軒」に、少なくとも芸妓の出入りがあることを示しているのである。したがって、櫨木馬場温泉を中心とする「永吉の料亭」は、その他の郊外の料亭とともに、鹿児島の花柳界を構成していたと見て間違いない。ちなみに、『全国花街めぐり』の著者である松川二郎は、同じく旅行書である『珍味を求めて舌が旅する』のなかで「櫨木馬場の玉水軒は……豚骨で最とも有名な家である」と紹介している。奇遇であるとはいえ、後に花街を本格的に取り扱う松川が「玉水軒」に言及していることは、市街地の花街との関わりを想像させないわけではない。

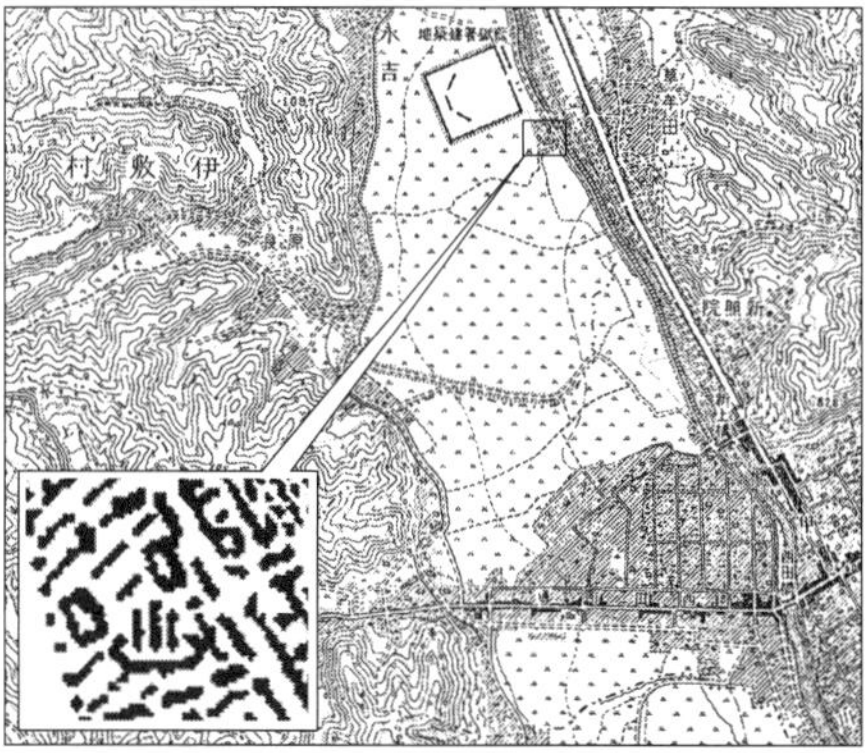

**図22　監獄署の予定地と櫨木馬場冷泉**

※原図を50％に縮小

では、近郊の名所であり、しかも市街地の花柳界とも関係する櫨木馬場温泉は、いつごろ形成されたのであろうか。市電が敷設される以前から名所であったことは間違いないが、ガイドブックでは、「櫨木馬場——市の西兵営の対岸監獄署に近く。甲突川堤に沿ふて多く櫨を植へこの名あり。二三酒亭あり。晩涼《ばんりょう》杖を曳くに適す」（東幸治『鹿児島』）という明治四十二（一九〇九）年の記載がもっとも古く、これ以前となると文字資料は管見の限り皆無である。しかしながら、大正四年に編まれた前掲の『鹿児島県温泉誌』によると、「伊敷村永吉」の「櫨木馬場」にある「無名泉」は明治二十五（一八九二）年に「発見」されたという。さらに、明治三十五（一九〇二）年に測量された地形図には、同所に温泉の記号が付され、その周囲に建物三棟を読み取ることができる（図22）。

したがって、明治二十五年に発見されて後、少なくとも十年以内には「浴棟」を中心に二、三の「旗亭」からなる小規模な温泉地が形成され、その後、近郊の名所として知られるところとなったとみてよい。

# 四　櫨木馬場とメディア・イベント

### 「櫨木馬場」から「桜馬場」へ

ここまで見てきたように、明治三十（一八九七）年を前後する時期に形成された「櫨木馬場温泉」は、近郊の田園地帯に位置する温泉地として、周囲の「料亭」とともになかば定型的に「櫨木馬場」ないし「櫨木馬場温泉」の項目で紹介されるのがつねであった。ところが、大正四（一九一五）年に発行された『鹿児島自慢』は、この櫨木馬場をまったく別の側面から記している。「観桜会」と題されたページで、櫨木馬場は次のように紹介されているのだ。

鹿児島には、毎春鹿児島朝日新聞社の主催で開かれる花見がある、観桜会といふのはそれである、市民唯一のフラワーデーで、人出の多さなど、貞室の名句そのまゝ「これは〳〵」の外に言葉も出ないくらゐであるが、所は冷泉場で名高き櫨馬場である。櫨馬場は、甲突川上流の桃源郷で、近年まで櫨の古林が鬱々とつづいてゐた所である、久しく城西に於て紅葉の一勝区として目されたものであつたが、その後枝挫けて根が絶えて、名前だけが秋風と共に淋しう取残されてゐた、今の桜が栽《う》ゑられたのは、たしか明治四十二年頃で、目的、「肥薩《ひさつ》鉄道開通記念」といふのであつたが、この鮮やかな発案者兼実行者は、件《くだん》の鹿児島朝日新聞社であつた。

（東禾鳥『鹿児島自慢』）

同じく、大正十一年に発行された『鹿児島案内記』の「櫨馬場」にも、「春は鹿児島朝日新聞社の主宰で桜踊りがあつて西南券の美妓が腕並を見せる市民享楽の場と化する。故に一名桜馬場と云つて桜の名勝たらんとしてゐる」、とある。鹿児島朝日新聞社（東京・大阪の朝日新聞とは無関係。「鹿児島実業新聞」として創刊し、大正二年に改題、のちに鹿児島新聞社と合併、現在の南日本新聞となる）が主催するという「観桜会」と「桜踊り」とはおそらく同一のイベントであろう。しかも、その催事には「西南券」の芸妓が出演し、いつしか櫨木馬場は「桜馬場」と呼ばれるまでになっていたのだ。

『鹿児島自慢』で指摘されたように、明治四十二（一九〇九）年十二月、鹿児島朝日新聞社の前身である鹿児島実業新聞社は、「肥薩鉄道の開通を将来に紀念し、併せて麑城《げいじょう》の繁栄に資せん希望を以つて、我社が市内有志の賛同を得、甲突河畔、枦木馬場両岸に……数百株の桜樹」を植え

写真９　櫨木（桜）馬場の記念碑と銘文

明治四十二年十一月廿日肥薩鉄道開通式ノ当市ニ挙
行セラルルヤ我社此盛典ヲ紀念セン為メ地ヲ甲突河
畔櫨馬場ノ両岸ニトシ櫻樹ヲ移植スルノ計画ヲ立ツ
時ニ同感ノ有志四百六十九名奮テ此計画ヲ賛助シ同
年十二月初旬其工ヲ了フルヲ得タリ移植ノ櫻樹四百
九十五本両岸ノ沿長各八丁三十間実ニ宛然タル墨堤
ナリ爾来櫻樹ノ成育良好ニシテ花時ノ風景最モ佳ナ
リ世人櫨馬場ノ称ヲ改メ櫻馬場ト称スルモノ偶然ニ
非ズ将来幸ニシテ江湖諸彦ノ愛護ニ依リ益繁茂スル
ノ暁ニハ此地ノ薩南ノ一名勝タルバ期シテ待ツベキ
ナリ今ヤ紀念碑建設ニ際シ茲ニ其顛末ヲ録シ後代ニ
傳フト云爾
明治四十四年三月二十二日　鹿児島実業新聞社

る事業を行なっていた。そして櫨木馬場を植樹地に選定した理由を、以下のように説明する。

抑《そ》も甲突河畔柿木馬場の地たるや、田園の間に位し、展望快濶、絵の如き遠巒《えんらん》近峰を前後左右に控へ、背景殊に佳絶にして、真に麑城有数の勝地《しょうち》なり、而して此堤上両岸に植ゆるに数百株の紀念桜樹を以てす、宛《えん》として小墨堤の状あり、況《いわ》んや地は古来向嶋《むこうじま》の名さへ付せられありて、正《ま》さしく夢香洲《むかふじま》に暗合するに於てをや、今や紀念桜樹の栽植に依り、一段の景趣を添へたるは、一層麑城の勝地たる価値を加へたるものと謂はざるべからず

（『鹿児島実業新聞』明治四十三年三月二十七日）

伊敷・原良の「田園の間」に位置する鹿児島有数の「勝地」。名勝の由来となった櫨が絶えて久しい

この場所を「向島＝夢香洲」に見立て、あえて桜の植樹地として選んだというのである。鹿児島実業新聞社は、翌年の三月に早くも第一回の観桜会を開催し、さらに明治四十四年の第二回観桜会に際しては、肥薩鉄道開通記念の植樹に関する経緯を記した碑を、甲突川右岸の櫨木馬場に建立したのだった（写真9）。

表11　観桜会の開催年月日と場所

| | | |
|---|---|---|
| 明治42年 | 11月20日 | 肥薩鉄道開通 |
| | 12月初旬 | 櫨木馬場に桜を植樹 |
| 明治43年 | 3月27日 | 第1回観桜会（櫨木馬場） |
| 明治44年 | 3月22日 | 第2回観桜会（桜馬場） |
| 明治45年 | 3月22日 | 第3回観桜会（桜馬場） |
| 大正2年 | 3月22日 | 第4回観桜会（玉水軒）※ |
| 大正3年 | 3月17日 | 第5回観桜会（桜馬場） |
| 大正5年 | 4月3日 | 第6回観桜会（桜馬場） |
| 大正6年 | 4月3日 | 第7回観桜会（鹿児島座）※ |
| 大正7年 | 4月3日 | 第8回観桜会（桜馬場） |
| 大正8年 | 4月3日 | 第9回観桜会（桜馬場） |
| 大正9年 | 3月21日 | 第10回観桜会（桜馬場） |
| 大正10年 | 4月3日 | 第11回観桜会（桜馬場） |
| 大正11年 | 3月26日 | 第12回観桜会（桜馬場） |
| 大正12年 | 3月23日 | 第13回観桜会（桜馬場） |
| 大正13年 | 3月□日 | 第14回観桜会（桜馬場） |
| 大正14年 | 4月3日 | 第15回観桜会（桜馬場） |
| 大正15年 | 4月3日 | 第16回観桜会（桜馬場） |
| 昭和3年 | 4月3日 | 第17回観桜会（桜馬場） |
| 昭和4年 | 4月3日 | 第18回観桜会（桜馬場） |
| 昭和5年 | 3月21日 | 第19回観桜会（鴨池公園） |

※は雨天により屋内での開催。

「観桜会」が盛大に開催されたためであろうか。記念碑には、櫨木馬場がすでに「桜馬場」と称されるようになった旨が記されている。そして、以後十数回にわたる鹿児島朝日新聞（第三回までは鹿児島実業新聞）主催の「観桜会」は、名実ともに変貌した「桜馬場」（鶴尾橋－玉江橋間の右岸）を会場として行なわれたのである（表11）。

### 観桜会の余興

大正年間を通じて、「観桜会」は「朝日デー」と呼ばれて鹿児島市民に親しまれるようになり、春の恒例行事として定着している。観桜会の定着には、会場で催される趣向を凝らした余興が人気を博したことが背景にあった。たとえば、会場のあちこちに隠された景品を探す「宝捜し」、川の下流から上流へと競走する「水中競争」、川に放されたアヒルを追い回して捕まえる「水中家鴨《あひる》追ひ」、そして芸妓総出の「手踊り」など、河畔を舞台にした一部参加型のプログラムは、多くの観衆を惹き付けた。なかでも話題を呼んだのは、第一回に行なわれ第六回（大正五年）に復活した「変装競争」なる余興である。

まず、「観桜会」当日の『鹿児島朝日新聞』朝刊に、芸妓数名と市内から公募した男性数名の顔写真（素顔）が掲載される。そしてこれら数名の男女が「変装」をして会場内に潜り込み、花火を合図としてその他の市民が彼ら彼女らを探し回り、その素顔を暴く早さを競う種目であった。

「写真にもある通り三人の中二人は髭があつて髪も左から分けて居るが当日は頭も髭も剃つて坊主になつて居るか知れず、又一人の山口君は御覧の通り無髭の好男子なれど当日は付け髭して赴くかも判らぬから、捜す方は余程十分なる注意を要すべし」といった具合である。

変装者は、「警察官」を除けばどのように変装してもよいこと、時間内は会場にいること、参加者に審判席への同行を求められた場合はこれを拒めないことが決められ、他方、発見する側にまわる一般の参加者たちは、変装者の写真が掲載された『鹿児島朝日新聞』を携え（つまり、参加者は購読者に限定される）、変装者を発見した際には「あなたはこの写真の人物である」と新聞紙を突き付け、彼・彼女を審判席に同行する、というきわめて単純なルールである。第一発見者には賞金が与えられるので、参加者はそれこそ血眼になって変装者を探すのだった。むろん、会場では、「誤つて御来会中の紳氏淑女諸君を変装者と認め、審判席に同行を求」めるといったハプニングも生じる。しかし、それもまた「一興」として片付けられるところに、この「変装競争」が「観桜会」の目玉イベントとなる理由があったのかもしれない。

このような初期のプログラムに、ヨット競争、水中樽引競走、水中競馬、相撲、パン食競走などが加えられるなど、余興は年々奇抜かつ派手になっていく。とはいえ、「この日に於る両検芸妓の異彩は太《たい》したもので、群集の視線は悉《ことごと》く彼等の上に引付けられてゐる」（『鹿児島自慢』）と指摘されるように、第一回から継続した芸妓の舞台もまた「呼び物」のひとつであった。

## 鹿児島の小墨堤、その後

鹿児島朝日新聞は第九回の観桜会に際して、「本社観桜会の由来　肥薩鉄道開通の記念事業」と題する記事を掲載した。

> わが社は此の意義ある肥薩鉄道の開通を永遠に記念し併せて鹿城の繁栄に資せんと欲し去ぬる明治四十二年十二月甲涯枦ノ木馬場両岸十数町の間に数百株の桜樹を移植し明けて明治四十三年三月二十七日同処に於て第一回観桜会を開催したのであつた
>
> （『鹿児島朝日新聞』大正八年四月三日）

櫨木馬場付近の甲突川両岸に桜を移植した狙いは、「同地をして将来鹿城の墨堤たらしめ以て市民共同のパラダイスとする」ことにあり、まさしく同社はこの「パラダイス」の創出に向けて毎年「観桜会」を企画したのである。結果、「観桜会は即ち鹿城社交界に於ける一年中の書入日に数えられ然も枦ノ木馬場は何時の間にか桜馬場に改称せられ、今や同地は名実共に小墨堤として鹿城の一勝区と化するに至つたのである」。この点で、記念植樹とそれにつづく観桜会とは、名所の創出（および自社の宣伝）を企図した一連のメディア・イベントであったと位置づけることができるだろう。

九回の観桜会を経て「小墨堤」の名にたがわぬ春の行楽地と化した櫨木馬場＝桜馬場。すでに見たように、翌大正九（一九二〇）年の鹿児島市編入と市電の開通とによって、この地はまさしく都市空間に取り込まれる。そして、冷泉周辺の料亭は、このような櫨木馬場の変容に合わせて、春ともなれば、次のような広告を新聞に出すようになっていた。

「追々鯉ノ料理ノ時期トナリマシタ　桜馬場　萃香園」
「鯉の料理と御宴会は永吉町桜馬場　偕楽園」

永吉（櫨木馬場温泉）の料亭である「萃香園」、そしてその後継であると思われる「偕楽園」は、このように「桜馬場」の料亭として売り出していたのである。この点からも「桜馬場」という俗称は一般化していたとみてよい。

しかしながら、現在、「観桜会」や「桜馬場」という名称を耳にすることはない。これほどまでに喧伝された名所とイベントが今に語り継がれていないというのは不思議な気がする。実のところ、その背景には「桜馬場」と「観桜会」の大きな転機があった。

昭和五（一九三〇）年三月、「観桜会」の開催を目前に控えた鹿児島朝日新聞社は次のような予告をした。

場所……鴨池公園内　本社が肥薩鉄道の開通記念に植え付けました甲北桜馬場の桜は樹齢既に二十一年に達し、観桜会はまた会を重ねること十八回に及び花は愈々爛漫と咲き乱れるやうになりましたので、市民一般の自由遊覧地として初期の目的を達し得ましたから、本年から市民のため鴨池の地に第二花の名所を拵《あつら》へたい願望から此地で開催する事に変更致しました

（『鹿児島朝日新聞』昭和五年三月九日）

第二、第三の花見名所をつくるべく、大正末期から同社は行政と連携をはかりつつ城山や鴨池公園などに桜を植えていた。そして、満を持して昭和五年三月二十一日、市街地南郊の鴨池公園で十九回目となる観桜会を催したのである。主催者側にしてみれば、甲突河畔という「桜馬場」の手狭さを解消する目的に加え、「初期の目的を達し」たという自負もあったにちがいない。「観桜会」が行なわれることのなくなった「小墨堤」たる「桜馬場」は、いつしかその名さえ忘れられたのだろうか。現在、鶴尾橋付近から玉江橋にかけて桜の幼木が植え付けられているとはいえ、もはや往時の賑わいを想起させることはない。むろん、冷泉や料亭などあるはずもなく、鶴尾橋の南側に移設された鹿児島実業新聞社の記念碑のみが場所の歴史をひっそりと伝えている。

以下は、鹿児島朝日新聞が第八回となる「観桜会」に際して掲げた論説である。

若《も》し夫《そ》れ、十年の後、三十年の後、五十年の後に於ける、市勢の発展を想像せよ。武田圃が

新市街となり、原良田圃が商店軒を並べて、繁栄の巷と化するは、決して架空の想像ならず。早晩甲突川は、浚渫《しゅんせつ》工事の決行に依りて、仮令《たとえ》ば江東を流るる隅田川の如く、鹿児島に於ける水運の便を開くの時あらん事を、吾人の信じて疑はざる所にして、而して桜馬場が、尚《な》ほ隅田川に於ける向島の如く、南国一の桜の名所として、名実共に之を完成せん事は、吾が社が江湖に対する義務たるを信ず。

(『鹿児島朝日新聞』大正七年四月三日)

三十年、五十年、そして八十年以上の歳月を経た現在、この地が「南国一の桜の名所」となることはなかった。そして、一九九三年八月六日の水害、その後の復興の過程で、地区の風景は大きく変わったという。交通量の多い国道三号線のロードサイドに展開する商店、刑務所の跡地に建設されたスポーツ施設、その周囲に広がる新しい住宅街——夢みられた近郊名所の現在である。

### 「赤線」はまぼろしか

伊敷にあったという謎の「赤線」を追跡するため、ここまで、歴史の層を掘り返そうにも、もはや穴を穿《うが》つ場所すら見当たらないほどに景観が変貌した鹿児島の近郊——伊敷・永吉・原良——に焦点を当て、歴史的な語りにできるかぎり寄り添いながら遊廓 - 赤線の存在を確定しようとしてきた。ところが、道は思わぬ方向へとそれ、場所の意外な系譜をたどることになってしまった。諸施設の移設、市電の敷設、市域への編入といった行政側からのはたらきかけ、そして鹿児島朝日新聞社の「桜馬場」づくりと「観桜会」。その一方で多くの市民は、この近郊の名所――「櫨木馬場温泉」と「桜馬場」――を享受していた。そこに三味線の音がひびいていたとすれば……。

狭義の「花街」を主題とする本書のなかで、謎の赤線を追うという本章はやや脱線が過ぎたかもしれない。だが、はからずも鹿児島の花街を構成する櫨木馬場へとたどりつくことができたので、結果よければ、ということにしておきたい。

では、渡辺寛が伊敷に見たという「赤線」はまぼろしだったのだろうか？　あるいは、「永吉塩屋」の遊廓は？　これらの存在を確かめる余地はまだまだ残されているように思われるが、いずれにしても、伊敷・原良・永吉をめぐるさまざまな語りを通じて浮かび上がってきたのは、都市が近代化の過程で経験した郊外化の風景である。

# 終章　なぜ、花街か？

ここまで日本各地の花街を見てきたが、最後にもう一度、花街を研究することの地理学的意義をとらえ直しておきたい。なぜ、花街なのか。

それは、花街が都市形成の諸局面において街の発展を促す動因として利用された（あるいは作用してきた）産業＝場所であること、そして風俗営業として取り締まりの対象となることから、それが都市の建設と（都市内部の）土地の用途にまつわる人びとの（政治的・経済的・社会的な）思惑を反映するかたちで創出されてきた空間であるからにほかならない。その帰結が全国六百カ所であり、まさに近代都市の空間的な共通項となったのであった。

「花街が都市を育てた」などと言えば、言葉が過ぎるだろうか。しかし、馬場孤蝶が樋口一葉の『にごりえ』から「新開の町」に発生する「銘酒屋」を「パイオニアー」――本書ではインキュベーターと捉え返したが――として、また永井荷風が「新開の町村に芸者屋町を許可するは土地繁昌を促すがため」と指摘したように、明治期以降、一般に土地の「発展策」と認められたのが花街であった。

第六章で参照した文章をもう一度引くならば、「花街は常に土地発展のお乳母役を勤むること歴史の徴するところで、都市政策の理想とされてゐ」たのだ（『今里新地十年史』）。風紀を問われた花街が風俗警察の取り締まりによって廃止された例は少なく、ほとんどが移転を命じられ指定された土地に新たに建設されたことも、その証左となるだろう――逆説的ではあるが、このことは風俗営業の取り締まりによって、結果的に花街がむしろ保護されていたということを示している。そして各章の事例を通じて明らかになったのは、都市空間の共通項と位置づけた花街のほとんどが明治期以降の都市形成と再編の過程で創出されたという事実である。繰り返すならば、花街は近代の所産であり、つねに近代都市の建設をめぐる政治の焦点となっていたのだ。

明治前期は、いわば都市の空間的文法、つまり都市のどこに何を立地させるべきかという法則がいまだ確立していない時期であり、花街もまた思いもよらぬ場所に立地した――殿様の御殿を再開発して遊廓をつくるなど、今となってはとても信じられない。そして明治後期以降、芸妓・娼妓の分離が制度の上でも空間的にも推し進められるなか、花街の建設は土地開発の手法として駆使されていく。その典型が東京の二業地・三業地、大阪の新地であり、営業の認可、地区の指定をめぐっては、地主（業者）－政治家－警察の結び付きが露呈することもあった。

とはいえ、六百カ所にのぼる花街の成立を、土地開発の論理にのみ還元するわけにもゆかないだろう。「宴席に園遊会に凡《およ》そ人の集るところに芸者といふもの来らざれば興を催す事能《あた》はざりしは、明治年間四十余年を通じての人情なりけり」（永井荷風「桑中喜語」）というように、（成人男性を中心にした）人の集まる場に、芸で花をそえる文化が明治期を通じて確立され、ひろく受容されていたのである。しかし、本書では遊興ないし娯楽、あるいは芸能に関する側面を考慮の外におかざるを得なかった。経営者はともかく、芸能の師匠、学び働く芸妓、あるいは遊興する者たちの声をまったく拾うことができず、人物のいない風景となってしまったことは、反省しなければならない。最後に、この点も含め、残された課題を整理しておくことにしたい。

まずひとつは、少なくとも五百カ所以上あったと目される花街が、なぜ今ではほとんど存在していないのか、という問題である。本書の説明を繰り返すならば、都市化を物理的に具現する市街地の拡大過程で、新たに形成された土地区画には、地元有力者の思惑、商業の集積、そして風俗取り締まりの方針などを反映して花街がつぎつぎに新設されたのが近代であった。むろん、戦後にも市域を著しく拡大した都市は多数あるが、「新市街」に花街を建設した例は稀である（「赤線」や「特飲街」は除く）。それゆえ、大まかに言えば、狭義の「花街」の形成は明治から昭和戦前期に限定され、その限られた時代に成立した「花街」が、戦後、急速にその姿を消していったことになる。ここで深く議論することはできないけれども、「花街」が衰退ないし消滅した原因をさしあたり二つだけ挙げておきたい。

最初に、遊興のあり方そのものが変質したことである。大衆的な消費社会の成立とともにインスタントな娯楽・快楽が求められた結果、「格式を重んじる花街」が敬遠されたのではないか。これは「伝統」なるものを否定するといったことではなく、より安直に、時には性的サーヴィスをともなう手ごろな遊興を人びとが（あくまで男性であるが）求めた結果であろう。その転機は、おそらく昭和初期のカフェーの登場に求められる。カフェーとは、女給のサーヴィス、ジャズ、ダンスホールを売り物にする飲食店であり、エロ・グロ・ナンセンスと呼ばれた時代、新しい消費文化の中心にあって花街の経営を圧迫したのがまさしくこのカフェーであった。この脅威に対し、遊廓は建築様式をカフェー調にあらため、ダンスホールを設置し、とても紙上には再現しがたい過激なサーヴィスを展開した。これに対し、遅れをとるかたちになった狭義の「花街」は存亡の危機に立たされ、真剣に対抗策が論じられていたほどである。たとえば詩人の萩原朔太郎は、「花街」衰退の原因をカフェーと比較するなかで以下のように説明する。

現代の青年が、なぜに芸妓を嫌つて、カフエーの女給に走るか？　その理由は明白である。今日の芸妓なるものが、我々の時代とは全くちがつた世紀の、特殊の空気の中に生てゐるからである。芸妓といふものは、今日でも猶依然として昔の江戸時代の旧慣を伝統としてゐる。単に風俗や容姿について云ふのではない。趣味や、性情や、気質やの全体が、花柳界といふもの、空気全体が、どこか我々の時代とちがつた、昔の伝統を保存してゐる。ところが今日の青年は、さうした昔風の江戸趣味や、花柳情調を悦《よろこ》ぶものは、江戸風の粋なつぶし島田でなく、耳かくしやシンガルの断髪である。今の大概の若い者は、三味線よりも西洋音楽を好んでゐる。羽左衛門や梅幸の芝居は、今の時代の人々には解らない。彼等の好きなのは、パラマウントの西洋映画である。彼等の興味のある話題はスポーツや活動写真のことであつて歌舞伎劇や芝居役者の話でない。

（「新芸妓論」）

朔太郎の唱える対策は明快である。新時代にふさわしい教育を芸妓に施すことを前提としつつ、彼は次のように主張するのだ。すなわち、

今後の芸妓は、よろしく洋装すべきである。何よりも先づ、あの三味線といふ楽器を廃し、代りにピアノやマンドリンを弾くやうになることだ。茶屋の形式も、恐らく未来に於いては西洋館になるだらう。社会全体が洋風に化しつゝある時代に於いて、芸妓遊びだけが古風な形式を保持しつゝあるのは、それだけでも今日の花柳界が事実上に廃滅してゐることを語つてゐる。

（同）

大衆に迎合する方途を推奨する朔太郎が、大阪の芸妓、なかんずく南地「河合ダンス団」のダンス芸妓を「現在の日本に於ける唯一の『真正な芸妓』」と認めたのは、当然のことかもしれない。いみじくも松川二郎は、「今まさに行詰つたかの観ある我が花柳界の灯の色が今後どういふ風に変化してゆくか？」と問い、そして「その傾向の最とも速《すみや》かに、顕著にあらはれてくるのは、東京の新橋よりもむしろ私は此の大阪の南地であらうと思てゐる」と、ダンス芸妓の写真を掲げ

つつ花街の行く末を示唆した（『全国花街めぐり』）。

昭和初年、数の上では全盛期をむかえていた花街は、芸や遊興のシステムが（いまだ「伝統」としてではなく）時代遅れと見なされ、客離れが急速に進んだ結果、すでに斜陽にさしかかっていた。巨大産業であるだけに、いったん傾きはじめた態勢を立て直すことは難しかったのだろう。昭和戦前期の花柳界に精通していた全国同盟料理新聞社長の三宅狐軒は、芸妓に関するアンケートを著名な利用者を含む関係者に対して行ない、その結果を『芸妓読本』（昭和十年）にまとめて危機感を共有しようとしたが、いささか遅きに過ぎた感がある。各方面からさまざまな改善策が寄せられたものの、流れを止めることができないまま、戦時に紅灯は消えていった。そして戦後、カフェーに端を発すると思われる男性に特化した遊興のあり方は多種多様に展開し――たとえば、アルサロ、キャバレー、ロマン喫茶、テレビ喫茶、お座敷喫茶……――、その一方で「花街」は有名どころでさえ往時の華やかな情緒を取り戻すことはなかった（篠崎昌美「色・食・芸の新大阪風景」）。

しかしもうひとつ、それ以上に大きな要因として、戦後の混乱・復興期に成立した赤線地区を挙げなければならない。組織的な売春が行なわれていると認定された地区を取りまとめた表12を参照すると、その数は全国で一八六八カ所におよんでいる。注目すべきは、そこに四五三カ所の「二業地・三業地」が含まれていることだろう。戦後、売春問題に取り組んだジャーナリスト神崎清の言葉を借りるならば、東京の場合「最高級を以て自認している『芸者町』」さえも、警視

**表12　売春が行なわれていると認定された地区（1957年）**

| 都道府県 | 特殊飲食店街 | | 二業地・三業地 | | 特飲以外の集娼地 | | 駐留軍基地 | | 小計 | |
|---|---|---|---|---|---|---|---|---|---|---|
| | 地域 | 業者 | 地域 | 業者 | 地域 | 業者 | 地域 | 業者 | 地域 | 業者 |
| 北海道 | 10 | 130 | 0 | 0 | 31 | 426 | 4 | 71 | 45 | 627 |
| 青　森 | 12 | 114 | 2 | 2 | 3 | 147 | 2 | 133 | 19 | 396 |
| 岩　手 | 13 | 131 | 0 | 0 | 0 | 0 | 0 | 0 | 13 | 131 |
| 宮　城 | 8 | 119 | 0 | 0 | 6 | 50 | 1 | 20 | 15 | 189 |
| 秋　田 | 20 | 256 | 2 | 18 | 20 | 249 | 1 | 1 | 43 | 524 |
| 山　形 | 5 | 46 | 9 | 135 | 13 | 203 | 1 | 9 | 28 | 393 |
| 福　島 | 19 | 177 | 17 | 352 | 17 | 159 | 0 | 0 | 53 | 688 |
| 茨　城 | 14 | 181 | 14 | 208 | 56 | 672 | 0 | 0 | 84 | 1,061 |
| 栃　木 | 6 | 184 | 17 | 407 | 21 | 237 | 0 | 0 | 44 | 828 |
| 群　馬 | 18 | 276 | 12 | 181 | 8 | 79 | 9 | 0 | 47 | 536 |
| 埼　玉 | 19 | 232 | 17 | 244 | 7 | 59 | 5 | 311 | 48 | 846 |
| 千　葉 | 12 | 172 | 12 | 219 | 7 | 137 | 3 | 32 | 34 | 560 |
| 東　京 | 16 | 1,224 | 50 | 2,331 | 6 | 813 | 5 | 217 | 77 | 4,585 |
| 神奈川 | 17 | 875 | 30 | 445 | 21 | 281 | 6 | 1,926 | 74 | 3,527 |
| 新　潟 | 18 | 171 | 57 | 861 | | | 0 | 0 | 75 | 1,032 |
| 富　山 | 34 | 503 | 0 | 0 | 0 | 0 | 0 | 0 | 34 | 503 |
| 石　川 | 17 | 338 | 10 | 167 | 8 | 75 | 0 | 0 | 35 | 580 |
| 福　井 | 9 | 162 | 5 | 67 | 0 | 0 | 0 | 0 | 14 | 229 |
| 山　梨 | 9 | 265 | 4 | 14 | 0 | 0 | 2 | 10 | 15 | 289 |
| 長　野 | 61 | 674 | 27 | 450 | 24 | 1,123 | 0 | 0 | 112 | 2,247 |
| 岐　阜 | 5 | 156 | 19 | 318 | 9 | 166 | 1 | 40 | 34 | 680 |
| 静　岡 | 38 | 578 | 19 | 328 | 24 | 455 | 5 | 218 | 86 | 1,579 |
| 愛　知 | 39 | 725 | 40 | 540 | 17 | 575 | 1 | 17 | 97 | 1,857 |
| 三　重 | 30 | 331 | 7 | 100 | 0 | 0 | 0 | 0 | 37 | 431 |
| 滋　賀 | 7 | 161 | 2 | 24 | 0 | 0 | 1 | 17 | 10 | 202 |
| 京　都 | 14 | 1,087 | 12 | 761 | 8 | 8 | 4 | 0 | 38 | 1,856 |
| 大　阪 | 6 | 570 | 6 | 391 | 6 | 214 | 1 | 35 | 19 | 1,210 |

| 都道府県 | 特殊飲食店街 | | 二業地・三業地 | | 特飲以外の集娼地 | | 駐留軍基地 | | 小計 | |
|---|---|---|---|---|---|---|---|---|---|---|
| | 地域 | 業者 | 地域 | 業者 | 地域 | 業者 | 地域 | 業者 | 地域 | 業者 |
| 兵　庫 | 18 | 560 | 5 | 94 | 13 | 116 | 1 | 3 | 37 | 773 |
| 奈　良 | 3 | 73 | 6 | 74 | 1 | 12 | 1 | 17 | 11 | 176 |
| 和歌山 | 6 | 169 | 9 | 104 | 12 | 262 | 1 | 6 | 28 | 541 |
| 鳥　取 | 4 | 83 | 6 | 48 | 2 | 33 | 1 | 3 | 13 | 167 |
| 島　根 | 9 | 93 | 5 | 36 | 0 | 0 | 0 | 0 | 14 | 129 |
| 岡　山 | 9 | 232 | 0 | 0 | 0 | 0 | 0 | 0 | 9 | 232 |
| 広　島 | 29 | 673 | 2 | 9 | 13 | 331 | 2 | 10 | 46 | 1,023 |
| 山　口 | 24 | 316 | 3 | 59 | 3 | 32 | 3 | 81 | 33 | 488 |
| 徳　島 | 2 | 100 | 6 | 82 | 5 | 134 | 0 | 0 | 13 | 316 |
| 香　川 | 12 | 177 | 1 | 27 | 13 | 125 | 0 | 0 | 26 | 329 |
| 愛　媛 | 4 | 82 | 2 | 34 | 56 | 726 | 0 | 0 | 62 | 842 |
| 高　知 | 7 | 190 | 0 | 0 | 24 | 173 | 0 | 0 | 31 | 363 |
| 福　岡 | 72 | 1,435 | 7 | 57 | 16 | 268 | 7 | 363 | 102 | 2,123 |
| 佐　賀 | 18 | 295 | 2 | 2 | 6 | 106 | 0 | 0 | 26 | 403 |
| 長　崎 | 26 | 589 | 1 | 37 | 3 | 109 | 6 | 224 | 36 | 959 |
| 熊　本 | 34 | 670 | 6 | 49 | | | 1 | 0 | 41 | 719 |
| 大　分 | 20 | 414 | 1 | 21 | 14 | 392 | 1 | 225 | 36 | 1,052 |
| 宮　崎 | 13 | 148 | 0 | 0 | 19 | 172 | 0 | 0 | 32 | 320 |
| 鹿児島 | 3 | 71 | 1 | 14 | 37 | 399 | 1 | 1 | 42 | 485 |
| 計 | 789 | 16,208 | 453 | 9,310 | 549 | 9,518 | 77 | 3,990 | 1,868 | 39,026 |

庁側に言わせれば組織的な売春地帯として取り締まりの対象となっていたのである（「戦後日本売春地図」）。昭和三十二年の売春防止法の施行をもって、一般には赤線地区は消滅するものの、その後「花街」として再興し存続した「二業地・三業地」は（赤線地区と認定されなかった既存の「花街」を加えても）数えるほどしかなかった。つまり、多くの「花街」が巨大化した赤線地区にいったん飲みこまれ、そのほとんどが赤線の消滅と同時に運命をともにせざるを得なかったのである。余暇活動や遊興のあり方が変化するなかでいつしか芸妓もいなくなり、地区を代表する料理屋、飲食店、そして建築に面影を残す転用された住宅のみが街の来《こ》し方を伝えているに過ぎない。

　花街史における戦前・戦後の連続性／断絶に関してここに提示した二つの要因はあくまで仮説であり、より詳細な検討が必要であることは言うまでもない。しかし、ただひとつ、近代花街のあり方が戦後にまで引き継がれている明確な側面があるように思う。それはすでに述べたあの逆説、すなわち風俗営業の取り締まりによって特定の業態が保護され、場合によっては新たに開発された場所があてがわれることさえあるということだ。戦後、「花街」が新たに開発された事例はほとんどないものの、昭和三十年を前後する時期にいたるまで、（「赤線」や「青線」、あるいは「特飲街」などといった区別をせずに言えば）広い意味の「遊廓」がいたるところで新規に指定されている。「芸」や「味」を含む遊興とは無縁のこの空間について考えるとき、近代花街の指定ならびに地区（再）開発のあり方がそのまま受け継がれているように思えてならない。またしても人物のいない風景となってしまいかねないが、「赤線」や「青線」と称される特定地区の成立をめぐる都市政治の分析を、今後のもうひとつの課題としておきたい。

〔付記〕本書は、わたしがさまざまな場所で書いた文章や提供した話題をもとに書き下ろしたものです。書物にまとめるそもそものきっかけを作ってくださった塚村真美さん（株式会社ワークルーム）、資料のみならず多くのご助言をいただき、いつもながらお世話になった水内俊雄先生（大阪市立大学大学院文学研究科）、そして最後まで辛抱強くお付き合いいただいた編集部の林智彦さんには記して感謝の意を表します。また、各地の調査にあたって貴重なお話をしてくださった方々に厚く御礼申し上げます。

二〇〇五年九月　　　　加藤政洋

# 文献一覧（著者の50音順）

浅地倫編『富山案内記』滝本文亀堂、一九〇〇年。

浅原須美『夫婦で行く花街　花柳界入門』小学館、一九九八年。

網干商工会編『網干案内』網干商工会、一九三九年。

荒俣宏『黄金伝説』集英社文庫、一九九四年。

池田彩雲「盛衰興亡と特有情緒――仏都善光寺の花柳界――」（『郷土風景』第二巻第四号、一九三三年）。

稲川勝二郎『歓楽の名古屋』趣味春秋社、一九三七年。

因伯史話会編『因伯人情と風俗』横山敬次郎書店、一九二六年。

井上春治『春翁漫筆3　神戸三宮町の懐古』一九五二年。

今市商工会編『出雲今市案内』今市商工会、一九三六年。

岩井和三郎『入新井町誌』入新井町誌編纂部、一九二七年。

宇野浩二『大阪』小山書店、一九三六年。

江崎浮山編『大名古屋便覧』大名古屋便覧発行所、一九三六年。

大川墨城『紀伊名所案内』紀伊名所案内発行所、一九〇九年。

大隈末廣『飛田遊廓借家紛議の実際及び一般業者への資料として』天颷会国民科学研究部、一九三七年。

太田毎文「扇港花街襍録」（『郷土風景』第二巻第四号、一九三三年）。

大淵善吉編『鹿児島市街地図』駸々堂旅行案内部、一九三〇年。

小澤重三郎『富山繁昌記』小澤活版所、一八八三年。

鹿児島市立原良小学校『郷土はらら』鹿児島市立原良小学校、一九八〇年（増補改訂版、初版は一九六〇年）。

柏月山人（鈴木延一）『東京府品川埋立地大観』柏月庵、一九三八年。

堅山春村『鹿児島案内記』現代社、一九二二年。

堅山正義編『鹿児島県温泉誌』吉田書房、一九一五年。

勝目清『鹿児島市秘話　勝目清回顧録』南日本新聞社、一九六三年。

加藤藤吉「白山花街の沿革」（福西『東都芸妓名鑑』所収）。

加藤藤吉『日本花街志　第一巻』四季社、一九五六年。

加藤藤吉編『全国花街連盟名簿』全国花街連盟、一九五六年。

加藤無絃『新訂　豊岡案内』豊岡案内発行所、一九二二年。

鏑木清方「土用前後」（山田肇編『鏑木清方随筆集――東京の四季――』岩波文庫、一九八七年）。

川島右次編『神戸西部耕地整理組合誌』神戸西部耕地整理組合、一九二五年。

神崎清「戦後日本売春地図」（『毎日情報』第六巻第十二号、一九五一年）。

芳　即正『かごしま・くるわ物語――裏街道おんなの歴史――』丸山学芸図書、一九八九年。

菊地政雄編『蒲田区概観　全』蒲田区概観刊行会、一九三三年。

貴志二彦編『産業と観光の和歌山』和歌山商工会議所観光案内部、一九三七年。

岸本水府「京阪神盛り場風景」（酒井眞人・岸本水府『三都盛り場風景』誠文堂、一九二七年）。

紀野健一郎「市制施行以後の鹿児島」（『鹿児島のおいたち』鹿児島市役所、一九五五年）。

木脇栄『かごしま市史ばなし』南日本新聞開発センター、一九七六年。

黒阪雅之『今里新地十年史』今里新地組合、一九四〇年。

神戸区観光協会『神戸観光要覧』神戸区観光協会、一九三五年。

神戸市観光課『神戸　観光の栞』神戸市観光課、一九三四年。

神戸新聞但馬総局編『城崎物語　改訂版』神戸新聞総合出版センター、二〇〇五年。

香岳散史編『高田案内』西沢高田支店、一九一〇年。

小松一郎「近代色を加へた遊境今里新地」（『大大阪』第八巻第八号、一九三二年）。

酒井眞人「東京盛り場案内」（酒井眞人・岸本水府『三都盛り場案内』誠文堂、一九二七年）。

佐世保市編『佐世保の今昔』佐世保市、一九三四年。

重松正史「郊外開発論争と市政――一九一〇年前後の和歌山市――」（『日本史研究』第三五九号、一九九二年）。

信濃毎日新聞社開発局出版部編『長野県百科事典　補訂版』信濃毎日新聞社、一九八一年。

篠崎昌美「大阪松島遊廓・移転疑獄事件」（『文藝春秋』第三三巻第二〇号、一九五五年）。

篠崎昌美「色・食・芸の新大阪風景」（『特集　文藝春秋　日本列島の内幕』、一九五七年）。

篠田鉱造『銀座百話』岡倉書房、一九三七年。

芝浦・協働会館を活かす会『協働通信』第五三号、二〇〇五年。

島洋之助『百萬・名古屋』名古屋文化協会、一九三二年。

島田豊三編『白山繁昌記』白山三業株式会社、一九三二年。

下園三州児『新鹿児島』吉田書店、一九一五年。

下堂園純治編『かごしま歴史散歩』南洲出版、一九七七年。

朱牟田弘吉『佐世保よいとこ』佐世保広告社、一九三五年。

正田圭之助『神戸回想五十年』川地書房、一九七九年。

白井伊之助編『住吉界隈いま・むかし』「住吉界隈いま・むかし」刊行委員会、一九八〇年。

須田菊二『福原遊廓沿革誌』福原貸座敷業組合事務所、一九三一年。

須磨区役所まちづくり推進課『須磨の近代史――明治・大正・昭和史話――』神戸市須磨区役所、一九九八年。

妹尾河童『少年H　上巻』講談社文庫、一九九九年。

全国芸妓屋同盟会『全国芸妓屋名簿』全国芸妓屋同盟会、一九六二年。

染谷孝哉『大田文学地図』蒼海出版、一九七一年。

高橋誠一郎「大森海岸」（『大磯箚記』理想社、一九四四年）。

竹内水彩『富山風景論』竹内正輔（発行）、一九一一年。

竹原生「敏馬花街の由来記」（兵庫県観光連盟編『観光と情緒』兵庫県観光連盟、一九三六年）。

龍野市『龍野市史　第六巻』龍野市、一九八三年。

龍野商工会編『龍野案内』龍野商工会、一九三六年。

田辺聖子『道頓堀の雨に別れて以来なり――川柳作家・岸本水府とその時代――』（上・中・下）、中公文庫、二〇〇〇年。

種村季弘『江戸東京《奇想》徘徊記』朝日新聞社、二〇〇三年。

田山花袋『東京の三十年』博文館、一九一七年。

田山停雲『鳥取県乃歓楽境』新鳥取社、一九三六年。

塚田仁三郎編『北陸の産業と温泉』北日本社、一九三二年。

都築七郎「歪んだ秤――松島遊廓移転疑獄事件――」（『日本及日本人』一五九八号、一九九〇年）。

土井吉十郎『紀伊繁昌誌　全』大橋報道館、一八九三年。

東京市芝区編『芝区誌　全』東京市芝区、一九三八年。

東京市政調査会『日本都市年鑑2』東京市政調査会、一九三三年。

東京商工会議所『呉市の特異性と国土計画への方向』（版元・刊行年不明）。

東洋経済新報社編『関西　百七十会社の解剖』東洋経済新報社、一九二九年。

東洋経済新報社編『会社かがみ　昭和六年版』東洋経済新報社、一九三一年。

徳尾野有成『新世界興隆史』新世界興隆史刊行会、一九三四年。

徳田秋声『縮図』岩波文庫、一九五一年。

鳥取県『鳥取県史　近代　第四巻』鳥取県、一九六九年。

鳥取市役所『鳥取市七十年』鳥取市役所、一九六二年。

殿山泰司『三文役者のニッポンひとり旅』ちくま文庫、二〇〇〇年。

飛田遊廓反対同盟会『飛田遊廓反対意見』一九一六年。

富山市役所『富山市史』富山市役所、一九〇九年。

豊島康世編『花柳界便覧　萬華　大阪版』萬華通信社出版部、一九三八年。

豊増哲雄『古地図に見るかごしまの町』春苑堂書店（かごしま文庫三〇）、一九九六年。

永井荷風「桑中喜語」（『荷風随筆集（下）』岩波文庫、一九八六年）。

永井荷風『おかめ笹』岩波文庫、一九八七年。

永井良和『風俗営業取締り』講談社選書メチエ、二〇〇二年。

永田宗二郎編『品川遊廓史考』品川三業組合、一九二九年。

中村京嵐『新鹿児島遊覧案内』文昌堂書店、一九二七年。

中邨末吉『呉軍港案内』一九三四年。

名古屋案内発行所『名古屋案内』名古屋案内発行所、一九二五年。

名古屋観光協会編『名古屋観光案内』名古屋観光協会、一九三三年。

浪江洋二編『白山三業沿革史』雄山閣、一九六一年。

新潟県高田市教育会『高田市史』新潟県高田市教育会、一九一四年。

西村天来『豊岡復興史』但馬新報社、一九三六年。

野田華公編『和歌山・和歌の浦　遊覧案内』津田書店、一九一七年。

野間五造「新花柳史の編纂を望む」(『郷土風景』第二巻第四号、一九三三年)。

萩原朔太郎「新芸妓論」(三宅狐軒編『芸妓読本』全国同盟料理新聞社、一九三五年)。

花園歌子『芸妓通』四六書院、一九三〇年。

馬場孤蝶「『にごり江』になる迄」(『全集　樋口一葉　別巻　一葉伝説』小学館、一九九六年)。

馬場孤蝶「『にごりえ』の作者」(『全集　樋口一葉　別巻　一葉伝説』小学館、一九九六年)。

東幸治『鹿児島』金光堂、一九〇九年。

東禾鳥『鹿児島自慢』日本警察新聞社、一九一五年。

樋口一葉「にごりえ」(『たけくらべ・にごりえ』角川文庫、一九六八年)。

姫路商工会議所編『姫路』姫路商工会議所、一九三〇年。

弘中柳三『呉花街案内』中国日報社、一九三五年。

福西隆『東都芸妓名鑑』南桜社、一九三〇年。

藤森照信『明治の東京計画』岩波同時代ライブラリー、一九九〇年。

堀井正一編「観光の和歌山案内図」(『わかやま』和歌山市役所、一九三九年)。

本城常雄編『大正の鳥取市案内』鳥取市役所、一九二一年。

蒔田　耕『牛込華街読本』牛込三業会、一九三七年。

松川二郎『珍味を求めて舌が旅する』日本評論社、一九二四年。

松川二郎『全国花街めぐり』誠文堂、一九二九年。

松川二郎「大東京五十六花街」(『食道楽』第六巻第十一号、一九三二年)。

村松清陰『長野案内』犀北館、出版年不明(明治後期と思われる)。

三尾功『近世都市和歌山の研究』思文閣出版、一九九四年。
三宅狐軒編『芸妓読本』全国同盟料理新聞社、一九三五年。
村田誠治編『神戸開港三十年史』開港三十年紀念、一八九八年。
安治博道編『神戸付近　名勝案内』赤西萬有堂、一九三〇年。
山本周五郎「須磨寺附近」(『山本周五郎全集　第十八巻』新潮社、一九八三年)。
吉田清平編『富山市商工案内』富山商業会議所、一九一三年。
四元幸夫『甲突河畔の歴史』(自費出版)、一九七六年。
米子町役場『米子の栞』米子町役場、一九一九年。
鷲谷樗風『阪口祐三郎伝』大和屋、一九五五年。
渡辺寛『全国女性街・ガイド』季節風書店、一九五五年。

『三業名鑑』日本実業社、一九一三年。
著者不詳『富山案内』(出版社、発行年不詳)。
著者不詳『名古屋案内』(名古屋案内発行所、一九二五年)。

## 花街関連用語集（五十音順）

※ここでは、本書と関連する近代以降の花街関連用語を列挙しました。したがって江戸時代の花街用語とは意味を異にする場合もあります。

**青線《あおせん》**　赤線の周辺やその他の地区で、営業の許可を受けずに売春を行なっていた飲食店街。府県によっては、赤線と青線の線引きが曖昧であった。売春防止法の施行によって赤線と同じく廃止。➡「赤線」を参照。

**赤線《あかせん》**　売春を目的とする特殊飲食店が集まっていた赤線地区の略称。戦後、遊廓を含む多くの花街が赤線に移行していた。売春防止法の施行によって廃止される。

**揚屋《あげや》**　娼妓や芸妓を招いて遊興する店。貸席に同じ。

**花魁《おいらん》**　高級の遊女。

**岡場所《おかばしょ》**　非公認の遊女屋が集まる地域（江戸時代）。

**置屋《おきや》（芸妓置屋、芸妓屋）**　芸妓を抱えて、求めに応じて料理屋、待合茶屋、貸席、旅館などに芸妓を差し向ける店。

**貸座敷《かしざしき》**　娼妓が寄寓し座敷を借りることを建前にして営業する店。貸座敷の営業を許可された地区が遊廓。

**貸席《かしせき》**　客室を設け、客が芸妓や娼妓を呼んで遊興する店。京阪神地方に多く、お茶屋と呼ばれる。料理は料理屋から取る。

**カフェー**　1920年代以降に歓楽街で流行した飲食店（酒場）。洋装した女給を配し、ジャズの演奏やダンス、あるいは戦後の風俗産業にもつらなるサービスを提供し、花街を圧迫する産業に成長した。

**花柳界《かりゅうかい》**　芸妓を中心とする社会。また花街を指すこともあり、「花柳街」などとも呼ばれた。

**妓楼《ぎろう》**　娼妓（遊女）を抱えて客に遊興させる店。貸座敷に同じ。

**廓芸妓《くるわげいぎ》**　遊廓の内部で営業する芸妓。廓外の料理屋に出入りすることも稀にある。

**芸妓《げいぎ》**　歌・舞踊・三味線などの芸をもって宴席に興を添えることを業とする女性。芸者。

**芸妓扱店《げいぎあつかいみせ》**　検番とほぼ同じ役割を担う。大阪の古い花街に多くみられ、なかには貸席を兼ねる店もある。

**検番《けんばん》（券番・見番）**　置屋（組合）と待合茶屋（組合）や料理屋（組合）とのあいだに介在して、前者から後者への芸妓の派遣、花（玉）代　時間制の遊興料金の精算などを取り仕切る事務所。置屋組合側が組織することが多い。

**公娼制度《こうしょうせいど》**　娼婦の営業をおおやけに許可する制度。

**三業地《さんぎょうち》**　芸妓置屋・料理屋・待合茶屋の営業が許可された地区。

**散娼《さんしょう》**　娼婦・貸座敷の営業する地区（遊廓など）を指定しないこと。

**私娼窟《ししょうくつ》**　おおやけに認められていない売春宿の集合した地区。東京の玉の井が代表的。

**酌婦《しゃくふ》**　料理屋・飲食店で酒の酌などをして客をもてなす女性。京阪神地方では雇《や》仲《と》居《な》と称して同様のサーヴィスが行なわれていた。芸妓のように三味線などの芸を披露する場合もあった。

**集娼《しゅうしょう》**　娼婦の営業する地区を指定して一カ所（たとえば遊廓）に集めること。

**娼妓《しょうぎ》**　おおやけに営業を認められた娼婦。公娼。

娼妓解放令《しょうぎかいほうれい》　明治政府による芸妓・娼妓・奉公人の人身売買の禁止、年季奉公の制限などを定めた宣言の通称。1872年10月、2回にわたって布告。

娼妓取締規則《しょうぎとりしまりきそく》　明治33(1900)年に内務省令第44号で定められた娼妓・貸座敷の営業を取り締まる規則。各府県では同規則にもとづき、独自の規則を制定した。

女給《じょきゅう》　字義的には女性の給仕であるが、特にカフェーに従業する女性を指していた。単に給仕をするというよりは、むしろおしゃべりやダンスの相手をつとめ、性的なサーヴィスを行なうことさえあった。

席貸《せきがし》　京阪神地方に固有の店で、表面上は旅館兼料理屋ということになっているが、芸妓扱席との取り引きがない同伴専門の店。貸席と同じ意味で用いられる場合もある。

茶屋《ちゃや》　客に遊興・飲食をさせる店。特に遊廓の貸座敷・揚屋や「花街」の貸席・待合茶屋を指す。

特殊飲食店《とくしゅいんしょくてん》　戦後、公娼制度が廃止された後も風俗営業の取り締まり策として売春を認められた飲食店(を建前とする宿泊施設)。「特飲店」と略されることが多く、特飲店が集まっている地区を「特飲街」と呼んだ。特飲街は赤線に指定されている場合が多い。

二業地《にぎょうち》　芸妓置屋と料理屋(あるいは待合茶屋)の営業が許可された地区。

二枚鑑札《にまいかんさつ》　一人で二つの資格や仕事を持つことを指すが、花街では芸妓が娼妓をも兼ねる場合を特に称していう。

売春防止法《ばいしゅんぼうしほう》　昭和31(1956)年に制定、昭和33年4月1日より罰則規定を含めて完全に施行された売春を防止する法令。同法の施行によって赤線は廃止された。→「赤線」を参照。

花街《はなまち》　芸妓が営業をする街区で、置屋・待合茶屋・貸席などの関連するサービス業が集積していた。地方によっては二業地・三業地として営業の許可された地区を指す。

風俗警察《ふうぞくけいさつ》　風俗営業や売春の取り締まりと予防を目的とする警察。

待合茶屋《まちあいぢゃや》　客室を設け、客が芸妓を招いて遊興する店。料理屋に比べれば密室性が高い。料理は料理屋から取る。

町芸妓《まちげいぎ》　遊廓の内部の芸妓に対して、市街地の繁華街などで営業する芸妓。

マリア・ルス号事件　明治5(1872)年、ペルー船マリア・ルス号で輸送中の奴隷として買われた清国人の逃亡によって引き起こされた、日本とペルーの紛争事件。日本側は奴隷売買の不当性を理由に解放を命じたことからペルー政府と対立する。娼妓解放令を生むきっかけとなった。

水茶屋《みずぢゃや》　寺社の門前に形成された盛り場や行楽地に遊山する客を相手に営業した茶屋。

飯盛女《めしもりおんな》→「遊女《ゆうじょ》」を参照。

遊廓《ゆうかく》　貸座敷(遊女屋)の営業が許可された地区。

遊女《ゆうじょ》　遊廓や宿場で男性に性的サーヴィスをする娼婦。宿場で働く遊女はとくに「飯盛女《めしもりおんな》」と呼ばれた。明治期以降は一般的に娼妓となる。

料理屋《りょうりや》　客室を設け、客の注文に応じて料理を出すことを本業とする店。客は芸妓を招いて遊興することもできるが、地域によっては禁じているところもある。

## 図表類出典一覧

### 図

図０　著者作成
図１　『最新詳密　長野市地図』（河原書店、1918年）
図２　「高田市街図」『高田市統計書　昭和６年』高田市
図３　『呉市街新地図』（駿々堂旅行案内部、1918年）
図４　『佐世保市街地図』（駿々堂旅行案内部、1930年）
図５　佐世保市都市計画係編『佐世保都市計画概要』（1930年）
図６　『地形社編　昭和十六年　大東京三十五区内　35　江戸川区詳細図』（人文社、出版年不明）
図７　著者作成
図８　著者作成
図９　著者作成
図10　著者作成
図11　著者作成
図12　著者作成
図13　堀井正一編『わかやま』（和歌山市役所、1939年）
図14　「二万分一地形図富山」大日本帝国陸地測量部、1911年（地図資料編纂会編『正式二万分一地形図集成　中部日本３』（柏書房、2003年）
図15　「二万分一地形図鹿児島」大日本帝国陸地測量部、1902年（京都大学総合博物館所蔵）
図16　『文京区絵物語』（文京タイムス社、1952年）
図17　『地形社編　昭和十六年　大東京三十五区内　10　小石川区詳細図』（人文社、出版年不明）
図18　川島右次編『神戸西部耕地整理組合誌』神戸西部耕地整理組合、1925年
図19　川島右次編『神戸西部耕地整理組合誌』神戸西部耕地整理組合、1925年
図20　「兵庫神戸実測図」（清水靖夫編『明治前期・昭和前期　神戸都市地図』（柏書房、1995年）
図21　「二万五千分一地形図鹿児島北部」大日本帝国陸地測量部、1918年（京都大学総合博物館所蔵）
図22　「二万分一地形図鹿児島」大日本帝国陸地測量部、1902年（京都大学総合博物館所蔵）

### 表

表１　東京市政調査会『日本都市年鑑２』（東京市政調査会、1933年）より著者作成。
表２　佐世保市都市計画係編『佐世保都市計画概要』（1930年）と朱牟田弘吉『佐世保よいとこ』（佐世保広告社、1935年）より著者作成。
表３　西村天来『豊岡復興史』（但馬新報社、1936年）より著者作成。
表４　龍野商工会編『龍野案内』（龍野商工会、1936年）より著者作成。
表５　『三業名鑑』（東京実業社、1913年）より著者作成。
表６　稲川勝二郎『歓楽の名古屋』（趣味春秋社、1937年）、江崎浮山編『大名古屋便

覧』（大名古屋便覧発行所、1936年）、島洋之助編『百萬・名古屋』（名古屋文化協会、1932年）、『名古屋案内』（名古屋案内発行所、1925年）、名古屋観光協会『名古屋観光案内』（名古屋観光協会、1933年）より著者作成。

表7　『東京待合業組合聯合会名簿』（東京待合業組合聯合会、1943年）、『東京料亭組合連合会会員名簿』（東京料亭組合連合会、1950年）、『東京料亭組合連合会会員名簿』（東京料亭組合連合会、1955年）、『東京料亭組合連合会会員名簿』（東京料亭組合連合会、1960年）、『東京料亭組合連合会会員名簿』（東京料亭組合連合会、1972年）より著者作成。

表8　『神戸又新日報』（1932年8月8日）より著者作成。

表9　岸本水府「京阪神盛り場風景」（酒井眞人・岸本水府『三都盛り場風景』誠文堂、1927年）より著者作成。

表10　黒阪雅之『今里新地十年史』（今里新地組合、1940年）より著者作成。

表11　『鹿児島実業新聞』ならびに『鹿児島朝日新聞』から著者作成。

表12　『サンデー毎日　特別号8月』（毎日新聞社、1957年）より著者作成。

**写真**

写真1　朝日新聞社所蔵

写真2　朝日新聞社所蔵

写真3　永田宗二郎編『品川遊廓史考』（品川三業組合、1929年）

写真4　著者撮影

写真5　一般に流通していた絵葉書

写真6　一般に流通していた絵葉書

写真7　一般に流通していた絵葉書

写真8　一般に流通していた絵葉書

写真9　著者撮影

加藤政洋（かとう・まさひろ）
1972年長野県生まれ，2000年大阪市立大学大学院文学研究科後期博士課程修了，博士（文学）。専攻は文化地理学。現在，流通科学大学商学部助教授。著書に『大阪のスラムと盛り場』（創元社），訳書に『第三空間』（青土社）がある。

朝日選書 785

# 花街

異空間の都市史

2005年 10月25日　第 1 刷発行

著者　加藤政洋

発行者　五十嵐文生

発行所　朝日新聞社
〒104-8011　東京都中央区築地5-3-2
電話・03（3545）0131（代）
編集・書籍編集部　販売・出版販売部
振替・00190-0-155414

印刷所　大日本印刷


ISBN4-02-259885-9
定価はカバーに表示してあります。